编委会

顾 问

蒯大申　金武刚　郑祖安　杨建荣

主 任

曹　炯　张　辉

编 委

陈妙林　赵兰亮　张树民　许文萍　张炜玮

统 筹

张炜玮　殷　杰

赵兰亮 著

五里桥百年史

从江南桃源到现代化城市社区

复旦大学出版社

前　言

　　五里桥街道位于黄浦区的西南部，是黄浦区面积最大的街道，地域面积3.09平方公里，设有19个居委会。街道交通形态完备，地处南滨黄浦江的里滩区域，拥有上海市第一条越江隧道——打浦路隧道，以及第一座跨虹式斜拉索桥——卢浦大桥。内环线、南北高架在街道内交接。此外，轨道交通4号线、13号线也从这里经过。立体交通十分便捷。五里桥街道又曾是沪南地带中工业最为集中的街道之一，拥有江南造船厂等各类工厂企业数百家。20世纪90年代以来，随着工业结构调整和城区建设，街道面貌开始发生巨变。2002年，江南造船厂厂址被确定为上海世博会会址，全厂因此逐步搬迁到长兴岛新基地。2023年，黄浦区提出了"中央科创区"的规划，五里桥街道的中山南一路以南的区域正位于这个宏伟的规划带中。可以说，自2010年上海世博会至今的中央科创区规划，五里桥街道的发展正经历着新的和前所未有的发展机遇，未来辉煌灿烂。如果我们把目光转向历史，则会发现五里桥街道所拥有的这些现代元素，都起始于1866年江南机器制造总局在这块土地上的兴建。

　　五里桥一带在历史上是一个典型的江南水乡，河道密集，村落散布其间，春种蔬果，秋获稻香，这样的社会生活图卷大概从这块土地形成以来就一直持续着。到了明朝嘉靖年间，光禄寺少卿顾从礼出资为乡民修建了五里桥，据称是因距离上海县城南门水关五里而得名，这是五里桥登上历史大舞台的开端。

　　1866年，江南机器制造总局购入高昌庙周边土地并开工兴建新厂房，这是江南机器制造总局自身企业神奇发展的转折点，也是五里桥一带从水乡向现代城区发展的转折点。此后，在工业文明的带动下，周边景观开始改变，工厂兴起，道路修建，社区发展，江南水乡逐步变成了厂房、住宅、简屋与棚户，变成了城市与水乡的混合体。1956年五里桥街道设立，这是五里桥发展的第二个转折点，从此它迎来了与历史时期全然不同的新时代发展历程，改革开放以来它更是抓住发展的新机遇，短短二十多年来，脱胎换骨变成了今天高楼大厦林立和交通便利的宜居城市社区。从1866年至今，这一个半世纪的发展，让五里桥面貌有了神奇的改变。究其缘由，其一是工业文明的功绩，其二是行政区划带来的推动，其三则是现代城市经营与管理所带来的飞跃。

最近十多年来，上海城市史的研究逐步深入城区史和道路、街区史的研究，成果众多，代表性的著作有苏智良教授主编的《上海城区史》（学林出版社2011年版）和马学强研究员主编的《上海城市之心：南京东路街区百年变迁》（上海社会科学院出版社2017年版）以及《打浦桥：上海一个街区的成长》（上海社会科学院出版社2019年版）等论著。通过对一条路、一个街区，乃至一个城区的详细研究，无疑更有助于我们从细部把握和理解近代上海自开埠至今的独具魅力的发展历程。应该指出的是，街区史研究和街道史研究有相似之处，但也有所区别。从字面上而言，街区和街道极为相似，但街区更多是作为一个经济社会生活区，其边界不是那么明显，可以蔓延到周边其他区域。换言之，街区史的研究可以限制在一个相关街道内，也可以很自然地跨越多个街道，但街道则是一个具有行政制度特点的名词，其有明显的和确定的治理边界。因此，街区史的研究可以跨越多个街道，但街道史的研究则以街道空间为研究主体，以其境内的行政治理和经济社会生活为研究对象，除了必要的跨界内容以外，大多不涉及其他街道空间的发展。基于以上考量，本书在充分吸取学术界已有研究成果的基础上，聚焦于五里桥街道空间内的行政治理架构与经济社会生活形态，叙述该区域自江南机器制造总局建立以来的独特的百年发展历程，以及它在上海城市发展史中的地位和影响。

本书的写作首先要感谢五里桥街道的领导。感谢曹炯书记和张辉主任在繁忙的工作之余，多次关心和指导研究工作的进行。他们对五里桥街道历史发展的浓厚兴趣和如数家珍令人钦佩，对五里桥未来灿烂发展的规划更是令人异常振奋。也感谢益晓菁书记，2022年8月当我接到时任街道副主任的她的电话时，我明白我们因疫情而中断的生活终于恢复正常了。感谢街道领导陈妙林副主任的关心和指导，他是我见过的书法与厨艺俱为最佳的街道领导。他偶尔一露真容的徽墨和印章收藏也令我惊叹不已。感谢五里桥街道社区文化中心的张炜玮主任，她对五里桥的社区文化建设极富热情，五里桥街道社区文化中心图书馆是我见过的藏书最为专业和丰富的街道图书馆，有些藏书版本甚至连复旦大学历史系资料室都没有，这令我和去做口述访谈的吴镕庭同学大为惊奇。她设计的文化中心图书馆令人如沐春风，我们在那里完成了相关口述访谈。在此也特别感谢接受我们口述访谈的几位老厂长和当年的五里桥街道杨建荣主任，感谢他们的耐心和专业讲述，让我们触摸到那段历史中不为人知的一面。在此也一并感谢目前已在德国弗莱堡大学继续读书深造的吴镕庭同学在口述访谈上的帮助。感谢街道办公室的殷杰老师，他的细致与认真让我总是自叹不如。感谢黄浦区党史办的大力支持。另外，感谢上海社科院的郑祖安教授、蒯大申教授和华东师范大学金武刚教授，感谢他们对初稿提出的批评和建设性意见。最后感谢上海市档案馆编研部的何品研究员,他总是能用翔实的档案史料来解答我的一些困惑。当然,本文所有的错误与缺漏,文责都在我本人,一概与他们无关。

这两年我走过了五里桥街道的每一条马路,站在幽静的五里桥路上,我在想象这座著名的桥应该建在何处,站在车水马龙的日晖东路中心的人行隔离岛上时我左右观察日晖港当年河道有多宽,也想象能否像当年所规划的那样从黄浦江边一直到脚下附近修建一个深水港,这些问题我有些已有了答案,有些还没有答案。不管怎么说,五里桥成了我最熟悉的一个地方,比我工作生活的五角场更为亲切。虽然我住的地方离五里桥很远,但我有时又觉得好像离得很近,我们的奇妙旅程还在继续。

目 录

第一章 宁静的水乡村落时代 / 001
    第一节 成陆过程 / 001
    第二节 水乡景观 / 002
        一 河流、村落与物产 / 002
        二 顾家与五里桥的由来 / 006

第二章 机器工业的轰鸣与近代上海民族工业集聚区的形成及社会发展 / 010
    第一节 晚清时期江南制造总局的建立与初期发展 / 010
        一 虹口创办 / 010
        二 移师高昌庙：稻田与桃园的华丽转身 / 012
        三 军工制造业务的初期发展 / 019
    第二节 民国时期江南造船厂的发展历程与初步辉煌 / 023
        一 局坞分离前的造船事业 / 023
        二 从江南船坞到江南造船所 / 026
        三 中国最早的万吨巨轮建造历程 / 029
    第三节 沪南高昌庙五里桥民族工业区的形成 / 033
        一 高昌庙五里桥民族工业区的形成 / 034
        二 江南制造局与江南造船厂成为高昌庙五里桥民族工业集聚区的标志性符号 / 042
    第四节 新式交通系统的建立与初步发展 / 043
        一 沿河修路与填河筑路 / 043
        二 以日晖港为枢纽的水路与铁路联运建设规划 / 055
    第五节 晚清以来移民的涌入与各类社会生活空间的拓展 / 069
        一 上海开埠后的人口增长与移民涌入 / 069
        二 会馆公所与同乡网络 / 072
        三 文化教育机构的兴起与发展 / 093
        四 生活与信仰 / 117

第六节　五里桥区域社会空间的复原：以 1933 年沪南区地籍图为例　/ 125
　　一　暑字圩　/ 126
　　二　往字圩　/ 129
　　三　收字圩　/ 132
　　四　冬字圩　/ 138
　　五　藏字圩　/ 144

第三章　中华人民共和国成立后五里桥行政区划的设立与社会经济的新发展、新治理　**/ 153**

第一节　五里桥行政区划的沿革与发展　/ 153
　　一　五里桥区域在中华人民共和国成立之前的行政归属　/ 153
　　二　中华人民共和国成立后五里桥街道办事处的设立与沿革　/ 155
　　三　居委会的发展　/ 158
第二节　江南造船厂在新时代的辉煌发展与改制创新　/ 161
　　一　新生　/ 161
　　二　辉煌发展　/ 162
　　三　改制创新　/ 167
第三节　五里桥街道内其他工商企业的新发展与新变迁　/ 169
　　一　原有企业的公私合营及改革开放以来的新发展　/ 169
　　二　新工厂的创建与发展变迁　/ 173
第四节　社会经济生活的发展与社区创新治理　/ 185
　　一　人口增长　/ 185
　　二　立体交通格局的建立　/ 189
　　三　污染治理　/ 195
　　四　旧区改造　/ 196
　　五　社区治理的典范：第三级管理体制建构与"三会"制度创新　/ 200

第四章　五里桥百年史中的红色印记与文化特点　**/ 208**

第一节　播火者李中：中国共产党第一个工人党员的早年经历　/ 208
第二节　"第一个"现象与劳模文化　/ 214
　　一　"第一个"现象的诞生与发展　/ 214
　　二　劳模文化　/ 219

尾声　**/ 227**

第一章

宁静的水乡村落时代

第一节　成陆过程

上海成陆的历史非常早,在距今七千多年前,沿着今天的嘉定至金山一带,在大海海潮和长江江流的交融冲击下,隆起了一条高出海平面的沙堤。此后,上海的古海岸线基本稳定在这一线,后人称之为"冈身"。这条冈身的外缘北起现在的娄塘,历经嘉定城、南翔,越过吴淞江,经今闵行区诸翟、奉贤区俞家塘、新市,南抵柘林。总长大约一百三十公里,宽约四至十公里,海拔约四米。图 1-1 为冈身图。

图 1-1　冈身图

冈身形成后,沧海桑田,潮来潮往,以东的区域也慢慢成陆。据史书记载,到南北朝时期(公元 420—589 年),海岸线已推进到今天的上海老城厢一带。换言之,处在老城厢西南郊的五里桥这片区域,大约在距今 1 500 年前,浮出水面,真真切切地由沧海变成了桑田。图 1-2 是上海地区成陆示意图,从中我们可以清晰地看到海岸线一步步推移的过程。

成陆后,五里桥所在的这片广袤肥沃的土地,坐落在上海碟缘高地中部,为江河湖

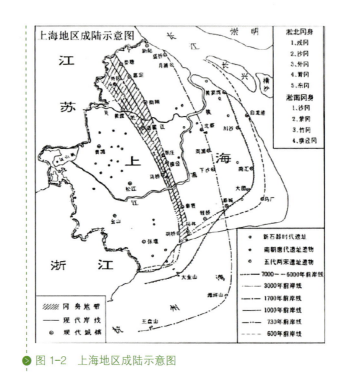

图 1-2 上海地区成陆示意图

海长期相互作用形成的三角洲冲积平原，属于老滨海平原。这片区域，整体地势坦荡低平，起伏和缓，海拔平均高约三四米，靠近黄浦江边区域稍高一点，大约 4.5 米。这里气候湿润，属北亚热带海洋性季风气候，温湿宜人，冬夏略长，季节分明，一年光照充足，海岸又近在咫尺，随着人类的迁入、集聚和村落的出现，逐渐成了鱼米之乡。

第二节　水乡景观

一、河流、村落与物产

唐代天宝十载（公元 751 年），吴郡太守赵居贞奏请划出嘉兴县、海盐县、昆山县三县所属的部分区域，设立华亭县，也就是现今松江区的前身，华亭县下有高昌乡，五里桥区域即为高昌乡辖境。此后，时光荏苒，由唐及宋一眨眼几百年过去，据南宋《云间志》记载，华亭县此时下辖 13 乡，五里桥区域仍属高昌乡。

随着上海这片区域经济地位的上升，南宋咸淳三年（公元 1267 年），在上海设镇管理相关贸易活动，上海镇的出现成为上海设县的先声。上海设镇后，镇内建有一座华亭县城隍神的行宫，因地处淡井村，这座行宫也被称作淡井庙，庙址在现今的永嘉路12弄内。因此，在上海的历史上，常常有"先有淡井庙，后有上海城"的俗语。

元代至元二十七年（公元1290年），松江府知府女真人仆散翰文以"华亭地大人众难理"为由，奏请朝廷分置上海县。次年，朝廷批准了这一奏请。1292年春，正式划华亭县东北区域的长人、高昌、北亭、新江、海隅五乡二十六保地，设置上海县。

上海以镇升县，成为上海历史发展的转折点，此后由县设道，近代开埠后又在上海道的基础上跃升为特别市，更是大上海崛起的标志。此为后话了。上海设县后，县治几次变动，但都在今老城厢区域内，五里桥及其周边区域当时也仍属高昌乡之地。

元亡明兴后，五里桥所在的这片区域仍属高昌庙乡，具体则为二十五保，在县治西南郊。弘治《上海志》中有一幅目前所见最早的上海地图，年代约1505年前，即图1-3，高昌乡画在了上海县的南面，左右分别是山川坛和南仓场。虽然该图比例失调，但仍能从中看出高昌乡与老城厢的关系所在。

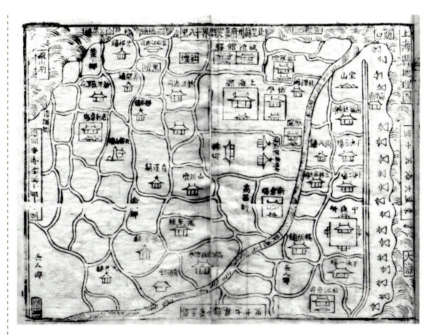

图1-3 《上海志》中的上海地图

据弘治《上海志》记载，高昌乡在县南，共有九保十五村，管里四个，四里分别是高昌里、盘龙里、横塘里、三林里，十五村分别为承福村、欢乐村、顺义村、连荣村、丽清村、利仁村、永泉村、成德村、梅香村、上德村、通济村、望仙村、人宠村、淡井村、龙华村。

围绕着上海县内各村落的则是众多的河流、塘浦。自《云间志》以来，历朝历代上海县志书中均记载了辖境内大大小小数十条河流的流向与概况,除著名的吴淞江、黄浦江外,其余既有耳熟能详的肇嘉浜、薛家浜、方浜,也有一些现今少有人知的穿心河、郁婆浜等等,河流众多,无法也不需要一一列举。仅以五里桥所在的区域而言,河道纵横交错,村庄散落其间,一派典型的江南水乡风貌,大约到明朝中后期,自肇嘉浜、陆家浜往南,主要的塘浜有日晖港、玉雀港、南塘浜、陈家港(也称陈家浜)、老高昌庙港、立雪庵港、雪龙港、望达港等,其中以日晖港、陈家港为大,特别是陈家港向南北漫延分流,成为沟通东西港浜的重要水道。图1-4是复原的五里桥区域历史上的河道图,可资参考。

图1-4　五里桥区域历史河道图

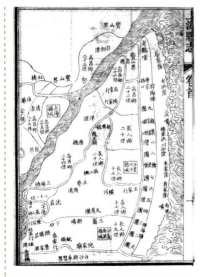

图1-5　《上海县志》中的五里桥区域

明嘉靖年间以后,五里桥区域就像上海县的其他乡村一样,在历史的长河中,静静地流淌着,村落、河流几无变化。据康熙《上海县志》、嘉庆《上海县志》以及同治重修的《上海县志》记载,高昌乡仍领有四里十五村,里名、村名一如从前,未有任何改变。在行政区划上,五里桥区域仍属高昌乡二十五保。二十五保包含上海县城及四郊,并横跨苏州河与虹口二十四保和宝山县接壤,具体如图1-5所示。

据同治《上海县志》记载,高昌乡二十五保共有十六图,具体为:图一老闸北、图二老闸南、图三旧军工厂、图四晏公庙、图五城隍庙、图六侯家浜、图七小东门、图八大东门、图九西门外、图十西门内、图十一大小南门、图十二陆家浜、图十三斜桥头、图十四五里桥头、图十五草堂头、图十六大东门内。五里桥头出现在历史文献中，由此可见，五里桥区域主要在第十四、十五图，另旁及十三图部分。

此时五里桥区境内的河流一如既往，大都在静静流淌，不过到同治年间有些河道已开始部分填埋了。同治《上海县志》记载道：

> 日赤港，又名日晖（俗称石灰）港，浦水入北流，为新港，有里外日晖桥。里日晖桥有闸，因居肇嘉浜左腋，防浑潮涌入，后改为堰。而外港出入船多，堰不能施。
>
> 立雪庵港，在陆家浜南，今为马路围墙，开凿河道，西通斜桥。
>
> 陈家浜在立雪庵港东，浦水入南北，分三支，一为里陈家港，一为圣堂港，一为小港。西流至三官堂，东南通望达港。

陈家浜即陈家港。按照上面文献所记载，陈家浜如果在立雪庵港东，方位恐怕有误，具体如何尚有待考证。

"唐浜，在五里桥西，长里许，浑潮不入，水不涸。附近农田咸资灌溉。浜北有曹氏还金坟。浜西尽头顾氏草堂。此浜东南通望达桥港。" 如此看来，唐浜无疑是风水宝地，水清不涸，风景优美。顾氏草堂，也称作南溪草堂，它是出资修建五里桥、三里桥、草堂桥的顾从礼顾家的产业，南溪草堂依浜而建，是上海历史上较早的私家名园。时过境迁，南溪草堂与三座义桥如今都已不存，仅保留在文献记载和不断的追忆中，只有如今已成为路名的南塘浜路和五里桥路还在一直提示这里曾存在过的乡野景观。

同治《上海县志》里还记载了望塔港及周边的景致，说是"望塔港，俗呼望达港，在陈家浜南，浦水入西流，合陈家浜诸水。西通唐浜梢。土人多种桃树，花时为浦滨大观"。除了水乡风貌外，原来五里桥区域当时还是上海县城西南著名的桃园区。乡民们不仅捕鱼种稻，还广植桃树，每到桃花盛开的季节，大家纷至沓来，成为传统时代上海春天外出赏花的一大习俗，所产桃子也是上海的土产名品之一。文献记载说："西南近乡，园圃比连，不下数万树，桃熟成市，利倍布谷，为邑民之一熟云。"[1] 后来江南制造总局迁入后，多次购买村民的稻田和桃园，购地合同中连有几棵桃树以及如何移栽都写得清清楚楚，这是后话，后面再提。

稻花飘香，桃花春风，这恬静的水乡景致，构成了近代工业文明迁入之前的五里桥

---

1 同治《上海县志》卷八《物产》。

区域的基本特征。

二 / 顾家与五里桥的由来[1]

在肇嘉浜与陆家浜会合处，明代筑有斜桥，此地也因桥得名。自斜桥往南不远，在南塘浜和陈家港之间的水道上，明嘉靖年间也筑起了一座木桥，此桥由曾官至太仆寺丞、光禄寺少卿的乡贤顾从礼出资修建，因距城厢水关5里，被称为五里桥。

顾从礼，松江府上海县（今属上海市）人，字汝由，明代嘉靖年间御医顾定芳之子。嘉靖巡视承天，以善书法被推荐，任中书舍人。"大学士夏公言荐修承天大志，称旨，授翰林典籍，历官光禄寺少卿，加四品服俸。"顾从礼还曾参与编纂《玉牒》，摹抄《永乐大典》等。

从京城致仕后，返回故里上海的顾从礼仍非常活跃，捐修儒学，置义田以助里役，济贫睦族。遇地方大饥，"出租三千斛，煮糜饲饥"。后又陆续修筑三里桥、五里桥、草堂桥等，还在上海县城内重修抚安桥。但他对上海影响最大的还是倡议兴筑县城，"上海困倭寇议城工，从礼先筑小南门以倡始"。这就要回溯到上海立县说起了。至元二十七年（1290年），松江知府仆散翰文以华亭县地大户多，民物繁庶难理为由，提议另置上海县。朝廷同意松江府的提议，准允划出华亭县东北的长人、高昌、北亭、海隅、新江五乡凡二十六保，分设上海县。两年后，即至元二十九年（1292年），上海县正式成立，上海县从此成为一个独立的行政区，与华亭县并为松江府属县。元代上海立县后，并没有"城"。上海县初立，以旧榷场为县署，长期以来无城池可据，这在中国县治中也不多见。为什么没有筑城设防，明弘治《上海志》有这样一段解释："上海以镇升县，故旧无城，后之作令者尝欲建请，然无遗址可因，其势颇难，而议者又谓市虽逼浦，而素无草动之虞，在所不必作者，故屡谋而屡寝焉。"当地士绅屡有建城之议，却一直被以"无遗址可因"为借口，始终没有筑城之举。就这样，没有城墙的上海，过了二百多年。

海疆升平，县治濒浦近海，也无多大关系。但到了明代中叶，江南沿海地带已屡受海盗、倭寇骚扰。嘉靖三十二年（1553年），上海县治治所在4月至6月间，因无城池可据，以至接连遭受5次倭祸。面对倭祸，上海士绅迅速动员起来，潘、陆、顾、钱等当地大族纷纷出来，要求官府筑城，有一位叫潘荣云的说："邑以无城，群凶觊觎，民无固心，故受祸尤酷。"顾从礼更是写了一篇《奏请筑城疏略》："切照松江府上海县，

---

[1] 本节主要参考马学强主编：《打浦桥：上海一个街区的成长》，上海社会科学院出版社，2019年，第一章。

黄浦环其东，吴淞绕其北，二水会合，东流入海，不过四五十里，实据东海上游，故曰上海。宋时，特为海舶所驻之地，故置市舶提举司。元朝禁网疏阔，江南数郡顽民率皆私造大船出海，交通琉球、日本、满刺、交趾诸蕃，往来贸易，悉由上海出入，地方赖以富饶，遂于至元二十九年开设县治，至今二百余年。原无城垣可守，……县门之外，不过一里即是黄浦，潮势极其迅急，寇贼最难防御，所以近来嘉靖戊子等年，屡屡被贼劫烧，杀伤地方乡官、商人、居民，不下百有余家。盖因贼自海入江，乘潮而来，乘潮而去，劫掠城市如取囊中，皆由无城可依之故也。"

顾从礼的这篇奏疏，洋洋洒洒，向朝廷反映上海士绅要求筑城的迫切心情。他回顾了以前没有筑城的原因，主要有两点："一则事出草创，库藏钱粮未多"；"一则彼时地方之人，半是海洋贩易之辈，武艺素所通习，海寇不敢轻犯。"所以虽未设有城池，自然亦无他患。现在情况不同，"倭贼自海入江，乘潮而来，乘潮而去，劫掠城市如取囊中……杀伤地方乡官、商人、居民不下百有余家"，所有这些，"皆由无城可依之故也"。顾从礼他们明白保全了地方，也就是保全了自己的家族。

除了顾从礼等地方士绅的强烈呼吁外，这一时期各级地方官员也积极向朝廷要求筑城，特别是时任松江知府的方廉。方廉，号双江，浙江新城（今富阳）人。明嘉靖二十年（1541年）进士，三十二年（1553年）任松江知府。为防倭寇骚扰，他也认为上海筑城再也不能耽搁了，"斯城不筑，是以民委之盗也"。他"从邑人顾从礼建议筑浚"，也附和顾从礼的筑城之议。不久，得到朝廷的准许，于是，官府、士绅合作，度定基址，抽调人员，旦暮督工，兴筑城垣。顾从礼先筑小南门以倡始，又发粟四千余石，募民筑城，计工给粟。城垒六十余丈，壕亦称是。官民联动，上下齐心，仅几个月，上海县城就修筑起来。

新筑的上海县城，位于松江府城东北九十里，城周围凡九里，高二丈四尺。陆门有六：东曰朝宗，南曰跨龙，西曰仪凤，北曰晏海，小东门曰宝带，小南门曰朝阳。水门三座，其东西的一座跨肇嘉浜；一座在小东门，跨方浜；还有一座在小南门，跨薛家浜。城四周设防，设敌楼、平台，建雉堞，"濠广六丈，深一丈七尺，周回潆绕，外通潮汐"。但那时是泥土版筑的，后来才陆续改为砖石。这一年是明嘉靖三十二年（1553年），此距元代上海建县已整整260年。1554年正月，倭寇突攻上海，倭首萧显驾七艘大船率领数千名倭寇进犯，在打败黄浦江中的明水师后，直逼上海城下。上海县城新筑，时任海防佥事的董邦政昼夜督战，据城死守。倭寇气势汹汹，屡屡发起进攻。城东南一带战事尤为吃紧，数百倭寇渡过护城河，幸亏董邦政率兵及时赶到，予以击破。董邦政后调用神枪手，以一当百，倭寇最终遁去。以上海新城坚固而莫能克。倭寇又沿黄浦攻府城，仍不得破。上海筑城的功效迅速得以发挥。方廉也因功擢右佥都御史，巡抚应天。顾从礼倡议筑城之举，功不可没。

顾从礼过世后，葬于日赤港北大仓（今打浦路斜徐路），由王世贞撰铭。1993年4月16日其墓地因施工被发掘，成为轰动一时的新闻。

顾从礼不仅是上海修建城墙，保佑上海一方平安的有功之人，他也把五里桥带进了上海城市发展的轨迹中。五里桥在顾从礼出资修建后，此桥及周边水道为上海县城西去松江府的交通孔道，明清之际逐渐成为集市，自此五里桥就成为以桥为中心的周边区域的代名词。由桥而演变成地名，五里桥从那一刻起就登上了区域发展的历史舞台。顾从礼出资一同修建的桥，除五里桥外，还有三里桥和草堂桥两座。此后，五里桥连同三里桥、草堂桥成为这一带的标志性桥梁，历代文献中均有记载。但"三里桥"未能成为地名存世，"草堂桥"后来也被更为人知的草堂宅而盖过，只有"五里桥"一直流传至今。

说起草堂桥，也不能不提及南溪草堂。顾从礼的高祖顾英，字孟育，号草堂。明天顺三年（1459年）举人。授广西同知，当地有杨氏兄弟争产，各赂顾英百金，庭审时返赂训诲，使两人愧服。转任延安同知，遇兵荒，百姓多欠赋税，建议变通征收。当地饥荒，先开仓赈济，再向上司请罪。后改任广南知府，勤政为民，有政声。退归后，筑南溪草堂于肇嘉浜南（今南塘浜路一带）。"赋诗自娱。又出田十余顷为义庄，赡族。"在这一带设义庄，赡养族人。顾氏家族与南溪草堂、打浦桥渊源颇深。顾英之孙顾定芳，也就是顾从礼的父亲。顾定芳，字世安，号东川，博学多识，明嘉靖时为太学生。精医，召为圣济殿御医。某日，嘉靖问用药之道，对曰："用药如用人"；再问养生之道，"以清心寡欲对"，为帝所赞，"顾某非医也，儒之有用者"。官修职郎。致仕归乡。上海县令郑洛书廉正，去世后，家人无力归葬，"定芳从旧田市地以葬"，购地代葬。于邑里置学田百亩，赡养贫穷学生。侍奉父母，以孝著称。撰顾氏家训，尤关世教。

顾家人才辈出，顾从礼之弟顾从义，亦为名士。从义，字汝和，号砚山。"嘉靖庚戌诏选端行善书，时预选者六人，钦定为第一。"由上舍生选授中书舍人。明隆庆初参修国史，完成后，擢大理评事。性好石，得宣和紫玉泓砚，筑玉泓馆于南溪草堂旁，内有舒啸台、秋波亭、昙花庵、浴鹤溪等景。"手摹宋本淳化帖及书法名画、金石鼎彝。善绘事，工署书，尤为文徵仲、王元美父子所重。有《砚山山人诗稿》行世。"

明清当地文献中有关于顾家在肇嘉浜沿岸活动的一些记载。除了有族人墓地之设外，顾氏子姓广置田产，还有草堂等园林第宅之筑。幽静的南溪草堂，位于肇溪之南。清代有首竹枝词中写道："顾氏南溪一草堂，玉泓馆筑草堂旁；至今子姓还居此，桥影人声对夕阳。"草堂即为顾英所构。顾英致仕归，筑南溪草堂，赋诗娱乐，悠然自得。

张悦有诗云："一室幽然荫碧萝，半层东枕白鸥波。窗涵水影摇书幌，门过潮声杂棹歌。淇簟凉分秋气早，湘帘晴卷夕阳多。不知何处知音客，长为携琴载酒过。"思绪悠悠，其景其境，令人回味。顾英之后，草堂犹存。此后，顾英的玄孙顾九锡重又修葺草堂。围绕南溪草堂，顾氏又陆续置田，"今子姓数十家居之"，旁有草堂桥。

第二章

机器工业的轰鸣与近代上海民族工业集聚区的形成及社会发展

一派恬淡宁静的江南水乡的五里桥区域，在1866年迎来了历史的转折点，现代机器的轰鸣声在这片土地上响起，代表着当时最先进技术的工业文明开始了。它既有关系国家发展的最先进的重工业，也有关系民生的日用轻工业。在这些先进工业的带动下，五里桥区域在20世纪30年代前后发展成为近代上海著名的民族工业集聚带，并带动周边区域社会经济文化一同发展，一个工业型的新式城区逐渐成形。

第一节　晚清时期江南制造总局的建立与初期发展

一　虹口创办

鸦片战争以后特别是太平天国运动的冲击，使清政府迫切认识到船坚炮利对维护统治的重要性，朝廷内部出现了以恭亲王奕䜣和曾国藩、李鸿章等为首的洋务派，自19世纪60年代初发起了以购买和仿造外洋船炮、加强军事实力为中心的洋务运动。1861年1月11日，恭亲王奕䜣会同桂良、文祥向朝廷递交了《通筹夷务全局酌拟章程六条》，一般认为，这个著名的上奏拉开了晚清以来以富国强兵为目标的洋务运动序幕。初期洋务运动立足于强兵，以"自强"为旗号，引进西方先进生产技术，先后创办了一大批新式军事工业，其中规模最大的近代军工企业就是在上海创办的江南制造总局，其发起创办者即为晚清重臣李鸿章。

1864年9月27日，李鸿章函陈总理各国事务衙门，建议在上海设厂仿造西洋船炮，他认为购办机器"若托洋商回国代购，路远价重，既无把握，若请派弁兵径赴外国机器厂讲求学习，其功效快慢与利弊轻重，尤非一言可决。不若于就近海口，访有洋人出售铁厂机器，确实查验，议价定买，可以立时兴造，进退之权既得自操，尺寸之功均获实济"。[1] 不出旬月，总理衙门即授权李鸿章负责筹划设厂事宜。李鸿章则责成苏松太道（即上海道台）丁日昌负责在上海访购洋人的现场机器。第二年，机会来了。1865年6月初，丁日昌呈禀李鸿章，说："海关通事唐国华，曾留学外洋，因事收监。总税务赫德为其求情，董事郭德炎与同案革职之张灿、秦吉等，集资四万两，买下一西人所有之虹口铁厂，用以赎罪。"[2] 厂里原有的钢铁、木材等原材料，价值两万两银子，则由丁日昌另行筹借。这家西人所有之虹口铁厂，即旗记铁厂（Thos Hunt & Co.），其实是一家美国人佛而士所设的企业，主要业务是修造轮船，也曾为清军订造过开花炮、洋枪等军火，是上海地区最大的外国铁厂，但为其他外人所排斥，故此原业主佛而士正有出售之意。唐国华等人此时愿意集资买厂赎罪，对于正在筹备建厂的李鸿章而言，无疑是一份大礼。收到丁日昌的禀报后，李鸿章喜上眉梢，认为"此项外国铁厂机器，觅购甚难，机会尤不可失"，指示丁日昌即刻成交，并把原先丁日昌和韩殿甲所办的两个洋炮局并入，定名为"江南机器制造总局"。1865年6月8日，江南机器制造总局正式建局创办。9月20日，李鸿章向朝廷呈交《置办江南机器制造总局奏折》，详细说明了该局成立的经过。9月29日，得到清政府明令批准。就李鸿章的奏折和清政府批准的名称以及此后该局的公文行文名称而言，均为"江南机器制造总局"，其关防为"江南机器总局关防"，但一直到清末，一般多用"江南机器制造局""江南制造局"或者"上海制造局"这几个稍微简便的名称。江南制造局的创办经费为五十四万三千两白银，是洋务运动时期创建的几个兵工厂中规模最大、预算最多的一个。其早期经费主要来自淮军军费。1867年曾国藩获得许可，从上海海关取得百分之十的关税，作为江南制造局的经费，1869年又提高到百分之二十，相当于每年至少有40万两白银的经费，可谓是非常宽裕。[3]

初创时，江南制造局就在虹口原美商旗记铁厂旧址，即今九龙路溧阳路一带。除了原来的厂房、设备外，江南制造总局还装备了由国外进口的100台机器及苏州洋炮局的设备，当时有职员200多人，生产枪炮并兼造轮船。由于虹口原厂场地狭窄，制造局不仅需要额外再租厂房，并且制造火药枪炮给周边地带确实会带来危险，此时的虹口又已是美租界的范围，因此制造局的军火生产就遭到了洋人们的强烈反对。其实就在江南制

---

[1] 孙毓棠编：《中国近代工业史资料》第一辑（上），科学出版社，1957年，第272页。
[2] 上海社会科学院经济研究所：《江南造船厂厂史（1865—1949.5）》，江苏人民出版社，1983年，第28页。
[3] 上海市档案馆编：《清代江南机器制造局档案汇编》（第一册），上海交通大学出版社，2021年，第2页。

造局开工生产后不久，李鸿章自己也认识到了这些问题，他曾说："查本厂现在虹口每年房租价银六七千两，实为过费，兼之洋泾浜习俗繁华，游艺者易于失志，厂中工匠繁多，时有与洋人口角生事，均不相宜。"[1] "择地移局"成为江南制造总局必须得面临、一定要解决的问题。黄浦江畔的高昌庙由此进入了李鸿章的视野，也得到最终的青睐。

二／移师高昌庙：稻田与桃园的华丽转身

图 2-1　1851年上海老城厢及租界地图

在江南制造局迁入之前，从肇嘉浜往南经高昌庙到黄浦江畔的这片区域在文献中大多被称为县城西门外一带，也就是本文所称的五里桥周边区域，仍然是一片散落着村庄与桃园的水乡之地。上海开埠后，由中西人士绘制的各类上海地图越来越多，我们从这些地图中可以清晰看到五里桥周边在19世纪中后期的自然景致和被开发的过程。图2-1是1851年法国人所绘制的一张上海老城厢及租界地图，这是目前所能查到的上海开埠后最早的清晰画出五里桥周边区域的城市地图，具有特别的意义。[2] 我们来看它所标出的有关信息。最下部中间的椭圆形为老上海县城墙（民国初年已经拆除），城墙内就是老城厢，城墙上标出了各个城门，我们能看到西门（West Gate）、东门（East Gate）、南门（South Gate）和北门（North Gate）。地图中老城厢的右边那个不规则的长方形地块就是英租界，它们两者中间的那细长部分就是刚刚开始圈地建设的法租界。出西门往西南方向不远处有桥一座，名为Catherine's Bridge，即 Saint Catherine's Bridge，这就是肇嘉浜上著名的斜桥。在此，肇嘉浜分流，一支向北并折向东，从西水门入并穿老城厢而过，流入黄浦江，另一支继续东流，称为陆家浜，也流入黄浦江。图2-2是1844年外人拍摄的斜桥照片，桥边绿树葱葱，从中可以想象周围的田园景色。[3]

1　孙毓棠编：《中国近代工业史资料》第一辑（上），第274页。
2　地图来源：vcMap_ID-416_No-1.jpeg（1 760×2 400）（virtualshanghai.net）。
3　图像来源：St Catherine's Bridge//Pont Ste Catherine// 斜桥 –Retro photos (pastvu.com)。

沿着斜桥继续往南行，经过一个 West Garden（西花园）和大路口，继续再走一段，临到黄浦江边，也就是地图左侧中间的位置，就会出现很大一片桃园，地图上标为 Peach Gardens，再往江边就是滩涂了。这片桃园、滩涂及周边稻田正是后来江南制造局的厂址所在之处。沿着桃园边上的道路再往上一点，也就是继续往西，我们能看到一条河道，那就是日晖

图 2-2　斜桥照片

港的河道。日晖港上有两座桥，河水静静地向北流淌，与宽宽的肇嘉浜相接，相接处也有桥一座。我们从地图上可以看到，斜桥、肇嘉浜、桃园、日晖港围成的这片区域，除了西花园和两块没有标出信息的黑色方块外，其余是空白的，换言之，这里应该都还是农田与村舍，无须特意标注了。

进入 19 世纪 60 年代初，五里桥及周边仍一如既往，变化不大。图 2-3 是 1862 年上海地图中的五里桥区域，与前面 1851 年地图比较下来前后没有多大的分别，左下角的日晖港河道清晰可见，河水与肇嘉浜相接，从日晖港往东北直至老城厢的大片土地，仍是空白地带，没有什么图示。此前那个显著的大桃园虽然在这张地图上没有标注出，但地图上有一行英文标识小字，翻译成中文即是"一些小村庄及散落在桃园中的一些房屋"。沿黄浦江地势稍高的滩涂地也被标注出来。此外就没有其他信息了。但谁能料到，形势变化正在悄然酝酿中。诞生在虹口的江南制造局，仅仅两年就遇到了创始以来的安全难题。下一步该搬迁到哪里？又该如何发展？在李鸿章思考这些问题的过程中，毗邻外滩的南黄浦江边的高昌庙及周边迎来了百年难得的发展机遇，这片土地开始了新工业的萌动，也给近代中国带来了巨大的发展动力。

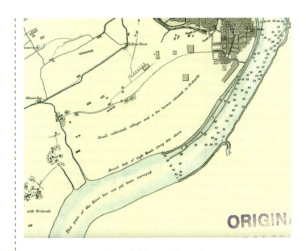

图 2-3　1862 年地图中的五里桥区域

是谁、又是出于何种考虑选中了高昌庙这片区域，目前已有的文献中并无明确记载，我们无从妄猜。但想来缘由大概一是交通便利，附近即是高昌渡，方便沟通黄浦江两岸。另有通往徐家汇和松江的水道和陆路，更不用提黄浦江、肇嘉浜、日晖港河道

交错其间，运输很便利。二是临近老城厢原有的南码头和董家渡码头，能为以后的发展互相借势。三是高昌庙虽已历史悠久，已初步具有市镇色彩，但周边仍为农田桃园，地价比较便宜。换言之，江南制造局选中了这片南临黄浦江的区域，境内既有蒹葭苍苍的芦田、春天桃花盛开的桃园、秋天稻米飘香的稻田，这里还有庙产以及属于公产的荡田等土地，便利又便宜。后面江南制造局一步步买地扩建的过程，似乎也能印证上述三点的推测。当然，前面所提到的海关通事唐国华，他在高昌庙先前曾置有一定田产，刚巧他的地块被没收充公，正好可以利用，这可能也是原因之一。总之，随着江南制造局的移局建设和逐步扩张，成就了中国民族工业在围绕高昌庙这片土地的兴起，使五里桥成为民族工业崛起的福地。

现在的各类文献中都说江南制造局"1866年8月，于区境南部高昌庙购沿江地70余亩，予以扩充。同治六年起，陆续迁入，是年冬迁毕"。这看起来是大手笔一下子购买了70余亩土地，其实并非如此，江南制造局是一笔笔地购买农地，分批建造，边建边用，占地规模是一点一点地逐步扩大的。

上海县为移送廒基应完银米清单事致江南机器制造局总办移文（1868年5月5日，同治七年四月十三日）

▶ 图2-4 致江南制造局的移文

首先要说明的是，关于江南制造局购买高昌庙周边土地的文献是非常翔实和丰富的，细到每一笔交易过户及田赋缴纳如何转移都有记录在案。因为按照传统赋税规则，承担田赋的农户在把土地卖掉后，相应的纳税义务和份额需要转移，图2-4[1]即是上海县为新户也就是"机器局"购地后应缴纳的银米清单致江南制造局的移文，所以买地的江南制造局一方、卖地的农户一方、需要记录在案的上海县及道台一方都有清晰明确的公文往来和相关凭证，从中我们也看出在传统时代土地买卖是极为严肃认真的事情。这里无法一笔笔详细列举买地合同和过程，仅选择一些有趣的案例予以说明。

1867年9月7日，江南制造局呈文苏松太道也就是俗称的上海道，内称："敝局移建新厂，业经勘定高昌庙前后一带基地，先后由县饬保造送清册，按户给价，开工兴造各在案。兹查局厂工程将次告竣，即须迁移。惟中外工匠，有二百余名之多，且现在兴

---

[1] 图像来源：上海市档案馆编《清代江南机器制造局档案汇编》（第二册），第1018页。

造轮船，工匠尚须添雇，不得不酌建房屋。"[1]因此又购买了林上升等三户农家的田地合计五亩七分六厘七毫，共费钱三百三十四千四百八十六文，相关买卖契约已经订好，希望苏松太道备案。这个工人居住的宿舍，比照后来的制造局图，是在局内的，但从上可见是移局后才买地建造的。

仅过了一个月，1867年10月9日，江南制造局又为建造南炮局新屋而购买了多户农田之事呈文苏松太道，文内说："南炮局归并铁厂，拟在高昌庙另行择地，筹建新屋等因。"[2]制造局这次一下子买了张良成、徐景景、陆志卿、包炳福等几人的土地，合计共五亩一分七厘，花费钱二百九千八百文。过了一段时间，再次向上述张良成等四人及徐成海购买了一块不小的土地，建起了火箭局，也就是火箭厂。

江南制造局一笔笔购买的土地中，既有民房、庙产，也有稻田、桃园，Peach Gardens 也就慢慢消失在它的扩建中。图2-5是1870年4月制造局买地清册，从中我们可以清晰地看到制造局既购买了陈绍先、张胜明、张润、陆鸿源、张得明等多家农户的草房瓦房，也买了高昌庙的五间小屋。[3]

1870年4月15日，制造局再次购买高昌庙周边钱文达、林茂森、林虎金、林渭生、张圣明、张润书等多家农户的土地扩建，包括宅基坟地4.3亩，花稻田16.185亩，桃园2.335亩。下面图2-6、图2-7记录了每家农户所卖土地的概况，包括业主姓名、土地种类、田亩大小、价钱等信息，连地上是否有坟茔、有几棵桃树都有详尽清晰的记录。[4]

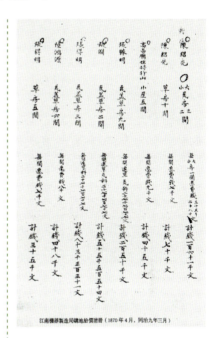

▶ 图2-5 制造局买地清册

在江南制造局不断购买土地扩建的过程中，由于开发建造快慢不一，有时也会遇到鸡毛蒜皮的烦心事。比如到了1899年，制造局前前后后买下的高昌庙周边地皮内，有一些尚未来得及开工建造，原业主甚至转租给其他农户继续在上面种植瓜果桃蔬等。为此，制造局多次开会讨论应该怎么处理。1899年1月25日，制造局工程处、巡防局就

---

1 上海市档案馆编：《清代江南机器制造局档案汇编》（第三册），第1454页。
2 同上书，第1442页。
3 上海市档案馆编：《清代江南机器制造局档案汇编》（第二册），第920—928页。
4 同上书，第725—738页。

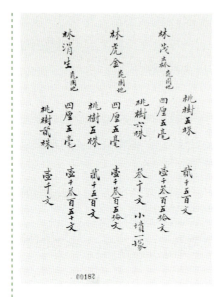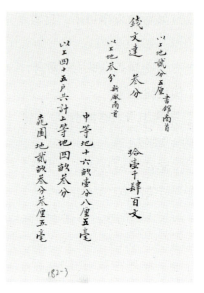

> 图 2-6 农户卖地概况

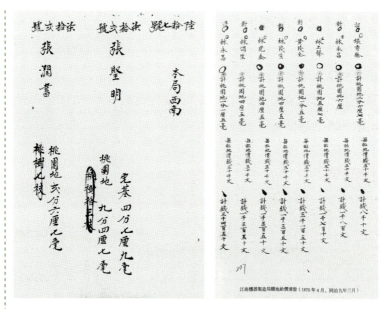

> 图 2-7 农户卖地概况

二十五保十五图内的一块土地发表了相关意见，内中说道："前局宪刘价买局西二十五保十五图李承良等民田共十九亩零一厘四毫，其有树之田计十亩一分二厘七毫，系从前李承良等原种有桃树柿树花红树紫杨笆等，至今尚未拔去。如照旧章给费拔树，树多费多，转不合算。如积久不拔，田为局田，果为民收，田系零块，界址易致混淆。现已传到李承良等合具期限拨净切结。自明年己亥起再收三年至辛丑年九月内,各自将田中一切花果树木概行拔砍干净,所收三年无论收果丰歉,自愿作为拔砍之费,限满不得另有需索。"[1] 制造局总办批示"照办"。

随着江南制造局的迁入,它也就一跃而成为五里桥区域的标志性符号,从19世纪70年代开始,甚至直到今天,在几乎每一张上海地图上,它都会清晰标注,赫然在目。图2-8是1875年上海城厢租界全图的局部,我

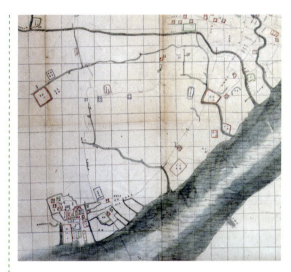

图2-8　1875年上海城厢租界局部图

们从中可以看到左下角紧靠黄浦江边的制造局。并且除了制造局之外,地图省略了周边其他村落等信息,可见制造局对这片区域的重要性。

到1884年,江南制造局的建设已经初具规模。图2-9详细列出了制造局内部机构与建筑的组成,包括理事厅、船厂、船坞、铁船厂、汽锤厂、铸铜铁厂、洋枪厂、熟铁厂、洋匠房、广方言馆、木厂、地图局、操场、码头等信息清晰可见。此外,我们从地图上还可以看到右上角的高昌庙镇、观音庵以及因望达港而得名的望达街。不过,此时的五里桥区域,除了江南制造局外,并没有其他工商业体存在,原来的村落景观也基本

图2-9　制造局内部机构与建筑

1　上海市档案馆编:《清代江南机器制造局档案汇编》(第一册),第320—321页。

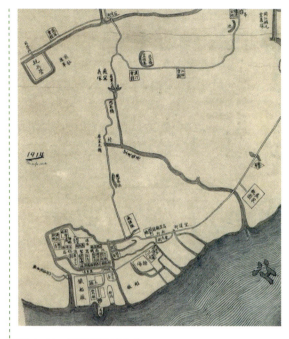

图 2-10 五里桥区域生态

变化不大,可以说,这时的五里桥区域是江南制造局一局独在的时代。图2-10清晰反映了当时这片区域的生态。从图中可见,自制造局向北,只有一条弯弯曲曲的道路,沿路经过唐家木桥、沈家桥以及徽宁义冢后与肇嘉浜相接。五里桥区境内空空荡荡,地图上连村落都懒得标出来。虽然如此,制造局却仍在继续买地扩建中,到1891年左右,江南制造局在规模上已成为近代中国最大的一家民族重工业企业,其高昌庙总局占地面积已在479亩左右,加上龙华、陈家巷两分局共占地667亩,成为拥有机器厂、木工厂、铸铜铁厂、熟铁厂、轮船厂、锅炉厂、枪厂、火药厂、枪子厂、炮弹厂、水雷厂、炼钢厂等13个厂和1个工程处以及库房、栈房、煤房、文案房、公务厅、中外工匠宿舍等的大型军工企业,房屋2 000余间,此时职工总数已达2 900余人。图2-11是广为人知的制造局高昌庙总局图,可资参考。

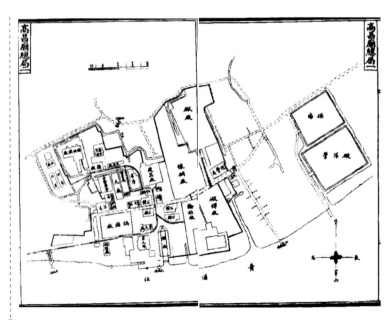

图 2-11 制造局高昌庙总局图

1905年，江南制造局局坞分家。船坞部分改为商办，名为"江南船坞"。制造局则于民国初年改称"上海兵工厂"。根据1925年上海兵工厂编制的工厂地基亩数及历年买地清册，我们可以明了制造局在高昌庙扩建的过程及细节。1925年底，上海兵工厂总厂和分厂地基亩数，包括总厂内外、分厂内外、龙华厂、浦东厂及吴淞海军医院等全部在内，共计1 238.399亩。这超过千亩的土地，是从1866年一直买到1909年的。1866年购买的高昌庙公地1.16亩和杨桂春等乡民的民地27.27亩，合计不足29亩，这就是制造局赖以兴起和发展的最初的厂基。1867年购买的多块民地和敬业书院的公产芦地，合计54.36亩，建造了船厂、码头、船坞、工匠住房、火箭分厂。1868年，再次购买了敬业书院的公产芦地7.881亩，作为船厂东首的储木房。此后几乎年年买地，到光绪年间才间隔几年买一次，最后一次买地已是宣统元年即1909年了。[1]

三 / 军工制造业务的初期发展

1867年，江南制造局高昌庙总局移建完成时，设有机器厂、汽炉厂、木工厂、铸铜铁厂、熟铁厂、轮船厂、枪厂、工程处等各厂以及洋炮楼、库房、煤栈、一号船坞等房栈船坞，共有职工1 316人。各厂主要制造大小兵轮汽机、起重机件、南北洋兵轮、小号官轮、炮船、驳船、炮架、水闸、兵轮锅炉、前膛来复枪、林明敦边针枪等。[2] 1868年底，在总局西边陈家巷建了军火分厂，即火箭厂。1869年添建炮厂，有职工310人，主要生产九磅前膛炮、阿姆斯特朗八百磅大炮以及其他大炮等。1874年于龙华镇建立火药厂，职工156人，生产黑火药、栗色药及无烟火药等。1875年设立枪子厂，1879年设立炮弹厂，1881年设立水雷厂，1891年设立炼钢厂，生产各类钢材和枪炮弹药。为了军火生产知识的需要，制造局特设了翻译馆，又将广方言馆迁入，培养语言和翻译人才。1898年，在原来画图房的基础上扩建为工艺学堂，开始系统性培养所需人才。图2-12为著名的制造局大门，是近代上海的地标之一。

从上述各厂种类我们一眼就能看出，制造洋枪洋炮等军火，是江南制造局的主要使命。其实在制造局开办之初，李鸿章就明确规定它的任务是"仍以制造枪炮，借充军用为主"。[3] 从1867年动工生产到1894年，制造局所生产的主要军火数量如下：1. 各种枪支51 285支；2. 各种炮585尊；3. 各种水雷563具；4. 铜引4 411 023支；5. 炮弹1 201 894发。这些军火枪炮中，有中国第一门钢炮、第一支后装线膛步枪等，代表着

---

1 上海市档案馆编：《清代江南机器制造局档案汇编》（第一册），第175—263页。
2 魏允恭：《江南制造局记》，石印版，第2卷，第3—11页。
3 孙毓棠编：《中国近代工业史资料》第一辑（上），第273页。

图 2-12 制造局大门

当时中国最先进的机器生产能力。这些武器弹药供应南北洋军队、各地炮台、各省等七八十家机构和单位。[1] 除了枪支弹药外，江南制造局还是中国近代机器造船业的先锋。1868 年 8 月，它制造的第一艘轮船，也是近代时期中国自己用本国机器制造的第一艘轮船"惠吉"号正式下水，这是中国近代造船史上的新里程碑。此后它又陆续制造了"操江""测海""威靖""海安""驭远""金瓯""保民"七艘兵轮，从明轮到暗轮，从木壳到铁甲，船舶吨位也从 600 吨增加到 2 800 多吨，技术进步可谓神速。

制造局在制造军火与轮船之外，还制造现代机器。它设有炼钢厂，图 2-13 即为制

图 2-13 炼钢厂钢炉

造枪炮及各类机器所用的炼钢厂钢炉。1891 年炼钢厂创办后，向英国购买了炼钢及卷枪筒的机器、火炉各一副，后又添购 15 吨炼钢炉一座，每天能出钢近 20 吨。这是中国近代钢铁生产的先河。制造局所产各类钢材质量上乘，经金陵制造局和天津制造局试用，其品质与外洋钢质不相上下。除钢材之外，从 1867 年至 1904 年，制造局还自行制造了相当数量的机床，包括车床、刨床、钻床、锯

---

[1] 上海社会科学院经济研究所：《江南造船厂厂史（1865—1949.5）》，第 33 页。

床等工作母机249台，起重机84台，抽水机77台，汽炉机器32台，汽炉15座，各种机器零件1 105 219件。其制造的机器品种繁多，范围广泛，到1911年江南制造局生产的机器产品已经有60多种，其中有些产品已经达到国际高水准，比如中国第一台发电机、开齿机、化铁炉等精度要求高的大型机器设备，都是制造局自己制造的。[1]

江南制造局的这些耀眼的成绩引起了当时上海外媒的注意。1893年6月9日，《北华捷报》在一篇报道中惊奇地说："真没料到它在两江总督的培植下，竟会发展成为今天这样一座庞大的机器制造局。"[2]的确，江南制造局取得了令人刮目相看的成绩。它也深受清政府重视。制造局是李鸿章一手创办的，但该局督办一向由两江总督兼任，是两江总督直辖下的重要事业。因此，制造局的主要政策由李鸿章和两江总督制定，交由主要的执行者总办执行。总办则由上海道台兼任。上海道台不仅应按照规定，每年从江海关库存款中拨出既定的款项给制造局，身兼总办的他还需要向李鸿章和两江总督提交制造局的年度报告。除了上海道台作为总办外，同时在局内另设一负责具体事务的总办，换言之，一个管钱，一个管事。总办之下设有会办、帮办及提调，他们组成制造局的行政管理总部，即公务厅，下属各厂（场）负责人为委员，由此组成垂直管理的体制。总办可以雇佣外国顾问、洋匠及委员之下的所有人员，但会办、帮办、提调及委员须由两江总督和江苏巡抚任命。[3]

除了单纯的军火和轮船制造外，为了培养技术力量和传播科学技术知识，江南制造局另附设有广方言馆、翻译馆和工艺学堂。广方言馆原是李鸿章于1863年在上海奏设的上海语言文字学馆，原设在城内旧学宫的西面，1869年迁入江南制造局内，位置在铁船厂北面，每期招收正附课学生共80名，四年毕业，主要开设国文、英文、德文和算学等课程，主要培养翻译和外交人员。翻译馆的成立稍晚于广方言馆。制造局成立后，有感于制造军火轮船过程中需要大量翻译外文资料，于是在1868年成立了翻译馆，负责翻译和引进西方的科技类书籍。翻译馆聘请了英国人伟烈亚力、美国人傅兰雅等传教士翻译西书，国内的一批热衷西学的读书人士徐寿、徐建寅、华蘅芳等参与翻译整理。从1868年至1907年，翻译的书籍达160种，除了军事科技书籍外，还涉及地理、经济、政治、历史等，对推动军事科技知识和西方现代知识的传播起了重要作用，后面章节再详说。工艺学堂创办于1898年，在原有局内画图房的基础上，和广方言馆合并改设而来，后又改为兵工学堂。它每期招生50名，学制仍为四年，学习国文、英文、算学、绘图、化学、机器等课程，与先前的广方言馆以语言类课程为主相比有明显不同。

1　上海市档案馆编：《清代江南机器制造局档案汇编》（第一册），第3页。
2　《北华捷报》1893年6月9日。
3　上海市档案馆编：《清代江南机器制造局档案汇编》（第一册），第4页。

该学堂规模不大，但它是中国最早的兵工学堂，其毕业生或是选调进京，或是在各地学堂任教，或是留在制造局中，对培养中国生产技术人才方面起了积极作用。

江南制造局虽然取得了上述令人赞赏的成绩，但它在晚清的发展也不是没有问题，有些甚至是很大的问题。以炼钢厂而言，制造局所买的新式炼钢炉虽然每天能出钢20吨，但实际上1904年以前制造局炼钢最多的年份是1897年，年产量也仅仅为2 059吨，平均每天连6吨都不到。有的年份甚至一年仅出钢37吨。[1] 可见产钢能力远远未能发挥。管理上，制造局也存在着严重缺陷。制造局的管理机构臃肿，依然是一个衙门机构，以1904年为例，全局非生产人员多达648人，约占全部生产人员总数的四分之一。除此之外，总分各局内都有不少挂名支薪的额外人员，以至于该局总办赵滨彦自己都承认："查局内委员四十余员，司事一百数十人，实为各省局所所罕见。"[2] 机构臃肿，贪污盛行。1904年6月3日，《中外日报》上的一篇记载揭露了制造局的管理弊端。该文说："自刘某（按指总办刘麒祥）接办上海制造局后，局中所制的枪炮，遂一无进步。其致弊之原因，不一而足，腐败之现象，亦不一而足，而莫不由于款项之支绌，而款项之支绌，又莫不由侵蚀之太甚。盖自总办自握议价之权后，遂酿成大弊二端，一则局中需用最多之物料，率由总办先以廉价购入，而别令他人出面，以重价售诸局中；一则凡欲售物于局中者，必先由其仆隶或员司引进，乃得与总办会晤，皆先议私费，而后及正价，凡仆隶员司工匠，皆有所沾润，而皆取偿于物价之中，如是则虽欲不浮冒而不能，而公款之归于实用者盖亦仅矣。"[3] 以局自肥，触目惊心，这毫无疑问是管理体制的问题。

业务方针上制造局也有过重大调整。1885年，身为北洋大臣的李鸿章急于扩充北洋海军实力，此时的他已认为造轮船不如买轮船，加之当时财政困难等原因，于是在他的建议下清政府下令自1886年起制造局停止造船，这对制造局的造船技术发展是一个沉重打击。甲午战后，出于防务的考虑，1897年军机大臣荣禄以近海欠安全为由，提出将制造局内迁。此后经朝臣数年筹议，迁址的提议不断，但都没有实行。但实实在在影响到制造局的是生产规模由此缩减，裁撤了黑色、栗色两个火药厂，炮弹厂甚至一度改为铸钱厂，原来的13家分厂合并成7家。一方面在合并裁撤分厂，另一方面却又增设了巡警与考工处两个机构，用来加强管防。制造局内部管理如此混乱不堪，甚至被《中外日报》称为"大而无用之废物"。原先的赞美荡然无存。

1905年，两江总督周馥上奏建议"局坞分离，船坞商办"，得到朝廷批准。此后，江南制造局一分为二，新的机器制造局继承原来的军火业务，仍专门从事枪炮、弹药等

---

1 上海社会科学院经济研究所：《江南造船厂厂史》，第48页。
2 同上书，第80页。
3 汪敬虞编：《中国近代工业史资料》，第二辑（上），科学出版社，1957年，第422页。

军火生产。新分立出去的船坞则更名为"江南船坞",实行商办,以制造轮船为己任。

1911年,为响应武昌首义,上海革命者发动起义,11月3日,占领江南制造局,沪军都督府民政总长李平书兼理局务,11月4日,革命党人将江南制造局改名为上海制造局。图2-14即为起义军攻占江南制造局后所摄。此后于1917年4月,又改称上海兵工厂,隶属于北

图2-14 起义军攻占江南制造局

洋政府陆军部。期间因治理不善,1925年甚至一度划归上海总商会办理。1927年3月,上海总工会占领上海兵工厂,名称再次改变,称之为国民革命军上海兵工厂,成为国民革命的"武库"。1932年"一·二八"淞沪抗战爆发,处于战区中的上海兵工厂,曾竭尽全力为前线供应军火,由此遭到日军的忌恨。1932年5月5日中日签订《上海停战协定》,规定上海为非武装区,中国不得驻军,此时已隶属于军政部兵工署的上海兵工厂只好奉令停办,将机器设备迁移他地。有"近代中国第一厂"之称的江南制造局从此烟消云散,自1865年虹口创办到1932年被迫停办,前后仅六十七年便湮没于历史之河中。

第二节　民国时期江南造船厂的发展历程与初步辉煌

与不足七十年就消失在历史长河中的江南制造局不同,局坞分离后的江南船坞走上了另一条不平凡的发展道路,成为近代以来中国机器造船业的传奇。

一、局坞分离前的造船事业

江南制造局在虹口创办后,前期忙于制造枪炮,根本顾不上造船。1866年开始在高昌庙买地迁建后,经曾国藩奏请在政府批准拨付的二成江海关关税中,拿出一成专为造轮船所用,每年有二十多万两银子,这样造船才算有了稳定的款项,1867年在黄浦江边开辟了第一号泥船坞和码头,船坞长达325尺。不要小看这泥船坞,正是靠着这泥船

坞，制造局建起了轮船厂，局内的机器厂能配套制造船用机器，锅炉厂也能制造船用锅炉，造船设备已经齐全。于是，近代中国自行用机器制造的第一艘轮船就在一年后诞生了。

1868年8月，江南制造局所建造的第一号火轮船，也是中国人自己建造的第一艘大型机器轮船，排水量为600吨的木壳机器兵船"恬吉"号（后改为"惠吉"号）正式竣工。9月15日，"惠吉"轮下水试航。上海的《教会新报》对这次前所未有的航行做了细致报道："于七月初一、二日（按指旧历），未用铁机，全系木料，先行下水。时于七月二十九日，轮船造作完全，即驶入浦。船中有上海应道宪，局中总办，管理轮船委员，经造西国人，俱在上。其管理新轮之西人，系管铁皮轮船船主。管理机器煤火西人名罗勒士。船上插有一面鲜艳黄色龙旗。由高昌庙十点零三分时开行，至英美两公馆之中，相近陆家嘴角，时十点钟零廿三分。铁皮与天平轮船，各放三炮，以作庆贺之意。顺便驶至吴淞关口抛锚。一路之间适逢逆潮，计由陆家嘴角到吴淞，不过一点钟零二分时候。吴淞岸开炮庆贺。应观察各员登岸。其未登岸者即将轮船开往大洋，计一点钟时，开至大洋一海岛处，约二百一十三里之遥，风逆浪大，船行甚稳。按一点钟可行三十六里。于本月初一日早六点钟零二十分，由海岛开回，途中停泊十五分时候，至吴淞十二点钟零五分，按一点钟已行三十七里。至上海正一点钟，到高昌庙码头二点钟零二十分。……上海军民无不欣喜。……而先有轮船数只皆系买之西人，兹此船乃本国始初自造也。"[1] "惠吉"轮所到之处，黄浦江中的其他轮船及岸边炮台鸣炮致敬，虽是明轮，船身也还是木质，但大家明显都对这第一艘机器制造的中国轮船感到自豪，欢欣鼓舞。

"惠吉"轮首次试航，上海道台应宝时亲自登船观看，船到吴淞后他才登岸而去。农历八月十三日，"惠吉"轮驶入南京，两江总督曾国藩也亲自登舟体验，返程后他立刻向朝廷递交了著名的《新造轮船》的专折，他激动地写道："七月初旬，第一号工竣，臣命名曰惠吉，其汽炉船壳两项，均系厂中自造，机器则购买旧者修整参用。船身长十八丈五尺，阔二丈七尺二寸，先在吴淞口外试行，由铜沙直出大洋，至浙江舟山而旋，复于八月十三日驶至江宁。臣亲自登舟试行至采石矶，每一时上水行七十余里，下水行一百二十余里，尚属坚致灵便，可以涉历重洋。原议拟造四号，今第一号系属明轮，此后即续造暗轮。将来渐推渐精，即二十余丈之大舰、可伸可缩之烟囱、可高可低之轮轴，或亦可苦思而得之。上年试办以来，臣深恐日久无成，未敢率尔具奏，仰赖朝廷不惜巨款，不责速效，得以从容集事。中国自强之道，或基于此。各委员苦心经营，

---

[1]《教会新报》1868年10月10日，第1卷6号，第24页。

其劳绩亦不可没也。"¹ 对这艘轮船的建造成功，曾国藩曾说，"中国自强之道，或基于此"，这是相当高的评价，也是相当高的期许。

第一艘兵轮"惠吉"轮造成后，到1885年制造局陆陆续续又造了"操江""测海""威靖""海安""驭远"等多艘轮船，其中"海安""驭远"两轮船长均为300尺，吨位已达2 800吨，短短几年间，制造局的造船技术有了极大提高。表2-1是1868—1885年所造各轮尺寸概况，以资参考。每艘轮船下水，观者如云，"驭远"轮的下水尤为轰动。当时媒体曾报道说："昨日制造局六号轮船落水，阖城官绅以及士女往观者不下万人云。局中工匠艺精业熟，较之去岁五号轮入水更为妥帖，真有驾轻就熟、从容不迫、好整以暇之妙，故入水时水不扬波，附近小舟均无碰撞之势。岸上观者如云，工匠似火，亦未伤损一人。闻从前数船入水时，船旁撑木有碰伤工匠者，岸侧小舟因激成波澜互相击动，甚至有掀翻河内，激赴岸上者。日昨均无其事。以舟高数丈、数十丈之轮船落水，比长安拖坝之小舟尚觉平稳暇逸，亦可谓技精入神矣。"²

表2-1 1868—1885年所造各轮尺寸概况

年份	船名	长度（尺）	宽度（尺）	马力（匹）	受重（吨）
1868	惠吉	185	27.2	392	600
1869	操江	180	27.8	425	640
1869	测海	175	28.0	431	600
1870	威靖	205	30.6	605	1 000
1873	海安	300	42.0	1 800	2 800
1875	驭远	300	42.0	1 800	2 800
1876	金瓯（铁甲船）	105	20.0	200	—
1885	保民（铁甲船）	225.3	36.0	1 900	—

资料来源：《江南制造局记》第3卷，第55页。

然而就在江南制造局的造船技术"技精入神"时，李鸿章的心态发生了变化，他逐渐认为"造轮不如买轮"，清廷也以财政困难为由，于1886年停止了造船业务，此后直到1905年局坞分离后才恢复。晚清时期江南制造局的造船事业，真是"成也李鸿章，败也李鸿章"矣。

---
1 魏允恭：《江南制造局记》。
2 《申报》1875年11月5日。

二、从江南船坞到江南造船所

从甲午战争到八国联军的侵华和《辛丑条约》的签订，实际上宣告了洋务运动的失败与破产。包括江南制造局在内的晚清创办的大批官办企业走到了十字路口，它们纷纷向官商合办和商办转换。1903年，张之洞在筹迁江南制造局的奏折中提出了"新厂既成，旧厂可改作商厂"的建议。他说："查沪局（按指江南制造局）炼钢厂所出钢料，除供本局之用外，兼可销售洋行，为制造器物船料之用。原有船坞，亦可代修华洋官商各轮。其枪厂机器，酌量改配，可以制造各项机器，以供销售。此外，迁空之厂屋，兼可赁与华商，另作生理，量取租资。上海局厂如林，旧厂用处甚广，生发无穷，断不可使一机一屋，听其闲废，实可筹巨款，以添补厂用。"[1] 于是，自1886年以来就搁置的船坞和造船业务，在新形势下率先采取了商业化的转型。至于局坞分离的具体步骤，则由两江总督周馥亲自筹划。

1905年4月经周馥与驻沪总理南北洋海军提督叶祖珪及北洋大臣往返协商，拟定了"船坞另派大员督理，仿照商坞办法，扫除官场旧习，妥筹改良"[2] 办法，并奏请朝廷核准实行。至此局坞正式分家。根据方案，江南制造局的船坞及相关的轮机厂、锅炉厂、炮弹厂、水雷厂、木工厂、铸铁厂等划为商办，定名为江南船坞。分家过程中，局坞双方曾产生了很多争论和纠纷，特别是对积存原材料如何划分争执不下。经多方协商，1905年夏江南船坞终于完成了资产接管，包括船坞基地60余亩、泥船坞1座、岸坞2座、轮机厂1所、锅炉厂1所、炮弹厂1所、水雷厂1所、挖泥船2艘、驳船3艘、小轮1艘、栈房5所、住房14所，全部资产约计白银七十七万三千两。此后，江南船坞的常年经费须自行周转，政府不再拨付款项，但招商局及海关的轮船造修，则归由江南船坞专利承接。原有工人江南船坞仅留下了20余名，其余400多人一律遣散。分家后的江南船坞归海军部领导，原派叶祖珪为船坞督办，但叶不久后病故，改由萨镇冰继任。

商办后的江南船坞，生产业务渐有起色，过去船坞长期荒废的局面逐渐改观。从1905年到清廷结束的1911年，江南船坞共造出轮船136艘，修船524艘，造船总吨位比制造局时期近四十年所造轮船的总吨位还要多一倍以上，达到了21 040吨，其中就有著名的长江客轮"江华"号。"江华"号是江南船坞为招商局建造的客货轮，1911年下水，主要航行在长江航线。该轮全长100.65米，宽14.435米，吃水3.66米，排水量高

---

1 《江南制造局移设芜湖各疏稿》，1903年，第6页。
2 《江南造船所纪要》，1922年，第9页。

达 4 130 吨，打破了上海地区造船的吨位纪录。该轮还安装了中国自造的第一台水管式锅炉，配有两台三缸三胀式蒸汽机，船体、主机和锅炉皆为江南船坞自行制造，双车功率达到 3 000 马力，航速 14 节，可以载货 2 300 多吨，载客 384 人，被航运界评为当时"中国所造的最大和最好的一艘轮船"。[1]

商办后的江南船坞没过几年就遭遇了政局的再次巨变。1911 年辛亥革命爆发，革命军攻克上海，随后沪军都督陈其美委派当时的求新造船厂经理朱志尧出任江南船坞经理。1912 年 4 月，北洋政府收回江南船坞，划归为海军部直接管辖，并改名为江南造船所，派出陈兆锵接管了新的江南造船所。但在营业方针上，江南造船所未有大的变更，仍继续采取商业化经营方针，所以造船业务未受影响，仍在大踏步前进中，到 1918 年时，其造船业务和技术已经赶上甚至超过了当时在上海造船工业中处于垄断地位的英商耶松船厂，居于上海中外造船工业的首位。

根据有关统计，从 1905 年到 1926 年，江南造船所一共建造各类船舰 505 艘，总排水量为 165 133 吨，每年平均造船 23 艘。特别是 1918 年，订造船舶吨位高达 6 万吨。美国方面委托江南造船所建造的万吨巨轮就始建于 1918 年，关于这一问题，后面再详述。反观江南制造局时代，四十年内仅造了 15 艘各类轮船，排水量一共 10 490 吨。虽然说有时代差异的因素，但两者相比，无疑已是天壤之别了。[2]

除了造船业务迅速发展外，江南造船所的修船业务也有极大增长。从 1907 年至 1926 年，进坞修理的大小船舶兵舰累计为 2 722 艘，平均每年修船 136 艘。

随着修船与造船业务蒸蒸日上，江南造船所一改晚清时期的财务窘况，成为年年有盈余的令人羡慕的机构。1905 年局坞分家时，江南船坞曾借用江安粮道库银 20 万两作为开办费，原定 10 年内分期归还，结果由于营业状况好转，1911 年江南船坞就将借款全部还清，提前了四年。据统计，1905 年至 1926 年，江南造船所累计盈余多达 1 126.33 万元，平均每年超过 50 万元。[3]

北伐成功后，南京国民政府于 1927 年成立，接管了北洋政府的治理权，江南造船所的管理权未作变更，仍归海军部管理。自 1927 年到抗战全面爆发，海军部对江南造船所一度进行了局部带军事性的扩建。1930 年冬，海军部决定将海军轮电工作所并入江南造船所。1931 年 2 月，福州马尾船政局的制造飞机处又遵照海军部部令并入江南造船所。[4] 这就是黄浦江边的海军制造飞机处。同年 3 月 24 日，海军制造飞机处致函上海市

---

[1]《北华捷报》1912 年 5 月 4 日。
[2] 上海社会科学院经济研究所：《江南造船厂厂史》，第 102 页。
[3] 同上书，第 111 页。
[4]《海军公报》第 21 期，第 171 页。

图 2-15　水上飞机"江鹤"号

工务局，就建造飞机制造厂一事提请报备，函中说将在"原有厂场前面添建飞机制造厂一座，计宽二十九点五公尺，深三十七公尺，高十三点二五公尺。由本处负责设计建设。兹因急于兴工，先将厂屋总图及地图二份六张送请查照"。[1] 市工务局表示认可。此后，短短几年内，海军制造飞机处就制造出了"江鹤""江凤"等水上教练机和侦察机 5 架。图 2-15 即为停在黄浦江上的水上飞机"江鹤"号。

自 1927 年至全面抗战爆发的 1937 年，江南造船所共建造轮船 230 艘，总排水吨位为 60 842 吨。每年平均造船约 21 艘，排水吨位约 5 531 吨。这些新造舰船中，排水量在 500 吨以上的共 39 艘。整体而言，没有再建造类似美国 1918 年订购的万吨巨轮。所建造的排水量最大的是 1928 年给日清汽船公司建造的"洛阳丸"，这是一艘双螺旋蒸汽机钢质客轮，排水量为 4 275 吨，主要航行于长江下游航线。[2] 除了制造轮船外，江南造船所此时的修理业务也很繁忙，从 1927 年到 1933 年的七年内，海军舰艇除外，它共修理各类商业船舶 2 407 艘次，平均每年 344 艘次。虽说造船和修船业务仍很繁重，但未能造出万吨巨轮是这时期的最大遗憾。

1937 年 7 月全面抗战爆发，11 月上海沦陷，作为重要战略资产的江南造船所立刻被日本陆军侵占。图 2-16 为 1937 年的江南造船所大门。早已停办的上海兵工厂场地此时也被日军全部划入江南造船所，并强行圈占了附近大量民地，使江南造船所的总面积增至 34.3 万平方米。1938 年 1 月，江南造船厂又被移交给日本海军管理，改名为"朝日工作部江南工场"，同年 3 月，又由日本海军委托日商三菱重工业株式会社接办，改名"三菱重工业株式会社江南造船所"。1941 年底太平洋战争爆发后，日军又将新侵占的英联船厂所属的和丰船厂与瑞镕船厂划归江南造船所，改名"淑浦船坞"和"杨树浦工场"。在日军占领时期，

图 2-16　1937 年江南造船所大门

1　上海市档案馆馆藏档案，档案号 Q215-1-6372。
2　上海社会科学院经济研究所：《江南造船厂厂史》，第 183—184 页。

江南造船所一共建造各类船舶 100 多艘，还造了 300 多艘攻击型的"自杀艇"，给中国军民带来了极大的伤害。

抗日战争胜利后，江南造船所由国民政府海军司令部接管。1946 年至 1949 年 5 月间，共建造各种船舶 34 艘，总排水量 9 557 吨，平均每年造船 10 艘，排水量 2 734 吨。与战前相比，下降幅度非常明显。唯一值得肯定的是，由于战后电焊技术的推广，江南造船所于 1946 年成功建成了中国第一艘全电焊结构的长江上游客轮"民铎"号，排水量为 634 吨。1949 年 5 月 27 日，上海解放。次日，中国人民解放军上海市军事管制委员会发布命令，接管江南造船所，江南造船厂回到新的人民政府手中。

根据历史资料统计，自 1865 年至 1949 年上海解放的 84 年中，江南造船所一共建造各种舰船 837 艘（另有统计为 884 艘），总吨位为 31.6 万吨。

三 / 中国最早的万吨巨轮建造历程

在江南造船所早期的发展历史中，最辉煌的时刻无疑是它替美国业主订造万吨巨轮的时刻。这是中国第一批万吨巨轮，也是江南造船所技术实力得到国际认可的标志，值得后人铭记。关于这批万吨巨轮的建造，其来龙去脉颇有故事。

1917 年 4 月美国宣布参加第一次世界大战，但此时美国国内造船厂生产已处于满负荷状态，因此它就把寻求建造运输舰的眼光投向了远东。日本船厂拿到了订单，江南造船所也接到了订单。同年 6 月，美国驻上海副领事亚当斯就上海造船业的情况拟就了一份详细报告，准备提交给政府。在报告中他说，上海有能力建造大型船舶的轮船公司共三家，即中国的江南造船所、英商的耶松船厂和瑞镕船厂。经过仔细分析三家造船厂的业务能力，亚当斯倾向推荐江南造船所。可惜的是这份报告不知何故被总领事忽略，未能马上送达美国国务院。该年 12 月初，江南造船所总工程师毛根（Robert Buchanan Mauchan）向美国驻沪总领事毛遂自荐承造美国轮船的热忱和技术能力，他在给美方的信中说："如果美国政府需要 3 000 吨级的轮船，无疑江南造船所的工人可以打造出不输于世界任何船厂的一流船舶。"[1] 12 月 13 日，这封信连同亚当斯的报告一起交到了美国国务院。

1918 年 4 月 8 日，北洋政府海军部给驻美公使顾维钧发了一封电报，电报说："美领事奉其政府来电，商嘱本所代造五千吨商轮多艘，并据美领事之意造船一事，往返电商殊难详尽，且虑迟延，不如由所总工程师毛根代表祈与美政府商订承造较为便捷。"[2] 在

---

[1] 胡可一：《揭秘中国第一批万吨轮》，上海交通大学出版社，2017 年，第 45 页。
[2] 转引自胡可一：《揭秘中国第一批万吨轮》，第 47 页。

得到肯定答复后,5月9日毛根启程赴美。经美国海运委员会代表、江南造船所代表毛根、美国大来公司代表史密斯三方磋商,谈判比较顺利。7月14日,纽约媒体报道说:"中国成为以造船来协助击溃德国的国家成员,此合同是大战以来中美关系发展最受瞩目的成果之一,中国也通过此事展现了中国试图发挥参战国一员的作用。"[1]图2-17即为当地媒体的报道。[2]

图 2-17　纽约媒体报道

1918年7月25日,江南造船所为美国订造轮船的合同正式签订,图2-18为签约照片,合同规定相关建造材料由美国海运委员会协助购买,江南造船所按照美国政府拟定的价格支付,每艘轮船的建造材料在上海到齐后的六个月内建造完工,规定建造载重量为一万吨的运输舰四艘,船身长429英尺,宽55英尺,高37.115英尺,吃水27.6英尺,每艘定价195万美元,四艘共780万美元,分七期交付。第一期款项美方应于合同签字后十五日内拨付,余款则随建造情形陆续交付,至所造轮船抵达美国时交付完成。这是一笔巨额造船合同,合同签订后美国海运委员会主席发来了贺电,对中国造船工业的进步表示祝贺,并将合同视为中国与协约国一致共同抵抗敌对国家的表现,也使中美传统友谊更加巩固。[3] 8月4日,北洋政府海军部致电顾维钧,

图 2-18　与美方签订造船合约

1　转引自胡可一:《揭秘中国第一批万吨轮》,第47页。
2　资料来源:https://bklyn.newspapers.com/image/54538122/。
3　转引自胡可一:《揭秘中国第一批万吨轮》,第48、82页。

对其在谈判中的协助表示了感谢。

江南造船所承造美国万吨巨轮的消息传来，国内为之轰动。上海滩各媒体对这一前所未有的大事，纷纷跟进报道，也不吝赞美之词。像《申报》就评论道："诚以美国船只最多，而能不菲薄中国，请其相助造船，此乃前所未有者也。美国此举乃承认中国船业建筑力大有进步之证。""从前中国所需之军舰商船，多在美、英、日三国订造，今则情形一变，向之需求于人者，今能供人之需求。中国工业史，乃开一新纪元。"[1] 开创了工业史的新纪元，这是多么高的评价！

局坞分家时，江南造船所仅接管了一个泥船坞，虽然很快就改造成木船坞，也在1916年将坞身拓长到556英尺，深20英尺，能容纳万吨以上的船舶进坞修理，是当时国内最大的船坞之一。但只有这一个船台是不够的，因为美方要求的交船期限异常紧迫，唯一的办法是四舰同时建造，所以江南造船所面临的第一项紧急任务就是先得有四个大船台，新建三个大船台，资金还在其次，首要的问题是需要土地。要地，就得跟早已不是一家人的上海兵工厂协商。出乎意料的是兵工厂很不情愿，并且态度强硬。江南造船所所长刘冠南只好亲赴北京，找他当海军总长的哥哥刘冠雄帮忙。刘冠雄在国务会议上报告了此事，国务会议议决由陆军、海军两部会同办理。经过多次协商后才双方最后达成协议，即兵工厂出让造船所需要的土地，但造船所需要为兵工厂购买同等面积的土地并承担建造新栈房的费用。原先局坞分家时两家共享的土地现在归造船所拥有，但造船所需要照市价补偿兵工厂。由此看来，兵工厂一分未让，也分毫未亏。搞好地皮后，江南造船所赶紧动工扩建老船坞、新建大船台，按照规划，每个船台长需396英尺，宽36英尺，高20英尺，如此可容纳500英尺长的巨轮。船台两侧又需竖立十根能起吊4吨重量的立柱。如果船坞建好，万吨巨轮的建造也就打下坚实基础了。

除了建造船台外，江南造船所还需要增建新厂房，建新轮机厂，买各类新机器设备，扩招技术工人等事项，统计下来江南造船所为建造四艘万吨轮船所进行的大规模扩建前后花费合计超过一百万两白银，换句话说，超过了当年分家时它所分得的资产总值。

1919年1月，第一、第二船台先行建好，江南造船所立刻开工兴建，船壳、锅炉、烟箱、木作、机器、轮轴等各项工作同时展开。3月，第一和第二舰开始安装龙骨，第三和第四舰也开始动工。8月第一次世界大战结束，美国传来消息说，欧战结束毋庸着急赶工期，以求坚固为原则。再加上美方所提供的造船钢材一再延期抵沪，因此造舰工期有所迟缓，第一艘万吨巨轮下水也就推迟到了1920年6月。

---

[1]《申报》1918年11月24日。

图 2-19 "官府"号下水典礼

1920 年 6 月 3 日，江南造船所建造的第一艘万吨巨轮"官府"号（Mandarin）在万众瞩目中举行盛大的下水典礼，申城轰动。图 2-19 为下水典礼照片。美国公使克兰携夫人出席，海军总长刘冠雄、外交部长王正廷等数百名中外各界领袖和嘉宾出席观礼。按照下水礼仪，船首搭起木台，悬挂万国旗帜，随后造船所所长刘冠南请公使夫人行命名礼，致颂词"余致汝于水，汝其尽汝之职，使汝主人成功，使船人平安，因而将支配汝也，余命汝曰 Mandarin。"[1] 随后摔碎船首的香槟酒，酒花四溅，在众人的三次欢呼声中，"官府"号缓缓下行驶入黄浦江，观众再次欢呼三遍，军乐齐鸣，岸边欢声笑语，盛极一时。随后嘉宾步入宴会厅，举杯庆祝。中美嘉宾互致贺词和演说，对江南造船所的造船能力做了极大的评价和肯定。

美国领事克银汉（E. S. Cunningham）说："今日下水礼实为一极重要之机会，余愿述其要点如下：江南造船所今既能造成美国来宾所定四大船之一，则前所云中国不能造大船之说实无根据，因一国之成功全在其出产力之大。初美国宣布参战时，急欲补足其被潜艇所沉之商船，乃当时各国船厂均已赶造新船，实无余暇，美国于是遂问中国能否代造四艘，中国立允之。吾人今日乃见此'官府'号之下水，诚盛举也。"

海军总长刘冠雄上将说："余之来此参与典礼实为荣幸，可以代表全国之意见，因深知自此厂划分开办以来历史及其工程进展极速，足与欧、美并驾齐驱，今果能造一极大、极坚之船，实为吾人可最欣慰者。此次中国为美代造，更足以联络两国之感情，以后该厂必能为美国尽力。余见造船工人有如此新造之能力，甚望我国商船主人可向该所造新船，以与他国相竞争。余知造船所更当竭力相助，以造成我国大队之商船也。"

王正廷也借此机会向国内商界提出了希望，他说："余甚望今日之下水礼可激起华人思想，而使国人注意与研究并实行此大问题，即造船是要知商业之能力在全世界联络一气，今次美国托中国造船不亦大幸乎！"[2] "造船是要知商业之能力在全世界联络一气"，这句有全球化视野和国际化认知的话语值得后人铭记。

---

[1] 转引自胡可一：《揭秘中国第一批万吨轮》，第 84 页。
[2] 以上各嘉宾发言转引自胡可一：《揭秘中国第一批万吨轮》，第 86—87 页。

下水预示着轮船制造完成了大部分，但离完工还有一段距离。1921年2月，"官府"号终于竣工，15日开始试航，航速13节，比原定合同快了3节，出乎大家意外。17日，江南造船所决定连同一起竣工及试航合格的"天朝"号（Celestial）两船一同开往美国交船。8月12日，美方驻厂监造员接到美国海运委员会来函，称"中国江南造船所定造之万吨运输舰官府号、天朝号两艘已经接管，成绩优美，实驾乎旧有之舰之上，工料既称坚固，其速力复溢出原定之外，殊为满意，此皆借我君认真监造与该所所长服务精勤，故能得此完美之效果。祈向刘邝两所长并毛根总工程师代为致意申谢。"[1]

第三艘"东方"号（Oriental）、第四艘"国泰"号（Cathay）也于1921年10月和12月先后竣工，随即开往美国交船。表2-2为四艘万吨运输舰舰身数据，以资参考和纪念。至此，江南造船所自行为美方设计建造四艘万吨巨轮任务圆满完成。这是中国造船界从未有过的大工程，自行设计建造巨轮，创造了中国造船业的奇迹，被视为中国工业的巨大成就，备受瞩目。"每次美舰下水，来所参观者异常拥挤，道途几为之塞"。[2]

表 2–2　四艘万吨运输舰舰身数据

总长	Length Overall	135.1 m	（443 ft）
两柱间长	Length pp	130.7 m	（429 ft）
船宽	Breadth	16.8 m	（55 ft）
型深	Depth	11.6 m	（37 ft 11.5 in）
型吃水	Draught Moulded	8.4 m	（27 ft 6 in）
最大航速	Maximum Speed	13 kn	/

第三节　沪南高昌庙五里桥民族工业区的形成

自工业革命在全球扩展以来，自欧洲至远东，城市化的发展更为迅速，中国传统城市也深受工业化的影响。因此，一般都认为工业是一个现代城市发展的重要动力，近代著名经济学家刘大钧在《上海工业化研究》中就说："都市之产生原为工业化之影响，在各国未经工业化之前，无今日之都市。"[3]

1　转引自胡可一：《揭秘中国第一批万吨轮》，第88页。
2　《江南造船所纪要》，第76页。
3　刘大钧：《上海工业化研究》，商务印书馆，1940年，第1页。

开埠以前，上海以商业贸易为主，开埠后外资工业率先进入上海，各类船舶修造业、制造业纷纷在上海产生。洋务运动开始后，各类官办工业纷纷成立，像前面所讲的江南制造局即为代表性企业。甲午战争后，迫于形势压力，清政府开始允许外资在华设厂，从而也带动中国民族资本进入制造业领域，基于此上海迅速成为近代中国民族工业的发源地和全国工业的中心。到20世纪30年代，上海工业分区在空间上形成了三个比较集中的区域，分别是杨树浦工业区、苏州河沿岸工业区和沪南工业区。这三个工业区特点有所差异。从工业数量和实力而言，毫无疑问杨树浦工业区最大，它以外资为主，特别是英资和日资工业，以造船、纺织、水电等工业为主，在空间上属于美租界。苏州河两岸则分布着众多的日资工业和民族资本工业，以纺织和面粉业为主，空间上跨越租界和华界，这是苏州河工业区。沪南工业区行政上属于沪南区，完全是华界，受上海市政府管辖，该工业区地理范围的核心是从黄浦江边的江南制造局，经过高昌庙往北，再经过五里桥直至肇嘉浜，与法租界隔浜相接，往东则沿黄浦江边大致延伸至南码头，因此也可以称为高昌庙五里桥民族工业区。毫无疑问，沪南工业区的代表工业是江南制造局以及后来的江南造船所，工业类别上则是以军火工业、机器制造和造船等重工业为主，也包括大量的纺织类工业，资本来源上以民族资本为主。与前两个工业区相比，沪南工业区更多是本土工业化发展的代表。

一 / 高昌庙五里桥民族工业区的形成

根据马学强团队的研究，他们认为沿着城厢的斜桥一带早在清康熙年间就出现了一些"前店后场式"的商办工场，比如使用土法制革的皮坊。[1]这是可能的。不过根据前面章节所述，特别是释读上海早期的一些地图我们能够发现，即便是开埠二十年后，到了19世纪60年代，城墙之外的上海还是平畴沃野、炊烟袅袅的乡野乐园。甚至在江南制造局在高昌庙买地迁建二十多年后，受制于技术、资本以及观念的影响，整个上海工业的发展尚处于起步阶段，又遑论五里桥至斜桥一带呢，那时五里桥周边几乎没有其他现代工业的身影。客观上说，到19世纪80年代，从五里桥至斜桥一带变化都是不大的。

甲午战争以后，清政府放开外资在华设厂的限制。在外国资本开始大量涌入上海的刺激之下，中国民族工业的发展也进入了勃发期。第一次世界大战期间，因本国卷入战争的缘由，英法德等外国资本在华拓张的步伐减慢，这给了民族工业一个发展良机。到20世纪二三十年代，大大小小的上海工业企业数量达上千家，以五里桥为中心的高昌五

---

[1] 马学强主编：《打浦桥：上海一个街区的成长》，上海社会科学院出版社，2019年，第135页。

里沪南工业区之内就有五百多家。从黄浦江边的江南造船厂，沿制造局路、局门路等北向到肇嘉浜，依据有关统计数字，截至1934年，该工业带有江南造船所、美亚织绸厂、信谊化学制药厂、天厨味精厂等大小工厂529家，大无畏电池、佛手牌味精、金钱牌搪瓷器、马头牌美术颜料、民生墨水、爱华葛等民族工业产品名闻遐迩。[1] 图2-20和图2-21分别是1928年上海特别市工厂分布图及五里桥周边，自肇嘉浜往南经五里桥过沪杭甬铁路至黄浦江边，再向东延伸至南码头一带的工厂分布图细部[2]，五里桥正好位于这个区域的中心。图中密密麻麻的星号、小三角符号等代表着一家家的工业企业。

图2-20　1928年上海特别市工厂分布图

图2-21　1928年五里桥周边图

1　上海市卢湾区志编纂委员会：《卢湾区志》，上海社会科学院出版社，1998年，第170页。
2　图像来源：《上海市特别市工厂分布图》，上海特别市政府社会局制，1928年9月。

这里需要强调指出的是，1927年后，上海市政府在制订"大上海计划"时，高昌庙一带被规划为工业区，区域范围东至沪军营，西至日晖桥，南至黄浦滩，北至沪闵南柘路（今斜土路、国货路），这一范围恰巧完整覆盖今天五里桥街道区域，可以说是不谋而合。据不完全统计，20世纪30年代初，高昌庙地区除江南制造局外，还有华商电气公司、上海内地自来水厂、法商自来水厂、同昌纱厂、申大面粉公司、龙章造纸厂、先达丝毛纺织厂、冠生园等27家工厂。[1]

仅以今天五里桥街道行政区划范围内而言，除了前已详述的上海兵工厂和江南造船厂以外，其他代表性企业还有如下一些著名的工厂：

第一家是著名的美亚织绸厂。很多人可能知道美亚织绸厂是创办于法租界的一家民族丝织企业，在丝绸市场上打败了赫赫有名的日资企业，产品也被称为近代国货之光，深受消费者喜爱，一般印象中它好像跟五里桥没有关系的。其实，它的一家分厂就设在今瞿溪路打浦路附近，名为美生织绸厂，后面在还原1933年前后五里桥地籍册时再细说。美亚织绸厂创办于1920年春，创始人是近代著名的实业家莫觞清。莫觞清是浙江吴兴（今湖州）人，1871年生，曾任美商洋行买办，也创办过多家丝织厂。1920年，他在法租界白莱尼蒙马浪路（即今马当路）徐家汇路口独资创办了美亚织绸厂，初创时非常简陋，仅置织机十二台，属于试验期。1922年春，莫觞清的女婿蔡声白自美国留学归来，接手美亚织绸厂，出任总经理，随后他大力添购美国与日本制造的新式丝织与织绸机器，美亚出品于是越来越精良，产量也迅速增加，远销欧、美、印度等地。1947年，联合征信所对上海各丝织企业做了详尽的调查，编成《上海丝织业概览》一书，内中对美亚织绸厂的历史和现状做了详细的记载，摘录如下：

> 该公司成立于民国九年春，地址在徐家汇路九成里。十一年改为合伙组织。由蔡声白君任总经理，添置新机，大事扩充，仿造欧美新式丝织品，并陆续增设天纶美记总分厂、美孚织绸厂、美成丝织公司、美生织绸厂、美利织绸厂、南新织物公司、美章纹制合作社、美兴绸庄、美隆绸庄、美纶绸缎布足局、久纶织物公司、美经经纬公司、美艺染炼厂等联枝机构。廿二年三月，将此等联枝机构合并改组为美亚织绸厂股份有限公司。抗战军兴，另在渝蓉等地拓展产销业务。常敌伪时期，沪厂生产锐减，惟营业照常。胜利后，即谋恢复旧观。设总管理处于天津路207号。
>
> 其分公司设在：上海天津路二〇七号、香港文咸东街八三号、重庆民国路七二号、天津赤峯道一〇四号、汉口扬子街新德里七号。

---

1 图像来源：浪奔浪涌黄浦江（shtong.gov.cn）。

工厂：上海第二厂，闸北交通路六一九号。第四厂，胶州路八六八号。第六厂，斜土路二〇九三号。第七厂，瞿真人路一四〇三号。第九厂，徐家汇路一〇〇一号。经纬厂，日晖东路三三号。苏州第三厂，齐门石皮弄四七号。杭州第八厂，燕子弄二〇号。香港分厂，九龙荃湾三八号。广州分厂，大沙头贞固路。四川五通桥分厂，四川五通桥双龙桥集兴寺。乐山染炼厂，四川乐山嘉乐门外牛耳桥。天津分厂，徽州道十四号。汉口分厂，大智门外铁路边二三号。目下全公司有职员二一九人，工人一千一百余人。

董事长兼总经理为蔡声白，美国理海大学工学士，美兴地产公司董事长。董事：莫如德、孙瑞璜、童莘伯、龚艮纬、沈体仲、黄椿庭、邱鸿书。

资本：民国廿二年改为公司组织时，资本为国币二百八十万元。廿五年三月以马浪路八百三十号厂基及打浦桥等处地产划出，作价八十万元，另组美兴地产公司为其附属事业，乃将额定资本减至二百万元。卅年增加资本二百万元，由股东以现金缴入，合原有资本为法币四百万元，卅二年一月增至伪中储券一千万元，系将原有法币资本折作二百万元，即老股一股成半股新股，另外每一新股升二股。其余四百万元，每一老股认二股，以现金缴入。同年八月又增至伪中储券四千万元，系将每一老股升股一股半，以现金认缴一股半。胜利后改为原额法币四百万元，并以增入之伪中储券三千六百万元，发还股东，另由股东以现金缴入法币三千六百万元，计共实收资本为法币四千万元。卅六年六月资本总额增为三十六亿元。

业务：专制各式绉缎、被面、纺绸、绯、葛等丝织品。所有经纬、打线、纹制、染炼、印花等工作完全自办。[1]

从上可见，美亚织绸厂的第六厂、第七厂及经纬厂实际上都在五里桥区域内。该厂可谓是除了江南制造局和造船所外五里桥的又一大民族工业。

美亚织绸厂的产品深受顾客喜爱，该厂经常组织展销活动，图2-22是著名艺术家刘海粟等为其展览会的题词。

第二家著名的工厂是汇明电池厂。上海汇明电池厂是一家老牌民族电筒电池企业，创办人是近代著名的企业家丁熊照（见图2-23）。丁熊

图2-22 刘海粟等为美亚织绸厂展览会题词

---

1 联合征信所编：《上海丝织业概览》，联合征信所，1947年，第18—22页。

图 2-23　丁熊照先生

照是无锡人，早年在上海绸缎棉布庄当学徒，1920 年创办三和皮革厂，因经营不善失败。1921 年进入大东电池厂当推广部主任，从而进入电池领域。在推广电池工作中积累了资金和经验，丁熊照于 1925 年 9 月创办了汇明电池厂，此后又于 1929 年创办了永明电筒厂，后合并成为上海汇明电筒电池制造厂，生产电池、碳棒和电筒等系列产品。汇明电池厂创始时资本仅 5 000 元，电筒厂也不过万元，规模并不大，职工也仅数十人而已，电池厂厂址原在陆家浜路 742 号，电筒厂则在中华路 1206 号，生产汇明牌和鸡牌两种干电池。因丁熊照经营得法，营业发达，原厂已经不够使用，于是将电筒厂迁到了汝南街建业里，电池厂迁到了瞿真人路（今瞿溪路）585 号，两厂相隔不远。两厂资本也增加到 50 万元，职工人数增加到 600 多人，成为电池领域的领先企业。[1] 产品方面，在原有两个品牌的基础上 1929 年开始生产"大无畏"牌电筒、电池以及虎牌电筒，产品精良，发光准确，经久耐用，成为家喻户晓的国货，畅销国内外。图 2-24 是汇明厂的广告和产品价格，从中可见一斑。

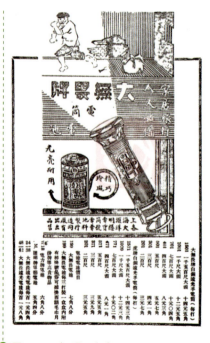

图 2-24　汇明厂广告

1　《机联会刊》1937 年第 164 期，第 61 页。

汇明电池厂的管理也非常得工人认可。除了提供膳宿外，汇明电池厂的工资按月计算，考勤有各项记录，勤奋者有现金奖励，"怠惰者则用劝导的方式，使之觉悟。工人患病，聘有专门医生，为之诊疗，而服药之费，亦由厂方负担。年终盈余，工人亦得分润。工余的时候，更施以一小时的识字教育，以冀全厂工人，都能识字明理"。[1] 由此看来，汇明电池厂的管理是非常人性化和值得肯定的。

第三家有代表性的工厂是阮耀记缝衣机器无限公司，该厂也叫阮耀记制造缝纫机器厂、阮耀记缝纫机器公司，创始于1924年，总厂设在爱多亚路（今延安东路）宝裕里二十二号，斜土路南设分厂，专门生产各类型号的"飞人"牌缝纫机。图2-25与图2-26是该公司的注册商标备案以及公司产品广告，从中可见该公司产品优良，保用十年。

图2-25 阮耀记缝衣机器无限公司注册商标备案

第四家著名的工厂是中国飞纶制线厂。该厂是中国民族木纱厂的开创者，创办于1929年，资本10万元，创始人为杭州人罗立群。罗立群，浙江杭县人，曾任新光内衣厂董事，协昶进出口行董事长以及多家纺织类企业董事。[2] 该厂创办之前，中国所需木纱均依赖进口，每年漏卮数目巨大。有鉴于此，罗立群于是独资创办了中国飞纶制线厂。1929年春在新桥路（今蒙自路）动工设置工厂，当年6月即开始生产，出品有飞轮牌木纱团（见图2-27）及三潭牌丝线卷，产品行销全国和南洋各地。

抗战期间，飞纶制线厂的一部分厂房毁于炮火，剩余设备迁入陕西南路步高里的临时厂址，生产受到极大影响。胜利后，迁回原来厂址，并于斜土路打浦桥路口（原斜土路900号，今斜土路810号）新购得土地五亩多建设新厂，另外还在杭州买地八亩多，建造了纱厂。1947年，飞纶制线厂改组为股份有限公司（见图2-28），在上海南

图2-26 阮耀记产品广告

---

1 《机联会刊》1937年第164期，第63页。
2 上海市档案馆馆藏档案，档案号Q78-2-12716。

图 2-27　飞纶制线厂广告

图 2-28　飞纶制线厂承接订货广告

京东路设有总管理处，并在南京、天津、汉口、长沙、昆明、重庆、广州、杭州、台北、香港等地，以及海外新加坡、爪哇巴城、海防、仰光等地设立发行所，共有职工 455 人，生产各种线类，每月产量约 7 500 罗，仍供不应求，当时号称为远东最大的制线企业。[1]

第五家为福华烟草公司。在近代中国烟草业的发展中，福华烟草公司不算是一家大型知名企业，它是烟草市场上的后来者，创办于汪伪时期的 1944 年 7 月，资本为伪中储券 5 000 万元，抗战胜利后改为法币 5 000 万元，发起创始人为程伯庵、李子唐、戴廷芳、束云龙四人。程伯庵曾做过瓷业银行的监察。李子唐曾任南洋烟草公司包装部主任。厂址原在泰康路 135 号，后在新桥路斜土路口设立新厂。[2] 生产的香烟品牌包括大白马牌、福华牌、龙凤牌、金台牌等，抗战胜利后该厂每月出产约一千箱。[3] 其销路除上海外，主要以京沪、沪杭沿线各地及青岛、汉口、徐州、九江等口岸及铁路沿线城市为主。图 2-29 为大白马牌香烟广告。

图 2-29　大白马牌香烟广告

1　《中华国货产销协会每周汇报》，1947 年第 4 卷第 10 期，第 1—2 页。
2　福华烟草股份有限公司调查报告，上海市档案馆馆藏档案，档号 Q78-2-14559。
3　《商业新闻年刊》，1947 年，第 17 页。

第六家是为人所共知的上海哈尔滨食品厂，该厂厂址为瞿真人路（即瞿溪路）1198号，门市部在淮海中路919号。该厂前身为前店后场的福利面包公司，创始于1936年，生产面包为主，1949年更名哈尔滨食品厂（图2-30）。

图 2-30　福利面包公司广告

除了上述直接相关的工厂企业外，五里桥周边区域还分布着多家纺织企业，比如光华机器染织厂、元通布厂、莹荫针织厂、统益袜厂、裕兴袜厂、大丰电机织造厂、天益染织厂、勤工染织厂、大来棉织厂、丽明机织印染公司、无锡中华织造厂、宁波恒丰机器染织厂、震丰染织厂等。据1949年统计，这周边仅纺织企业就有466家，职工18 211人，是近代上海纺织业相当集中的区域之一。[1] 故此，高昌庙五里桥区域早在1932年就已成为上海市之三大工业区之一（图2-31）。

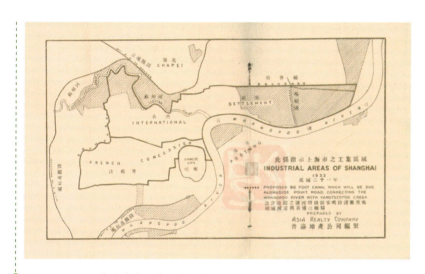

图 2-31　1932年上海市三大工业区之一

另外，根据20世纪30年代的统计，上海全市有各类机器制造厂485家，公共租界有271家，位居第一，除此以外，沪南区有108家，远远超出漕泾、法华、闸北、引翔等其他华界区域，位居华界第一。[2] 沪南区机器制造业的核心区即是高昌庙五里桥一带。

1　马学强主编：《打浦桥：上海一个街区的成长》，上海社会科学院出版社，2019年，第141页。
2　《上海市工人人数统计》，1934年，第59页。

二／江南制造局与江南造船厂成为高昌庙五里桥民族工业集聚区的标志性符号

自江南制造局在高昌庙一带建厂后，它就成为这片区域的标志性企业，也成为晚清以来几乎每张上海地图中必备的要素，五里桥区域其他建筑、马路可以不标出，但江南制造局以及后来的江南造船厂却是一定得注明的。下面这些地图，不管是外国人制作的，还是国人自己画的，无一例外都是如此。

▶ 图 2-32　1903 年法租界及周边地图

图 2-32 是 1903 年在沪的法国有关机构所绘制的法租界及周边地图，从中我们既可以看到椭圆形的上海县城，也能看到土黄色的法租界区域和橘红色的法国附属产业，右下角的橘红色是黄浦江边的法国自来水厂，自来水厂旁边那个不规则的方形区域即是江南制造局。毗邻制造局的西部一直延伸到龙华港的部分彼时大多数仍是滩涂或农田，滩涂图标清晰可见，日晖港的河道也清晰可见，河水北向与肇嘉浜相接。地图上，制造局北部只有两条道路被明确标识出来，两路呈垂直状，一条是东西向的通往龙华港的路，即今天的龙华东路，另一条是通往肇嘉浜的马路，也就是今天的制造局路。

1903 年时沪杭甬铁路并未开通，因此地图上未有任何铁路的标识。下面这张 1910 年的五里桥区域细部图（图 2-33）就不一样了，此时沪杭甬铁路已经修好开通了，它贴

▶ 图 2-33　1910 年五里桥区域细部图

着江南制造局和江南船坞（地图上标识为江南机器制造总局）北边穿过，往东延伸至上海南站。笔直的制造局路向北延伸，路两边自制造局往北过铁路分布着老高昌庙、高昌司庙、桂墅南里、幼童学校、蚕业学校、东亚同文书院、楚北宝善堂、巡防局、贫儿院、瞿真人庙、营房等。营房所在即今天的制造局路与斜土路路口。此时，斜土路尚未整修，地图上未有标识出来。右下角的江南机器制造总局毫无疑问是这片区域的核心。

1918年的五里桥周边地图细部与1910年毫无二致。

第一次世界大战期间，中国民族工业兴起，五里桥及周边区域在江南制造局的带动下，经过几十年的积累与发展，已经初步具有了一定的工业基础，但即便如此，到这时仍是以江南制造总局演变而来的上海兵工厂和江南造船所为核心。图2-34及图2-35分别是1918年和1949年上海解放前的五里桥周边区域细部图，两图整体格局无疑都是从晚清时期就延续下来的，虽跨越三十余年，但整体差别并不大，并且不管怎么变化，上海兵工厂和江南造船所仍然是必须的标识，哪怕淞沪抗战后上海兵工厂就已经停工搬迁了，它仍然会被标出来。

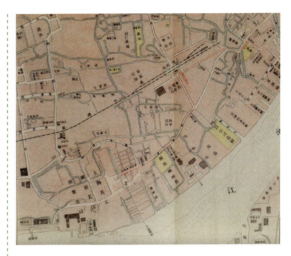

▶ 图2-34　1918年五里桥周边区域细部图

▶ 图2-35　1949年五里桥周边区域细部图

第四节　新式交通系统的建立与初步发展

一、沿河修路与填河筑路

在江南制造总局迁入之前，五里桥周边区域的路大都是村民们用脚踩出来的田间小路和沿河的岸路，甚至以舟代步，水路交错。随着工业时代的来临、工人的聚集以及人口的越来越多，有的河变成了土路，有的土路变成了煤渣路，煤渣路又慢慢变成了柏油马路。

（一）制造局路

晚清以来，江南制造总局在高昌庙周边买地动工兴建以及其后的发展，无疑改变了五里桥区域的水乡生态，因此以制造总局而命名的制造局路是首先应该讲的。今天的制造局路，北起徐家汇路，向南蜿蜒经斜徐路、丽园路、斜土路、汝南街、瞿溪路、中山南一路，止于龙华东路。路长1651.1米，宽15.7—17.1米，其中车行道宽10.3—11.5米，沥青混凝土路面。路两侧种有悬铃木，也就是俗称的法国梧桐树。那么，这条路是怎么来的呢？

1866年江南制造总局在高昌庙建厂后，周边地区也就逐渐繁荣起来，但始终没有一条向北通过肇嘉浜的干道，有的也仅是几条普通乡间小道而已。1882年，曾国藩的女婿、清末封疆大吏和著名的民族资本实业家聂缉椝经左宗棠保举，出任江南制造总局会办，两年后，聂缉椝升任制造总局总办。任总办期间，聂缉椝延请傅兰雅等西方技术顾问，大量翻译西方科技类书籍，并仿制西式阿姆斯特朗后膛炮及保氏钢甲军舰，增强了清军的战斗力，保证了前方所需军火的供应，使江南制造总局转亏为盈。1890年，聂缉椝再次升职，出任职责更重要的上海道台一职，从此他开始规划修筑沿各浦滩的多条马路。他有感于江南制造总局的重要地位，以及局内众多工人、学生及各类职员共数万人所导致的交通不便，于是决定修筑一条干道，从高昌庙直通法租界。

议决以后，聂缉椝感到工程浩大，单凭局内力量是无法做到的，于是他就召唤了驻防上海的炮队营统领杨金龙，商定出以兵代工的方案，同时制造总局也拨出部分工人参加协助，终于在1891年修成了从制造总局通往斜桥的路，因此这条路可以说是中国兵士筑路的先锋，当时称为斜桥南路，也称制造局路。初筑时，制造局路是一条土路，路两边种植的并不是梧桐，而是杨柳树。由于筑路的各营兵士和工人多以湘人为主，聂缉椝自己也是湖南人，为了纪念这次创举和义举，在筑路完成后聂缉椝发起在今制造局路和斜桥连接之处修建了湖南会馆。湖南会馆初建时地方甚小，仅有房屋三间。此后由同为湖南人的左宗棠来沪后捐资扩建，成为近代上海会馆建筑中比较宏大的一座。因此，制造局路和湖南会馆，可以说都是近代湖南人在上海所留下的一种芳绩吧。[1]

1911年辛亥革命上海光复一役，人数并不占优势的革命党人先烈们，凭着满腔热血，沿着制造局路攻入了制造局，一举奠定了上海革命的基石。由此可以说，制造局路

---

[1]《制造局路之由来》，《七日谈》1946年第19期，第5页。

又是一条革命之路呐。

1914年制造局路拓宽路面。1915年，有感于高昌庙一带市面繁荣，人来人往络绎不绝，华商电车公司认为开通电车路线已经很有必要，于是请求政府再次拓宽路面以方便铺设电车轨道。[1] 上海镇守使也考虑到制造局路承担着运输制造局生产制造的子弹、火药等军火及其他材料的职责，不能任该路被压毁或坍损，于是"特饬驻局第十三团及驻龙华之第六团周龚两团长抽拨所部工程队各一队从事修理，将该路加高方阔"。[2] 到1921年，沿制造局路一带已有居民不下千人，工厂学堂东西林立，又有众多行号商店，沪南工巡捐局于是重修该路，在原泥土路上改铺设煤屑路。1927年上海特别市成立后，再次关注制造局路的修建。1928年由煤屑路改铺设为砂石路，过了两年又铺为碎石路。1935年10月开始，上海市工务局沿制造局路做了排筑沟渠的工程，但断断续续几个月也没修好自斜桥（图2-36）至徽宁路的这段，市民抱怨说："路面迄今未修复，高低不平，崎岖难行，晴日则沙尘扑面，雨时则泥浆溅身。"[3] 此后受战争影响，制造局路未有再改铺，直到1949年才完全改成了柏油马路。

制造局路虽然从晚清以来就成为五里桥区域最为知名和最有代表性的马路，但与繁华的南京路相比，它还是有极大不同的。有人把它比作"贫穷的少妇"，穷是穷了点，但生活的气息其实是一点都不少的，甚至还是很温情和有温度的。这篇文章叫《制造局

图2-36 制造局路斜桥桥头

---

1 《新闻报》1915年3月23日。
2 《时报》1915年4月6日。
3 《新闻报》1936年2月12日。

路素描》，刊登在1937年8月5日的《大公报》增刊上，作者名叫夏中汉，这应该是个笔名，文不长，写得很生动，也很值得全文抄录下来，以飨读者：

> 若说南京路是个富翁，那末，制造局路该是一个贫穷的少妇。
>
> 制造局路这名字在一般人印象里怕并不怎样生疏吧。从法华交界的斜桥往南，直顶到近高昌庙的兵工厂。当江南三月的春季里，游春的人上龙华去，坐一路公共汽车是必经之路。
>
> 制造局路没有装饰得很富有的铺子，没有站得骄昂的吸引顾客的模特儿像，没有散布着爵士乐的舞场，没有用一层白纱窗帘隔着的富丽的食堂，没有……，没有一些是嵌着高贵的色彩的。就像一个贫穷的少妇，制造局路有着长满荆棘的义冢地，有着广大的丙舍的会馆，有着高烟囱的工厂，有着棚户，有着学校……
>
> 一日之计在于晨。这些劳苦的大众，都守着这一条格律的。天还没十分亮透，刮着阴凉凉的晨风的时候，在死寂的路上已有着一群群劳动大众，开始他们或她们的生活。他们的生活是辛苦的：拉着粪车的夫妻俩，推着笨重的货车的汉子，挑着粪桶的粪夫，提了小篮子上工厂的男女工人，甚至有从老远的龙华挑来卖菜的乡妇，他们全在寒风里喘气，额上挂下了大豆似的汗珠，胳臂的经络都吼了起来，好一幅紧张伟大的画面啊。
>
> 制造局路有着上海女子中学和开明中学，在早晨，上学的学生也不在少数，除了这两个学校以外，附近有君毅中学，大公职中，贫儿院小学等的学生。学生是完全消费者，只有这些少爷小姐才替制造局路添上一点声色。
>
> 傍晚，制造局路是静得怪凄寂的，除了杂货铺子里的几盏灯光。但是，不时有一二声刺耳的火车的回声，冲破这死寂的空气，因为制造局路本身，还跨着一条沪杭的铁路哩！
>
> 假日，在街上我们能时常看到水手，一个黑黝黝的脸，说着满口福建话，这便是制造局路上一个特殊的点缀了。[1]

（二）日晖东路

制造局路是今五里桥街道的东边界路，往东则为半淞园路街道。日晖东路则是今五里桥街道的西边界路，往西则为徐汇区了。

日晖东路所在地原有日晖港，日晖港是一条很重要的水道，河道很宽，南北水向，

---

[1]《大公报》1937年8月5日。

接通黄浦江与肇嘉浜。日晖港河道原来与黄浦江连通处并没有分汊，换言之，原来日晖港与黄浦江相接的地方并不是一个三角洲形状，1905年江边滩地的业主江苏省铁路公司为了方便运输起见，在他们土地上挖了一条河道，这样就使日晖港河道与黄浦江相接的地方变成了一个东西两边是日晖港河道、南边是黄浦江的三角形小岛。原来东边的日晖港河道被称为老日晖港，很多民国地图上都是如此标注的，直到今天，老日晖港河道仍保留了一部分。西边新挖的河道成了江苏省铁路公司货栈厂房的组成部分，但这条新挖的河道很快就被民众误认为是公共水道。沪杭甬铁路修好后货运逐渐发达，1925年沪杭甬铁路当局也想在日晖港车站边修建一个货运码头，水路铁路联运，方便运货。[1]于是，两家铁路公司为了这个误认为是公共河道的使用权产生了纠纷，一方认为是公用的，一方认为是私家的，吵到铁道部，最后铁道部出面委托上海市土地局查了当年的地契，证明的确是江苏省铁路公司1905年自己挖的河道，这才平息了纠纷。[2]

日晖港河道两岸，原来分别有两条无名的岸边小路。1914年，沪南工巡捐局在东岸开辟修建了一条新式煤屑马路，通往肇嘉浜，以毗邻日晖港而命名为日晖路。1920年路南段部分改铺为弹街。

1924年8月，沪南工巡捐局接奉淞沪护军使何丰林（注：枫林路和枫林桥原来名为丰林路和丰林桥，即是因为何丰林出面修建的关系，南京国民政府上台后改丰为枫）的敕令，要求在"新西区平阴桥东沿日晖路边上建筑水泥驳岸一道及马鞍式码头一座，以便该处居民上落"。[3]沪南工巡捐局随即派出专业人员勘察现场，绘就图纸图样，然后公开招标建了一个码头，这就是日晖港沿岸的几个驳运码头之一，既方便了两岸民众的日常出行，同时又是一个货运及垃圾码头，便利了运输。可见，军阀有时也能做出些有利于地方民生的建设。

1949年，日晖路改煤屑路为碎石路。新中国成立后，于1958年全路改铺为弹街路，同时因该路在日晖港东侧，改名为日晖东路。1973年、1974年，日晖东路分段重铺为柏油马路。后随着日晖港河道的逐渐填平，港路连为一体，日晖东路就变成了河港与路的统称。于是乎，现在只有日晖东路，却是找不到日晖西路的。并且河道完全填平后，北段还重命名为瑞金南路，仅有南部一小段保留了日晖东路的名称，变成了现今又短又宽的很奇特的一条马路。

（三）斜土路

斜土路是今天五里桥街道的北面界路，路南属于五里桥街道，路北则分属于打浦桥

---

1 《时报》1925年9月1日。
2 《铁道公报》1933年第625号，第9页。
3 《新闻报》1924年8月6日。

街道和丽园路街道。晚清时期，从老城厢往徐家汇和龙华方向去，水路的话主要靠肇嘉浜，陆路主要就是斜土路。因此，在历史上斜土路是沪南区的一条干道，路两侧及周边是传统上的老工业区和人口聚集区。

斜土路东起肇嘉浜上的斜桥南首，与制造局路、斜土东路分别相交相接，向西蜿蜒很长，全长5 505.5米，一直通往徐家汇南的土山湾（今天的漕溪北路附近），因此叫斜土路。在五里桥街道内，斜土路东自制造局路，西至瑞金南路，全长1 711米，可以说这就是五里桥街道的东西宽度。目前，斜土路宽在18.2—19.3米间，其中车行道宽11.6—12.8米，沥青混凝土路面，路两边也遍植悬铃木，也就是法国梧桐树。

江南制造总局在高昌庙镇建立后，到晚清末年，周边区域聚集的人口越来越多，仅工人就有上万人之多。随着法租界向徐家汇的扩张，沿肇嘉浜一带也逐渐繁荣起来，聚集了大量外来人口。毗邻肇嘉浜的斜土路也成了外来移民的乐园，许多低矮的棚户搭建起来，拥挤热闹。但苦于干道少，有时拥挤得苦不堪言。多年以来上海城厢内外总工程局的一些局董就呼吁改造这一状况，比如1907年底《申报》上就登载说："本邑西门外马路，只有自方浜桥至斜桥一条。为行人往来要道，南达制造局，北接法租界，西通徐家汇，东至陆家浜等处，路狭人稠，平时车马往来，时虞阻塞，别无支路可以绕避，今又为法人越界开筑电车轨道，人货往还，益形不便，不得不预为之计，以利遇行而弭隐患。董局等共同集议于西门外开筑羊尾桥路、井亭桥路、周泾浜迤南至斜桥之路，及马路之东贯通西南门各支路，并南达火车站之路；又自西门北城根接通南城根之路，以期力保主权。其中，尤以周泾浜路、肇嘉浜为目前切要之图。自周泾浜北首界碑起，至井亭桥止，又肇嘉浜路自万生桥起至斜桥，与西门外马路交点之处止，沿浜岸线约长四百余丈。河面宽五六丈不等，拟就原有浜岸之路筑宽约四丈左右……已由制造局巡办捐银五千两，此外分投募捐，不敷尚多，拟请宪台于城河息款项下借垫银二千两发交董局应用。"[1]

虽然斜土路很早就是一条土路，比如开埠初期的上海地图上就有这条路，也有很多人一直在呼吁将其改建拓宽，但该路的正式修建却与日晖路一样，都是在1914年。那么为何五里桥区域内的几条干道都是在1914年修建呢？原因在于当时主持上海工巡捐总局的朱寿丞局长的深谋远虑。一战爆发后，英法德意奥等欧洲各国忙于战争，无论政治还是经济方面都暂时放松了对上海的统治与影响，这是极为难得的有利时机。朱寿丞局长为了安插沪上的苦力、小工等劳苦大众起见，就呈请淞沪镇守使署，希望能"以工代赈"来开辟修筑连接沪南华界与法租界的两条干道，即斜徐路和斜土路。[2] 同时先行划

---

[1] 《申报》1907年12月25日。
[2] 《神州日报》1914年10月8日。

定横路五条，第一条自外日晖桥起由南往北沿浜筑造，第二条自龙华路上的泉漳会馆门口起由南向北至斜徐路，第三条自龙华路的王家宅起由南往北至斜徐路，第四条自制造局南卡起往北填筑，第五条自制造局后局门起由南往北至斜徐路。这五条横路确定后，上海市工巡捐局通告相关业主迅速迁移相关房屋、坟墓等，逾期将由公家代拆。[1] 后来，有感于五条横路仍不够用，乃增辟为南北支路十一条，以及添建大小铁桥木桥十一座，借以振兴华界市面与推广商业。这一建议得到淞沪镇守使的支持。

1914年9月，各项筑路工程动工，先筑斜徐路和斜土路两条干路，随后筑造其他十一条南北支路。这些工程推算下来，所需工资及石料、煤渣、铁桥、木桥等全部工料，估价需要费银子十七万两。另外，还需要支付路基所需的地价，以及妨碍路线需求迁走的坟墓和房屋拆迁补偿等款项四万多两。所有费用合计起来高达二十一万两多。路倒是不难修，可是钱从哪里来？朱局长有办法！他呈请江苏省政府，并报财政部批准，在上海城壕丈放局收入的城基变价项下（注：辛亥革命后上海旧城墙开始拆除，至1914年拆完，拆除后的城墙地基铺为今中华路和人民路，周边的原有的护城河地基则向社会公开出售，所售款项归上海城壕丈放局使用，用作城市公共建设。）借支了30万两，充作筑路费用，上海工巡捐局负责每年筹还3万两，十年还清。上海城壕丈放局的这笔款项稍有利息收入，工巡捐局又办成了筑路大事，双方皆大欢喜。1914年9月，款项到账，人工与工料也齐全，当年就把这两条干路和十一条支路修了八九成。[2] 到1915年底，除了桥梁工程外，所有道路悉数完工。桥梁方面，由于外日晖桥木桥改换铁桥，工程浩大稍有延迟外，其他潘家木桥、鲁班路桥、陆门路桥等都次第完工。1915年4月1日，斜徐路、斜土路、（瞿）真人路、局门路、新桥路（今蒙自路）、鲁班路、打浦路、日晖路八条道路的路名木牌已经安插完毕。其余康衢路、丽园路等五条马路也随后修成插牌。

1918年，朱寿丞升任浙江全省烟酒公卖局局长，1921年又任汉口招商局局长。他晚年潜心于佛学，致力于慈善事业，是一位广受民众爱戴推崇的人士。

斜土路修好后，便利了路南江南造船厂所在的区域与法租界的往来，也沟通了老城厢与徐家汇的往来，成为一条东西向的主干道。南京国民政府成立后，其驻沪参军办事处就设在斜土路静善堂。[3] 斜土路两旁的工业也发展起来。从民国时期到改革开放，仅以五里桥街道所属的卢湾区和黄浦区而言，斜土路两边就有美亚织绸厂、红光造纸厂、采矿机械厂、色织染纱四厂、上海第二十四漂染厂、化工机械厂、第七皮鞋厂、太平洋被

---

1 《时报》1914年10月22日。
2 《申报》1914年9月25日。
3 《公安旬刊》1929年第1卷第15期，第12页。

单厂、上海无线电三十五厂、玩具十七厂、飞纶制线厂、纺织纽扣厂、中药制剂厂、高压泵厂等十几家工业企业。此外,还有华东化工学院分院、电气自动化研究所、卢湾电影院、卢湾中学、卢湾职业中学、斜土路第一小学等文教科研单位(见图2-37)。

1943年7月初,在打浦桥斜土路南福鑫里协记造绳厂前发掘了一座明代古墓,传言为明代状元、内阁首辅大臣顾鼎臣之墓,一时闹得沸沸扬扬,媒体争相报道。据相关记者实地探寻,似乎又不是,一时真假难辨(见图2-38)。[1]

图2-37 美亚织绸厂为斜土路厂房紧要声明

图2-38 斜土路南首发现古墓相关报道

从斜土路和制造局路的交叉口,沿着制造局路往南走短短几十米,你会发现制造局路有一个九十度的直角转弯,连同另一边的斜土支路,三条路隔成了一个方方正正的区域。这块方正的地块,历史上是一个兵营,它扼守着南来西去的要道,后来成了徽宁会馆的馆舍。只不过,现在这兵营连同上面所提到的大多数工厂企业,都已消失在历史的长河中了。历史上斜土路附近工厂多,工人的棚户也多,日常生活不小心导致的火灾也多,因此以前的报纸上关于斜土路最多的新闻之一就是今天这里明天那里到处着火的报道。

(四)中山南一路

中山南一路原名康衢路,与斜徐路、斜土路等十三条马路一同辟筑于1914年,因跨越日晖港的康衢桥而命名为康衢路。康衢路东起新肇周路,西至日晖东路,全长1 888.5米。路两侧种有梧桐树。康衢路路址原系农田和村落。1914年筑成时为煤屑路,1929年康衢路拓宽,同时改铺为石子路弹街。市工务局为此次拓宽工程曾公开招工投标(见图2-39)。[2]1948年为了纪念孙中山先生,康衢路改称为中山南路,与1928年上海市政府修筑的中山路接通。1949年东段部分开始铺为柏油路,中段和西段仍为弹街。

---

[1] 《申报》1943年7月9日。
[2] 《新闻报》1929年2月25日。

新中国成立后于1950年改名为中山南一路。1963年，全路翻修，全部改成柏油马路。康衢路自修筑以来，两边大小工厂鳞次栉比，是沪南工业集聚区之一，著名的除了江南造船厂整件车间外，还有通用电器厂、沪光制革厂、红星轴承厂、上海市第二十二漂染厂等。[1]

除了上述企业外，康衢路上还有一家近代上海很有名的炼丹厂，名为中国铅丹制造厂，厂址在上海康衢路东王家宅26至30号，紧邻江南造船所。该厂于1934年间由吴纪春联合前大华厂的几名工程师一起创办，资本不算多，仅为二万元，呈准实业部注册，设备方面有炼丹炉五座、磨机、滤池及空气分解机各一座，出品有红丹、黄丹、金银密陀等，以飞狮牌为商标。产品质量优良，曾获得实业部及上海市国货陈列馆发给的第一等国货证明书。[2]

该厂所炼铅丹不是给人使用的药品，而是工业用品氧化铅，经中央工业试验所化验证明，该厂所生产的各类铅丹制品极适于制造防锈油漆、电池、玻璃等各类化工用途，特别是适合船用防锈油漆。[3] 物美价廉，是进口日货的有力竞争者，更能挽回权利。因此，1934年9月该厂曾将其产品呈送海军部，希望部饬江南造船所使用。海军部批示说“发交江南造船所试验，再行核办可也”。[4]

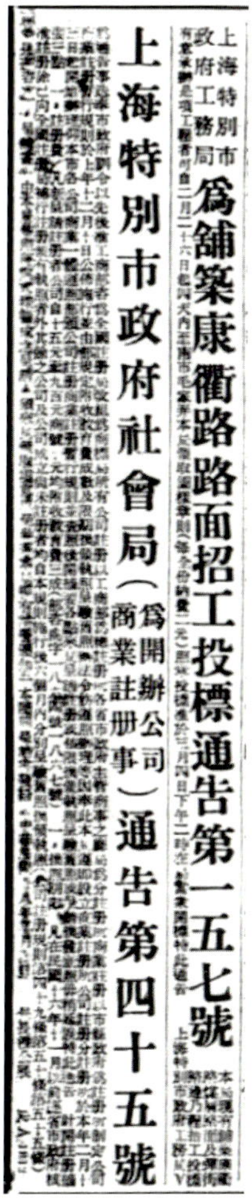
上海特別市政府工務局爲舖築康衢路路面招工投標通告第一五七號

上海特別市政府社會局（爲開辦公司商業註冊事）通告第四十五號

图2-39　康衢路拓宽工程招工投标通告

（五）龙华东路

龙华东路原名龙华路，是五里桥区域内数一数二早就修好的一条干路，1984年才改称为龙华东路。早期的龙华路东起制造局路高昌庙西栅口，向西逶迤经过局门路、蒙自路、鲁班路、打浦路、开平路等，一直西行至龙华镇，现今则止于日晖东路，长度不及原来的一半了。今天的龙华东路全长为1 728.5米，宽12—15.4米，沥青混凝土路面，两边绿树如茵。

江南制造总局移建高昌庙后，不仅带动了周边经济的发展，局内业务特别是各厂房的修建也催生了辟筑周边道路的需求。1891年，为了能接通总局和分布在龙华镇周边工

1　卢湾区人民政府编：《上海市卢湾区地名志》，上海社会科学院出版社，1990年，第172页。
2　《商业月刊》1936年第16卷第6号，第2页。
3　《民报》1934年11月16日。
4　《海军公报》第65期，1934年。

厂的需要，制造总局出面辟筑了龙华路。这条土路其实早就存在，是以前周边村民来往沪南区江边桃园赏花和去龙华寺烧香的一条小路，但不够宽而已，也没有名字。制造局出面修筑了该路后将其称为龙华路，毫无疑问是因为它往西通往龙华镇。初筑时这是条泥路，1918年翻新，1919年拓宽。拓宽时，因龙华路边实际上还有一条小河浜在，故需要将小河浜填平，出面挑泥填浜的是淞沪护军使下属步兵三十八团和三十九团各营兵士。经两团兵士辛苦劳作，小河浜迅速填平，龙华路得以拓宽。淞沪护军使署在下令填浜拓宽龙华路的同时，还派兵士沿路两边栽种了上万株的枫树和杨树，既能美化周边环境，又可以改善公共卫生。不难想象，十年后从制造局一路直到龙华镇，路人行走在绿树浓荫的龙华路上，该是一幅多么美妙的图景。但未曾想到的是，周边的顽童实在太多，把好好的枫树和杨树给攀折得都是断枝，结果导致树木大半枯槁。这下搞得淞沪护军使不得不通令市民监督，并要求兵士"保护龙华路的枫树和杨树"。[1]

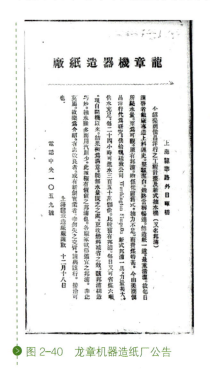

▶ 图 2-40　龙章机器造纸厂公告

1921年沪南工巡捐局重修龙华路，改铺煤屑。1930年初，上海特别市政府再次决定将沪南各路拓宽改筑，其中斜土路和康衢路作为主干道，拓宽为17.5公尺，即17.5米。鲁班路拓宽为15米，瞿真人路（即瞿溪路）和龙华路则拓宽为12.5米，可见在交通地位上，龙华路要低于斜土路和康衢路。拓宽改筑的这年，龙华路改铺为柏油马路。[2]

龙华路两侧是著名的工厂和仓库区，且多为重工业，聚集在两边的工厂企业既有江南造船厂的车间和仓库，也有龙章机器造纸厂（图2-40）、上海工业锅炉厂、上海缝纫机四厂、上海异型钢管厂、金属冶炼厂、上海自行车三厂、上海有色金属压延厂、沪江机械厂、上海无线电十四厂、上海伞厂等大中型金属冶炼与制造工业。[3]这些工厂企业与江南造船厂一起，沿着龙华路两岸铺开，直到黄浦江边，从而使这片区域成了上海最有代表性的重工业基地之一。

当然，除了重工业之外，龙华路也是绿色的和文艺的。它的西端是南园，原来是泉漳会馆的产业，也是近代上海比较著名的园林，今天仍是绿意盎然的公共绿地。

1　《时事新报》1921年7月14日。
2　《民国日报》1930年9月6日。
3　《上海市卢湾区地名志》，上海社会科学院出版社，1990年，第175页。

除了南园外，龙华路上还有一家更重要的植物教育普及机构，这就是上海市市立植物园（见图2-41）。1924年，上海县教育局在蓬莱市场附近的尚文小学校内设立了一家公共学校园，内有一些动植物，专门供上海各学校课外参考之用。1927年7月，上海特别市正式成立，这是上海设市的开始，第一任市长为黄郛。新成立的市政府为了挽回权益，与租界竞争，非常重视各类市政建设，各下属机构组织得人，各项市政工作也做得有声有色。市教育局除了负责全市教育事业外，还继续负责动植物园的建设，1932年尚文小学扩建校舍，市教育局不得不将公共学校园及园内全部动植物迁出另觅地方重建，因此动植物园的建设也被纳入到大上海计划的建设中。众所周知，大上海计划中的上海市政府及各行政机构主体建筑都在江湾附近，市政府大楼也即是今天的上海体育大学博物馆，市立图书馆、博物馆、体育场等公共建筑也都在江湾，至今尚存。唯独市立动植物园建在了远离市政府的南市区，动物园建在文庙路200号芹圃旧址，1933年8月1日正式开园，这是上海第一家动物园，引发全市轰动，观者如云。

图2-41 上海市市立植物园

上海市市立植物园建在龙华路新桥路口格致书院藏书楼的原址，1933年8月开始筹备，修理房屋、建设花房和布置园地，内部分为展览室、研究室等，除陈列各种植物标本外，室外分为园地、实用作物区、工艺作物区、果树区、森林区、花卉区等区域，还建有花房一间，一共花费13 000多元。[1] 经一年多的建设，1934年10月1日正式开园，市政府任命蒋希益为主任[2]，开放时间为上午八点至下午五点。

如同市立动物园一样，市立植物园是上海第一家现代意义上的植物园，它的建成与开放，既使全市公立与私立各级学校的学生有了一个很好的教学实践基地，也让市民有了一片学习游乐之地。1935年4月，它曾展出过一枝灵芝仙草，引发市民关注，参观者

---

1 《申报》1934年11月3日。
2 《教育周报》1934年10月22日。

靈芝出世

古爲瑞草彌足珍貴

連日遊人爭往參觀

—陳列於市立植物園—

本埠龍華路市立植物園、成立已逾半載、設備佈置、均稱完善、平日對於植物品種、搜羅不遺餘力、最近向科學實業設計師徐京敏氏徵寄紫靈芝之一株、陳列展覽室中、彌足珍貴、該芝體如菌狀、蓋之上面有雲紋、紫褐色、下面淡褐色、有細孔、柄紫赤、其質堅硬光滑、全形完整、按芝有青赤黃白黑紫六色、古以爲瑞草、故名靈芝、又名紫芝、聞日來遊人陸增、咸欲一看靈芝、以飽眼福、

图 2-42 “灵芝出世”报道

图 2-43 《剑胆琴心》海报

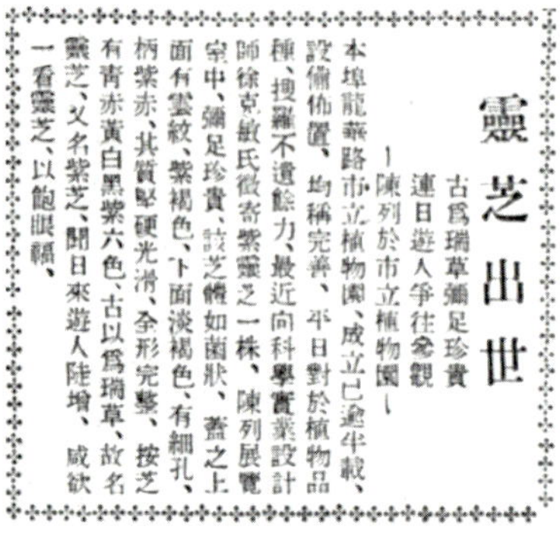

络绎不绝。相关报道见图 2-42。[1]

令人遗憾的是，1936 年 10 月，为节省经费起见，经市政府批准，社会局所属“所有园林场、农事试验场以及原有教育局之植物园即于十月份起合并改组成立为上海市市立农林场”。[2] 开园仅两年的上海第一家市立植物园沦为市立农林场龙华分场，此后再也无人知晓。龙华路新桥路口的原址，也就是现在的龙华东路和蒙自路口，附近有上海世博会博物馆，也有住宅楼和地铁口，但恐怕无人知道这里曾有过一个短暂而又著名的市立植物园吧。

与龙华路的最东端相接的是老高昌庙街，在靠近高昌庙的原龙华路四十一号，曾是新大陆影片公司的摄制基地之一，在这里曾出产过一部著名的尚武爱国电影《剑胆琴心》（电影海报见图 2-43）。1926 年，由陈天、周世勋执导，近代著名影星符曼丽、黎距星、醒钟、程竞雄、丁锡庆等主演的《剑胆琴心》在这里摄制完成。这是一部“发扬我国固有之尚武精神，及改革男女婚姻之作。情节曲折，表演合法，诚国产片中之佼佼者”。[3] 影片当年很受欢迎，时过境迁，今天恐怕无人去欣赏了。

（六）五里桥路

五里桥街道因桥而命名，五里桥路则是填河筑路，借桥名为路名。

五里桥路原是一条小河浜，河浜本身并未有名字，河道呈 Z 字形，与南塘浜和陈家港相通，属于陈家港的小支流之一。这条小河浜上大概有两座木桥，分布在东西两端，近代时期的一些地图上都在两端画出了桥的位置，但是否如此尚存疑。

众所周知，五里桥是明代嘉靖年间由乡贤顾从礼出资修建的，五里桥的存在也是为了纪念这位乡贤。当时一起修建的还有三里桥、草塘桥等，这些桥都不算大桥，名气也

1 《申报》1935 年 4 月 22 日。
2 上海市档案馆藏档，档号 Q123-1-507。
3 《申报》1925 年 11 月 1 日。

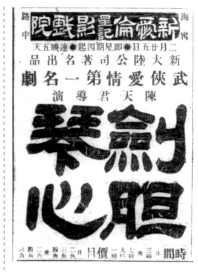

不响亮,令人称奇的是历史的河流冲刷掉了其他的几座桥,仅留下五里桥延续至今。当然,作为一座桥的五里桥早已被拆掉,桥下的小河浜也早已被填平筑成了马路,那么何时拆的桥,何时修的路?我们没找到确切的时间记载而无从得知,但可确定的是,时间应该不晚于1937年淞沪抗战前。因为日军为了侵占上海需要,1937年前曾对上海的地貌河流做过详尽的考察,并绘成大比例尺的军用地图,但从相关地图上已找不到五里桥所在的河流,想来已经填平筑路了。

五里桥路实在是不够长,总长仅554.7米,宽也仅5—7.9米,在1982年铺为柏油马路前,这是一条碎石路。历史上,五里桥路东段为居民区。中西段则有一些工厂,比如内燃机油泵厂、东亚塑料厂、上海无线电二十五厂等。[1] 现今路两侧已少有工厂,已是一条幽静的居民区小路。

二、以日晖港为枢纽的水路与铁路联运建设规划

(一)日晖港的早期情形

上面在日晖东路部分曾简要提及日晖港。对于日晖港,大家可能知道的是日晖港曾是沪南区内的一条重要河道,沿岸工厂林立,有数个重要的货运码头,可能不知道的是日晖港曾一度在近代上海大港口建设规划中占据核心与枢纽地位。

日晖港,古名日赤港,俗称石灰港(见图2-44)。它原为黄浦江支流,河水与肇嘉浜接通,自肇嘉浜向北借助其他河浜可以通往吴淞江,自肇嘉浜往西进入蒲汇塘可通往七宝及松江,另外它与东西向的陈家港等多条河浜相接,地理位置重要,历史上它有多宽记载已不是很详细,根据近代以来的资料特别是新中国填河筑路时的测量数据,它原长约2 200米,平均宽大约为15米,深1.5至3米,入江口处深达5米,是一个良港。[2] 明万历十二年(1584年),于港口内

图2-44 日赤港相关记载

---

1 卢湾区人民政府编:《上海市卢湾区地名志》,第172页。
2 上海市卢湾区志编纂委员会编:《卢湾区志》,第75页。

建有一石闸，用来拦截洪潮，后废。关于此闸，多种《上海县志》中均有记载。

同治年间，江南制造局在高昌庙买地建造后，慢慢带动了周边区域的发展，但由于周边道路均未修筑，因此仍主要借助日晖港的水上运输。到民国初年，道路系统才逐渐完善，但日晖港地位不减，两岸也不改原来的景色，还是绿树成荫、水清鱼嬉，成为沪南区的一大景观，很多关于上海风景的描述中都会提到日晖港的美景。图2-45分别是1918年第3期和1922年第33期《世界画报》上刊登的日晖港两岸风景速写，芦港、秋雁、落日、小船，一派令人愉悦的恬静江南水乡景致。

图2-45 《世界画报》上的日晖港风景速写

既要风景优美，也得疏浚航道、建设码头以利于航运进行，毕竟日晖港周边工厂越来越多，贸易需求越来越多，航运压力越来越大。日晖港又与肇嘉浜相通，是法租界通往黄浦江的一条重要水道，经济生活均与它相关，因此日晖港的建设备受多方关注。

（二）水路铁路运输的发展与两路联运建设规划

据《卢湾区志》记载，清末时期日晖港就已成为上海西片物资集散地之一，沿港形成了内日晖市与外日晖市，清政府在外日晖市设有厘金局，对过往货船征收厘税。[1] 从历史发展的脉络来看，沿日晖港三角洲地带、两岸及附近的黄浦江边兴建工厂，最早最著名的无疑是江南制造局，以外就是龙章机器造纸厂、日晖织呢厂、开滦煤栈等工厂及货栈。1909年沪杭甬铁路沪杭段建成通车，日晖港设有货站一座，如此一来它的水路与铁

---

1 上海市卢湾区志编纂委员会编：《卢湾区志》，第388页。

第二章　机器工业的轰鸣与近代上海民族 工业集聚区的形成及社会发展

路枢纽地位上升,其发展与建设受到多方关注。

日晖港三角洲地带的第一家工厂是龙章机器造纸厂,该厂创始于1904年,是晚清造纸工业的代表性企业之一,厂址紧邻日晖港和黄浦江畔。创始人为南浔巨商庞家后人庞莱臣。庞莱臣,名元济,号虚斋,是近代中国著名的绘画收藏家、书画鉴赏家,也是著名的实业家。1904年,庞莱臣奉清政府商部指派负责创办机器造纸公司,并赴日本考察造纸办法。回国后他联合多名实业界人士,在上海西门外石灰桥南紧靠日晖港河道处购买了五十多亩土地,动工建造龙章造纸公司。经过三年多建设后于1907年9月底正式建成。9月30日举行落成典礼,邀请上海道台瑞澂等莅临观览。报道称到场官商嘉宾二百多人,瑞澂对庞莱臣等创办者的雄心大加赞赏,称赞不已。[1] 到民国初年,龙章造纸厂已有工人六百多人,生产洋连史纸、毛边纸和牛皮纸等各类纸张,是国货良品,畅销全国各地。

第二家工厂是上海日晖织呢厂,该厂创办于1908年初,位置在龙章造纸厂以北,被黄浦江、日晖港、龙华路和沪杭甬铁路四者环绕,该厂曾登报招股,对企业概况做了说明。招股书中说:本公司现已呈请商部及南洋大臣立案,"全厂各种机器共八十余部,系本公司派亲信伙友往外洋头等名厂定造,连关税水脚安设各项用费共约规银十三万两"。招股书中对其极为优越的厂址特别做了说明,"厂地,现已购得日晖港地基八十五亩。浦江前横,小河侧出,龙华马路经其后,沪嘉铁道环其傍,实制造工业最为适宜之处。营构厂屋之余,兼可备将来推广一切之用。其价规银二万五千余两"。此外,其他厂房及材料等费用也有详细说明:"建造厂屋栈房办事,约规元十万两。填泥建桥砌造码头,共约规元三万两。一切生财约规元四千两。共约九千四百两。共计成本规元二十八万九千两。"各种需要购买的原材料,包括"用羊毛杂毛每日十五担,每月以二十六天算,计三百九十担,一年共计四千六百八十担,每担约价二十两,共约九万三千六百两。用颜色染料一年约规元五千两。用碱水肥皂一年约规元一千两。用板箱铁钉纸张一年约规元一千两。用煤炭每日五吨,每月以二十六天算,计一百三十吨,一年共计一千五百六十吨,每吨约价六两,共计料本规元一万两"[2],合计需要募集的资金大约在40万两。日晖织呢厂成立后,初期发展还算不错,是清末一家有代表性的官商合办毛纺企业。然而民国以来,受形势变动影响,该厂营业不佳,遂自行停办。1913年又被收归国有,北洋政府决定用八厘公债购买该厂原有的商股部分。[3] 1915年又决定将该厂招商承办,邑绅郭廷树得知后,遂禀报当局愿意承租该厂用来试制毛绒线,结果又

---

[1] 《时报》1907年10月1日。
[2] 《神州日报》1908年2月21日。
[3] 《新闻报》1915年3月8日。

因各种原因吵得沸沸扬扬，最终也没有下文。[1] 虽然日晖织呢厂最后以失败而结束，但它在招股书中所提到的铁路与码头确实是该厂可以利用和凭借的交通优势。"浦江前横，小河侧出，龙华马路经其后，沪嘉铁道环其傍"，是多么便利多么好的地方啊！

如今日晖东路东边有条开平路，北起龙华东路，南至黄浦江边。据有关考证，这条路刚开辟时不叫开平路，而是叫龙章路，因为边上就是龙章造纸公司。后来开滦矿务局买下附近的滩地，建造了日晖港开滦煤栈和码头，所以1929年改称开平路。[2] 开滦煤栈和码头到底是何时修建的，目前资料不是很明确，图2-46是该煤栈1932年7月11日刊登在《申报》上的售煤广告，但它的修建肯定没有这么晚，《卢湾区志》中说是20世纪初，但具体时间不详。另外，可以肯定的是它的修建带动了日晖港的煤炭运输，也推动了日晖港的码头修建和水路铁路联运的需要。

▶ 图2-46 售煤广告

日晖港铁路站是沪杭甬铁路中较早兴建的一家货站。沪杭甬铁路原称苏杭甬铁路，1898年英国怡和洋行与清政府草签了筑路借款合同，但始终未签订正式合同。1905年清政府将铁路收回，交由浙江绅商自筹资金修建，随后两省各成立铁路公司，以枫泾镇为界，枫泾至杭州段归浙江修建。江苏则修建枫泾至上海南站段。1906年9月，杭州至枫泾段开工，宣统元年（1909年）竣工，同年四月通车。1907年2月，上海至枫泾段开工，1909年闰二月通车，比杭州枫泾段早了一个多月。初期这两段火车在枫泾并不接轨，需要下车到对面换乘，直到当年6月，两路才正式接轨，上海南站至杭州闸口的沪杭铁路全线投入营运。此后杭州至宁波段也逐渐修通。1914年6月，取消原来沪枫、甬嘉等各段路名，全路正名为沪杭甬铁路。[3]《上海铁路志》在第一编《铁路建设》中记载说沪杭段铁路全线设24个车站，包括上海南站、高昌庙、龙华、梅家弄等站。[4] 24个车站没错，但并没有高昌庙站，有的是日晖港站。[5] 如表2-3所示。高昌庙站大约是个俗称，实际上指的可能就是近在咫尺的南车站路上的上海南站。并且值得指出的是，日晖港站建成的时间比上海南站要早，日晖港站是1907年2月建好的，上海南站则是1908年4月才建好。

---

1 《神州日报》1926年7月19日。
2 卢湾区人民政府编：《上海市卢湾区地名志》，第173页。
3 沪宁沪杭甬铁路管理局编查科：《沪宁沪杭甬铁路史料》，沪宁沪杭甬铁路管理局编查科，1924年。
4 《上海铁路志》编纂委员会编：《上海铁路志》，第一编《铁路建设》，上海社会科学院出版社，1999年。
5 沪宁沪杭甬铁路管理局编查科：《沪宁沪杭甬铁路史料》，沪宁沪杭甬铁路管理局编查科，1924年。

表 2-3　沪杭甬线车站站名（部分）

沪杭甬线			
站名	等级	站间距离（公里）	距离累计（公里）
上海北站	一	—	0.00
上海西站	三	9.13	9.13
徐家汇	三	3.32	12.45
上海南站	一	—	（0.00）
日晖港	二	（4.35）	（4.35）
龙华	三	（1.06）	（5.41）
龙华新站	三	4.15（1.68）	16.60（7.09）
梅陇	三	3.65	20.25
莘庄	三	5.11	25.36
新桥	三	7.47	32.83
明星桥	三	8.83	41.66
松江	三	2.92	44.58
石湖荡	三	10.83	55.41
枫泾	三	15.28	70.69
嘉善	三	9.34	80.03
七星桥	三	11.21	91.24
嘉兴	二	7.28	98.52

沪宁、沪杭甬两铁路建成后并不接轨，一南一北分布在上海城市两端，也就是说去南京的话需要到苏州河北的上海北站乘火车，去杭州的话则需要去老城厢南面的上海南站乘火车。这样持续了几年后，直到1915年3月两路接轨工程才开工，1916年11月竣工，12月正式通车。两路接轨后的沪杭甬线起点随即由上海南站改到上海北站，上海北站至杭州闸口为干线，新增设了梵皇渡、徐家汇、龙华新站三站。原来的上海南站至龙华新站的一段线路则降格为支线，称作上南支线。上南支线共四站，依次为上海南站、日晖港站、龙华站、龙华新站，全长7.54公里，其中上海南站至日晖港站距离为4.35公里。上海南站为客货综合性车站，日晖港站仍为货运站。[1]

---

1 《京沪沪杭甬铁路一览》，1933年。

虽然降格为上南支线，但日晖港站始终是沪杭甬铁路上的二级车站之一。抗战以前，沪杭甬铁路共三个一级车站，分别是上海北站、上海南站和杭州站。二级车站共八个，分别是麦根路、日晖港、嘉兴、拱宸桥、南星桥、闸口、闸口货栈、宁波。其他像龙华站、龙华新站、松江等都是三等车站，日晖港站的重要性可见一斑。[1] 见表2-4。

表 2-4
京沪沪杭甬铁路一览
车站等级表　二十二年五月

站别		线别			
		京沪线		沪杭甬线	
一等	站名	上海北站（附宝山路）	常州	上海北站	
		麦根路货栈	镇江及江边	上海南站	
		苏州	南京	杭州	
		无锡	南京江边		
二等	站名	吴淞货栈	南京旗站	麦根路	南星桥
		丹阳	南京扬旗间	日晖港	闸口
		上北扬旗间	麦根路旗旗间	嘉兴	闸口货栈
		麦根路旗站		拱宸桥	宁波
三等	站名	炮台湾	奔牛	龙华新站	长安
		南翔	龙潭	松江	笕桥
		昆山		枫泾	艮山门

作为货运车站的日晖港站的重要性其实在一开始动工修建沪杭甬铁路时就显示出来了，它之所以是最早动工完成的一个车站，目的就是便于运输从水路而来的钢材、枕木、水泥等各类筑路器材，它到龙华的这一段也是上海至枫泾段最早铺就的路轨。

日晖港站占地约为415亩，货栈长73.5米，宽7.6米，载轨岔道总长达到1.86公里。设有材料场四座以及储油房一座，货运码头长19.8米，宽11米。沿江边水泥工程长75.6米。有德国制造的秤桥一架，足够架起5万公斤的货物。[2] 日晖港站设有一个货仓，长度达73.25米，容量达2 355.48立方米。虽然货仓数比一等车站的上海南

---

[1] 《京沪沪杭甬铁路一览》，1933年。
[2] 沪宁沪杭甬铁路管理局编查科编：《沪宁沪杭甬铁路史料》，沪宁沪杭甬铁路管理局编查科，1924年。

站要少，但比嘉善、嘉兴两站合计货仓都大，如表2-5所示。[1]

表 2-5 沪杭甬线货仓表
二十三年六月底止
沪杭甬线

站名	座数	长度（米）	面积（平方米）	高度（米）	容量（立方米）
上海南站	4	54.36×15.19	825.73	4.93	4 070.85
		36.27×15.19	550.94	4.88	2 688.59
		38.41×9.14	351.07	3.96	1 390.24
		27.89×9.34	260.49	3.96	1 031.54
日晖港	1	73.25×7.62	558.17	4.22	2 355.48
嘉善	1	11.28×7.16	80.77	3.45	278.66
嘉兴	1	32.91×15.24	501.55	3.66	1 835.67

作为重要的货运码头，从日晖港进出的大宗货物主要有煤、石膏、大豆、豆饼、豆油、棉花、米、菜籽、瓜子、木料、洋灰、煤油、糖、五金。这与上海南站、上海北站相比有明显不同。上海南站大宗货运主要是豆油、药材、鲜果、蔬菜、鱼、糖、疋头、棉纱，上海北站主要是五金、文具、纸张、烟叶、烟。如表2-6所示。[2] 无疑，日晖港站承运的大宗工业原料更多，特别是煤炭、煤油等，是上海"专运北票公司之大宗煤炭及亚细亚火油糖米等物"的主要能源码头。[3]

表 2-6 日晖港货运表
大宗货运表
二十二年三月份

货别		线别	
		京沪线	沪杭甬线
主要商运货物	矿产门	26 595 001 公斤	9 689 619 公斤
	农产门	17 761 730	12 091 836
	森林门	2 914 239	13 403 241
	禽畜门	2 574 533	3 651 234
	工艺门	30 371 893	28 701 190

---

1 《京沪沪杭甬铁路一览》，1934年。
2 《京沪沪杭甬铁路一览》，1933年。
3 《新闻报》1928年10月17日。

（续表）

货别		线别	
		京沪线	沪杭甬线
负责运输大宗货物	整车	水泥，纸，米，豆，木板，煤油，肥皂，面粉，豆油，猪麦，火柴，兽皮	豆，煤油，水泥，米，糖，面粉，烛，纸，肥田粉，豆油，铁条，芝麻，棉药
		胶鞋，化妆品，布衣，丝，印刷品，锡箔，电料，医用品，袜，兽皮	胶鞋，石粉，纸，布，锡箔，药材，肥皂，茶叶，火腿
各站	吴淞货栈	煤，石料，石碴	
	上海北站	果，菜，麻袋，棉纱，药材，五金，疋头，烟类，肥皂，食物，纸，文具	五金，文具，纸张，烟叶，烟
	麦根路	煤，豆，油，米，粉，糖，木料，麻袋，洋灰，肥皂，棉纱	豆，米，面粉
	苏州	石料，石辇，纸，文具	
	无锡	豆，果，菜，米，麦，面粉，棉纱，煤油	
	上海南站		豆油，药材，鲜果，蔬菜，鱼，糖，疋头，棉纱
	日晖港		煤，石膏，豆，豆饼，豆油，棉花，米，菜籽，瓜子，木料，洋灰，煤油，糖，五金
	嘉善		米

沪宁沪杭甬两路并轨后，日晖港站的水路与铁路货运枢纽地位凸显出来，原来的驳船运输方式越来越不适应日渐增长的货运业务，因此建设江边码头提上了日程。媒体对此看得很清楚："沪杭甬铁路日晖港车站，近年来货运营业，异常发达。该站因浦江驳运装船各货，停泊浦滩，搬运至车站货栈，殊感不便，拟在车站江边建筑码头一座，以便驳货上栈。"[1]（见图2-47）1925年8月，沪杭甬铁路管理局呈文交通部，提出因"上海南站及麦根路两处于丝茶汛内货物异常拥挤，调度极为困难"，因此希望请准"将日晖港该路原有滩地设法填高并加筑码头，俾南站等处之货分移该处"，如此一来，货物可以"直出浦江，以增收入"。8月28日交通部批令说："尚属可行，应准照办。所需工料费用十二万八千五百八十六元，除已准列五万元外，其余七万八千余元，准补列十四年度预算。"[2]

得到交通部的批准后，日晖港站码头工程开始招标动工。据沪杭甬铁路管理局的报

---

1 《时报》1925年9月1日。
2 《交通公报》第1011号，1925年9月1日。

告，填高的滩地会使日晖港车站的货栈面积多出 160 多亩，最终花费在 15 万元左右。[1] 经过三年建设，1928 年 10 月 16 日，日晖港站填地修筑码头工程和添筑的一条铁轨支路工程竣工，媒体做了详细的报道，报道称日晖港车站“年来该站运输营业日臻旺盛。该站为振兴货运起见，曾饬工程处在该站江边建筑码头一座，及添筑钢轨支路一条，经由工程处派工赶筑，昨日该两项工程完全告竣，呈报总局，举行落成典礼”。[2] 日晖港站增建与扩建完工后，货运能力大为增加，承接了大量来自上海南站倒车的货运业务，上海南站某种程度上成了日晖港货物运输的中转站，以至于沪杭甬铁路管理局车务总管 1929 年 1 月 9 日就进出日晖港站的货物运输费用发了一个通告，规定自 1929 年 1 月 11 日起“概照上海南站里程核算运费”。[3] 1935 年 5 月，为了更为有效地装卸操作，日晖港车站改变了原来货运装卸的方式，向社会招标承办，沃福霖公司中标。沃福霖在缴存 1 750 元保证金后，与日晖港站签订承办合同，共派出 90 名码头装卸工，从事装卸业务。[4] 抗战期间，货运装卸停工，抗战胜利后才恢复，沃福霖曾发过业务复员的紧急启事（见图 2–48）。[5]

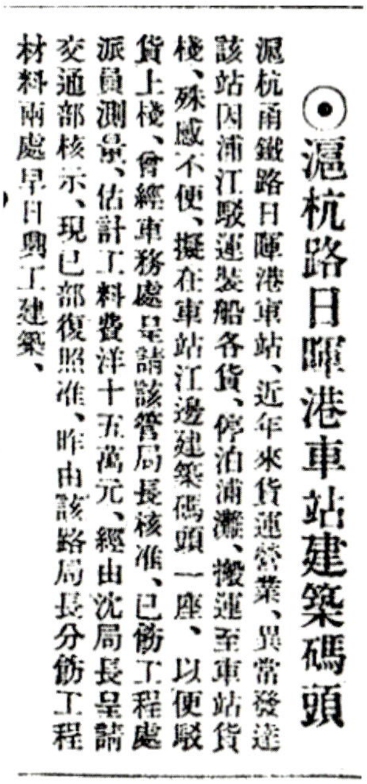
◉滬杭路日暉港車站建築碼頭

滬杭甬鐵路日暉港車站、近年來貨運營業、異常發達、該站因浦江駁運裝船各貨、停泊浦灘、搬運至車站貨棧、殊感不便、擬在車站江邊建築碼頭一座、以便駁貨上棧、曾經車務處呈請該管局長核准、已飭工程處派員測量、估計工料費洋十五萬元、經由沈局長呈請交通部核示、現已部復照准、昨由該路局長分飭工程材料兩處早日興工建築、

图 2–47　有关日晖港的报道

新的货栈码头修好后，日晖港的水路与铁路地位日渐重要。1933 年夏秋之际，铁道部与交通部就铁路与航运联运事宜达成协议。同年 9 月 30 日，铁道部以部令第六七一九号颁布了《国有铁路与国营招商局联运办法》，共二十一条，其中规定办理水陆联运的铁路有京沪沪杭甬路、津浦路、陇海路、胶济路、北宁路、平绥路、平汉路、正太路、道清路和湘鄂路，招商局办理水陆联运的航线为津沪粤间各航线、川汉沪粤间各航线。同时规定办理水陆联运的车站及口岸，由各铁路局和招商局双方商定办理。[6] 铁道部同时还公布了《联运暂行办法》四十二条，确定于 11 月 1 日起实行。京沪沪杭甬铁路管理局在获知铁道部上述相关办法后，10 月 1 日就立即公布了联运车站名单，即京沪铁路为吴淞货栈、上海北站、麦根路、昆山、苏州、无锡、常州、丹阳、镇江、南京

1 《时事新报》1925 年 9 月 6 日。
2 《新闻报》1928 年 10 月 17 日。
3 《铁路公报：沪宁沪杭甬线》1929 年第 56 期，第 71 页。
4 《时报》1935 年 5 月 21 日。
5 《中华时报》1946 年 8 月 27 日。
6 《交通杂志》1933 年第 2 卷第 1 期，第 177 页。

等十站。沪杭甬铁路为上海南站、日晖港、松江、嘉兴、拱宸桥、杭州、南星桥、闸口等八站，总计十八个车站参与联运。[1] 经过铁道部与招商局的协商沟通，11月初，铁道部联运处处长俞棪代表国有各铁路与国营招商局总经理刘鸿生正式签订了联运合同。谨慎起见，招商局决定先以陇海、胶济、平汉三路为试点。实际上，陇海路早于7月就已实行联运。11月胶济路也开始联运，轮船启航。[2] 在陇海和胶济路联运一年左右的示范下，1934年8月京沪沪杭甬铁路与招商局的联运合同拟定完成，只待正式签字。[3] 然而好事多磨，这一深受顾客好评的联运合作却因多种因素干扰，一直拖到了1936年4月才正式签字画押。

1935年2月即有媒体报道说："前面陇海、胶济、平汉三路与招商局联运使三线业务增加，双方均获益良多。对于水陆货运甲于天下的京沪沪杭甬两路而言，招商局自然也是分外看重。因此双方合同草案及水脚票价等均已拟具，并已呈交铁道部和交通部审核，大约能在四月间正式实行联运。"[4] 但4月未有下文。5月，媒体又报道说："联运股主任周凤图与京沪沪杭甬两路局车务处长萧卫国，续商水陆联运，以南京、上海、宁波三处为衔接口岸，合同已经商妥，一切实行

图 2-48 沃福霖公司业务复员紧急启事

手续已分别协商，俟合同经部核准后即行签订实行。"[5] 这里提到的上海衔接口岸，是指日晖港站。8月份的媒体报道中对此就明确指出了。

1935年8月14日，《时报》以"两路水陆联运筹备就绪，专待铁道部批准后即实行，总站口上海日晖港、南京下关"为题做了报道，如图2-49所示，其中说："至货物联运站口已规定：①陆路（京沪线）：南京、镇江、丹阳、奔牛、常州、无锡、苏州、昆山。（沪杭甬线）闸口、南星桥、杭州、拱宸桥、长安、硖石、嘉兴、曹娥江、余姚。②水路：汉口、九江、安庆、芜湖、青岛、天津、厦门、广州。并定上海南站日晖港、南京下关为水陆联运总站口。"日晖港站成为水陆联运的总枢纽之一，地位至关重要。1936年4月，招商局与京沪沪杭甬两路联运的所有合同及核准手续终于完成，4月20

---

1 《时事新报》1933年10月1日。
2 《申报》1933年11月8日、12月23日。
3 《新闻报》1934年8月12日。
4 《新闻报》1935年2月15日。
5 《时报》1935年5月29日。

日，联运正式实行。[1] 接近三年的磋商终于落地开花。

兩路水陸聯運籌備就緒
專待鐵道部批准後即實行
總站口上海日暉港南京下關

兩路水陸聯運、自經招商局業務科聯運股主任周鳳圖與京滬滬杭甬兩路管理局車務處劉副處長協商後、合同草案、客貨運費水脚及負責貨運上項細則、均由雙方簽草約解決、招商局已呈准交通部核准、路局方面待鐵道部批准後、即辦理正式簽字手續、至貨物聯運站口已規定、㈠陸路（京滬線）南京・鎮江・丹陽・奔牛・常州・無錫・蘇州・崑山（滬杭甬線）閘口・南星橋・杭州・拱宸橋・長安・硤石・嘉興・曹娥江・餘姚・㈡水陸・漢口・九江・安慶・蕪湖・青島・天津・廈門・廣州・並定上海南站日暉港・南京下關、爲水陸聯運總站口、

图 2-49 《时报》报道

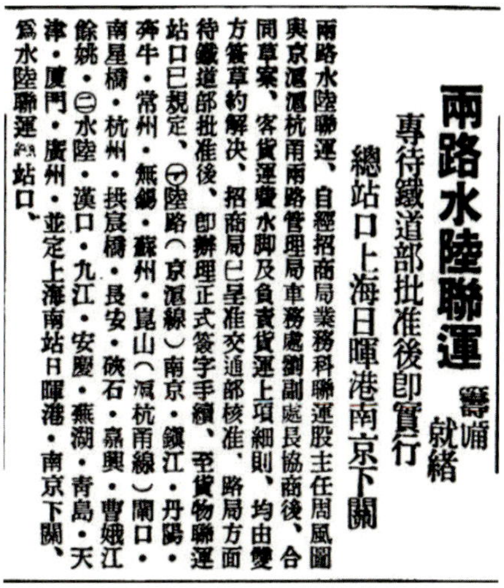

（三）抗战胜利后大上海港口建设中的日晖港深水港规划

铁路货站的修建与码头建设极大推动了日晖港的发展，也提高了日晖港的枢纽地位。除了黄浦江边属于铁路货站的码头建设外，北上接肇嘉浜的河道两岸也先后建起了多个公私码头。

1929 年 6 月，上海市工务局有感于日晖港站江边码头建设所带来的积极意义，同时又有感于日晖港康衢桥北堍一直没有驳岸，导致康衢路（即今中山南一路）沿河道一段的路基开始塌陷，对于河边筑路影响很大。于是经市政府批准后，市工务局决定在日晖港康衢桥建设一个驳岸，方便周边民众客货运输。驳岸工程公开向社会招标，建设也极为迅速，当年 9 月即完工。[2] 在此之前，1925 年 6 月徽宁会馆和四明公所在日晖港斜土路里日晖桥附近也合建了一个水埠驳岸码头，开行通往徽宁两府和宁波的轮船。[3]（图 2-50）

除了贸易运输外，日晖港还承担着整个上海西半城的生活排污功能，上海西部最大的粪码头就建在日晖港河道斜土路和斜徐路一带。1931 年年初，上海市卫生局就“日晖东路北段出粪码头地位过窄，妨碍交通及出粪工作，亟应加以整理及放宽”为由呈请市政府，内说：“本市西半城所有粪车皆在该处出粪，关系清洁甚巨。惟该码头地位极为狭窄，且向无清洁设备，故每值粪车出粪时，工作极感困难。该处又系交通要道，粪车出粪时与交通亦有妨

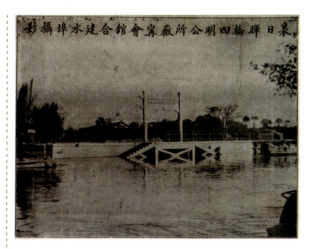

图 2-50　里日晖桥四明公所徽宁会馆合建码头

1 《交通职工月报》1936 年第 4 卷第 3 期，第 86 页。
2 《民国日报》1929 年 9 月 13 日。
3 《上海徽宁会馆特刊》1932 年，第 63 页。

图 2-51 《远东摄影新闻》图片报道

碍。"¹ 所以，希望市政府拨款放宽修建。市政府立刻批示同意，拨款 800 元用以改善。

但是，日晖港的这些贸易与生活设施建设以及周边工厂企业在抗战时期遭受了毁灭性的打击。1937 年八一三淞沪会战打响后，由于上海南站和日晖港车站的战略枢纽地位，日晖港沿岸成了中国军民抵抗日军侵略的重要前线阵地，日军派出重兵和坦克部队攻打日晖港，上海南站及日晖港两岸众多厂房被毁严重，图 2-51 是《远东摄影新闻》1938 年第 1 卷第 1 期的图片报道，图中清晰可见到处都是断壁残垣。除了出动坦克攻打外，日机也疯狂轰炸日晖港，1937 年 9 月 9 日，日机数架飞临日晖港，接连投掷重磅炸弹，两岸民房悉数被炸，炸死民众数十人。²

虽然日晖港周边被毁严重，但中国守军仍坚守在前沿阵地中，成为沪南区最后的抵抗孤军。1937 年 12 月 12 日的《神州日报》以"日晖港阵地被突破，南市孤军奉令撤退"为题做了详细报道。报道说："我军自沪西浦东移退后，南市已陷于敌军包围之中，该区居民势将尽遭敌军残杀凌辱，我军事当局为捍卫人民，故严令五十五师张旅长会同警察总队及苏浙行动委员会别动队死守该区，以使居民安全退去。我军在敌海陆空之猛烈攻击下，日晖港阵地虽被突破，但我忠勇将士仍奋勇应战，苦斗至昨日深夜，卒以众寡不敌，且自来水粮食告绝，已奋斗至最后关头，乃由军事当局下令撤退。惟仍有少数部队与敌誓死抵抗。"（见图 2-52）³ 由此可见,日晖港还是一座代表英勇的不屈抵抗精神的民族之港。

图 2-52 《神州日报》报道

---

1 《上海市政府公报》第 85 期，1931 年。
2 《抗战画报》1937 年第 4 期，第 8 页。
3 《神州日报》1937 年 12 月 12 日。

淞沪抗战结束后，上海成为"孤岛"，公共租界和法租界区域仍在英美法当局的控制下，包括沪南区在内的其他华界区域则被日军占领，成为沦陷区。日本侵略者出于以战养战的目的，一方面扶持伪政府上台，另一方面也逐渐恢复一定的经济秩序，被战争破坏的上海经济和社会生活慢慢恢复正常。1937年12月14日，日晖港的中国守军刚撤退两天，伪上海市警察局局长朱玉珍就在给伪大道市政府的报告中称，经日晖港"由外埠运送到大米、猪、羊、菜蔬等物，为数甚巨"，与曹家渡同为"外埠商运来往必经要道，系属商运繁区"。[1] 基于此，伪大道政府很快就在日晖港设卡征税。另外，由于淞沪抗战中，上海南站遭到日机轮番轰炸，毁坏严重，日本占领当局于是将上海南站至日晖港之间被炸断的铁路悉数拆除。上海南站原有的货运业务全部转移到日晖港站，旅客业务则转由上海北站承担。经淞沪战争一役，历史悠久的上海南站从此名存实亡。原来从上海南站至龙华新站的上南支线此时也被改称为新日支线，即龙华新站至日晖港站。日晖港站由此成为沪杭铁路的起点之一。1958年，经中华人民共和国铁道部同意，日晖港站改名为上海南站。这是后话了。

由于承接了原来上海南站的全部货运业务，抗战期间，日晖港成为上海举足轻重的进出口贸易口岸之一。1945年年初，汪伪政府控制下的江海关为了便利管理日晖港的货运及征税事宜，决定在日晖港设立江海关日晖港支所。[2] 同年3月10日，日晖港支所正式开始办公。

抗战胜利后，铁路与港口一体化的日晖港日益繁忙，日晖港码头成为众多国际和国内航线的轮船停泊港，日晖港站则是各类物资的铁路运输集散地。1946年12月18日下午4时，南开大学校长张伯苓由纽约搭乘"史丹荷达号"轮船回到上海，抵达日晖港码头。上海市市长吴国桢和上海地方法院院长查良鑑到码头迎接（见图2-53）。[3]

图2-53 南开大学校长张伯苓搭乘"史丹荷达号"回沪

除了客轮停泊外，货运业务也异常繁荣，1947年年初，日晖港两岸新建起了多座货栈，河道两岸也整修一新。如图2-54所示。[4] 但货运繁忙的铁路日晖港站，有时也因管理不善而导致事故。1947年6月

---

1 上海市卢湾区志编纂委员会编：《卢湾区志》，第389页。
2 《新闻报》1945年3月8日。
3 《民国日报》1946年12月19日。
4 《京沪周刊》1947年第1卷第11期。

图 2-54　日晖港新建货栈

16 日，即有媒体报道说：运送联总材料的一列火车在日晖港站突然脱轨，引发车站大混乱。[1]

正是基于日晖港的上述水陆运输枢纽地位，抗战胜利后上海市政府在新的大上海港口建设规划中把日晖港提到了一个重要的深水港建设地位。1946 年 10 月 29 日，《新闻报》以"大上海港口建设，地位方式均决定，吴淞及日晖港为两深水港"为题报道了"大上海都市计划"的港口设计，内中说："都市计划委员会交通组，昨日下午二时在公用局举行会议。到黄伯权、赵祖康、施孔怀……公用局长兼主任赵曾珏主席，讨论至六时余方散。会后，赵局长告记者，上海港口地位及码头方式，已由交通组决定，将提出十一月七日之都市计划委员会讨论。在二十五年以内，可容外洋轮之深水港决定为吴淞及日晖港二处。码头之建筑按照使用性质，分别集中若干区，采用凹入式及现时之沿江式两种式样。但欲与铁路配合之港口，如吴淞及日晖港以凹入式为原则，以便货运……赵局长复对记者解释，港口码头方式之决定，与将来上海都市形式有极大关系。故都市计划必先决定港口及铁路机场等对外交通系统，然后再将内部交通配合。至交通组之讨论，乃根据上海为国际商埠都市之大原则。据估计在今后二十五年内，上海港口外洋及内河，每年运输量为七千五百万至八千万实际吨位。"[2] 报道全文见图 2-55。1949 年 5 月底上海解放前夕，赵祖康出任代市长。上海解放后，赵祖康立即将这一宏伟的"大上海都市计

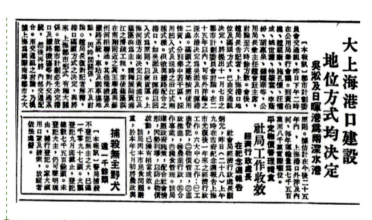

图 2-55　《新闻报》报道

1　《大公报》1947 年 6 月 17 日。
2　《新闻报》1946 年 10 月 29 日。

划"移交给了新成立的上海市人民政府。遗憾的是后来这一计划未能实施,日晖港作为深水港建设的蓝图也不再被人提起。

第五节 晚清以来移民的涌入与各类社会生活空间的拓展

一、上海开埠后的人口增长与移民涌入

上海在元代设县伊始,并没有清晰的人口数据记录,大致到元代末年,才有总户数的记载,全县各乡大约7万户。明代开国,上海县的户与口才开始分开记载,此后每十年左右有一次调查,根据这些历史资料,我们发现明初洪武年间上海县的人口总数为53万余人,但永乐以后,官书中所记载的人口总数却呈现极为明显的减少态势,到明末万历年间竟然减少到仅25万余人,前后相比减了一半还多。对这一现象,历来分析认为不外两个原因,一是赋税太重,人民纷纷逃亡;二是为了逃避徭役,故意隐匿不报。进入清代后,特别是雍正与嘉庆年间,上海县的行政区域又一再被分,一部分拆出来设置为南汇县,一部分划归川沙厅,这致使上海县域越缩越小,与元代设县当年的疆域相比,已不及三分之一了。人口方面,自然是"人随地去",减少是很正常的事情。不过,虽然有行政区域调整的因素在内,但由于贸易地位重要,客观上在开埠前上海的经济社会仍处在发展中,因此据学者考证,鸦片战争前上海总人口实际上仍维持在50万左右,比如嘉庆十八年(1813年)为528 442人。鸦片战争后上海被迫开埠通商,但初期总人口发展并不迅速,到咸丰二年(1852年)也仅为544 413人而已。[1]

上海人口的第一次突然增长是太平天国运动时期。受江南一带战争的影响,大量民众移居上海,特别是租界地区。根据有关资料统计,1865年上海总人口已经接近70万人,为691 919人。[2] 此后,随着洋务运动的推开、租界的扩展以及上海工业经济的崛起,吸引了大量来自海内外的移民,上海总人口的增长进入了快车道,上海也成为众所周知的新兴移民城市。1910年,总人口已多达1 289 353人[3],早早跨过百万人口城市的关口。

第一次世界大战时期,上海人口迎来第二次突然增长,1915年突破二百万人,与五年前相比接近翻了一番。抗战胜利后上海人口再次暴涨,从1945年的337万增长到1949年上海解放前的545万。很显然,上海上述前后三次人口的暴涨都是受战争因素的

---

[1] 上海市文献委员会编印:《上海人口志略》,1948年,第5页。
[2] 邹依仁:《旧上海人口变迁的研究》,上海人民出版社,1980年,第90页。
[3] 同上。

影响，并不全是上海经济社会发展的结果。

以上是上海解放前全市人口增长的简略脉络，再来看五里桥区域所在的沪南区人口百年来的增长概况。

开埠之前，老城厢及其周边十六铺、南码头一带是上海县的核心区域，也是人口的聚集区域，集中了全县总人口 50 万人的大多数。开埠后上海的政治经济核心空间逐渐转移到租界，租界一带人口增长迅速，老城厢一带的人口发展则相对缓慢。1935 年，上海全部华界总人口大约为 200 万，到 1942 年甚至减少到 150 万不到。抗战胜利后，随着租界的收回和行政区划的调整，一些区域的人口数据有了较大改变。以五里桥区域所在的第五区泰山区和第六区卢家湾区为例[1]，1945 年的统计显示，泰山区总人数为 32 万人不到，卢家湾区为 14 万余人。[2] 泰山区为人口密集区，是全市人口第一大区。1946 年年底，泰山区人口增加到 336 762 人，卢家湾区则为 146 019 人。[3] 两区合计人口 482 781 人，占全市总人口 3 830 039 人的 12.6%。

在上海市的总人口构成中，工人无疑占有相当的比重。以华界为例，1930 年华界总人口数为 1 692 335 人，其中工人为 323 273 人，占 19.1%，排在第一位。1936 年，比率上升到 21.49%，总人数增长为 460 906 人。[4] 再以全市为例，根据上海市政府 1934 年的统计，全市包括租界华界在内，共有工人（包括商业部门中的工人在内）703 713 人，其中男工 510 097 人，女工 158 257 人，其余为童工和学徒。[5] 这七十多万工人，主要分布在三个工业地带，即杨树浦工业区、闸北苏州河沿岸工业区和沪南工业区。如前面章节所述，沪南工业区的核心是从黄浦江边的江南造船厂到肇嘉浜一带的高昌庙五里桥工业区域。据统计，1934 年沪南区制造业工人合计共为 41 634 人，是除了租界之外工人人数最多的区。[6] 这些工人来自五湖四海。

从太平天国运动以来，上海总人口的迅速增加无疑不是人口自然增长的结果，而是移民所致。此后上海经济的发展更是吸引了大量海内外的移民。根据上海市的有关调查统计（不包括租界在内），1930 年上海市市民的籍贯构成中，江苏无疑排第一位，总数为 669 253 人，占 39.55%。上海本地 436 337 人，排第二位，占 25.78%。浙江排在第三，总数为 342 032 人，占 20.21%。其他籍贯按人数多寡依次为安徽 60 013 人、广东 40 554 人、山东 25 958 人、湖北 24 270 人、南京 22 875 人、河北 14 840 人、福建 12 173 人、湖南 8 200 人、天津 8 178 人等。1932 年，各省籍贯构成各有增减变动，具体见表 2-7 所示。[7]

---

1 上海市警察局警察训练所编：《上海市地理及社会概况》，1945 年 12 月，第 37 页。
2 邹依仁：《旧上海人口变迁的研究》，上海人民出版社，1980 年，第 102 页。
3 《上海市统计总报告》，1946 年，人口类第 3 页。
4 邹依仁：《旧上海人口变迁的研究》，第 106 页。
5 《上海市工人人数统计》，1934 年，第 11 页。
6 同上书，第 15 页。
7 《上海市统计》，1933 年，人口，第 4 页。

表 2-7　1930—1932 年各省籍贯构成

省市别	民国十九年 1930		民国二十年 1931		民国二十一年 1932	
	总数（人）	百分比	总数（人）	百分比	总数（人）	百分比
江苏	669 253	39.55	725 470	39.77	619 298	39.42
安徽	60 013	3.55	64 882	3.56	65 324	4.16
浙江	342 032	20.21	367 270	20.14	283 625	18.05
福建	12 173	0.72	13 454	0.74	11 052	0.70
江西	6 946	0.41	8 407	0.46	6 801	0.43
湖北	24 270	1.43	27 291	1.50	26 798	1.71
湖南	8 200	0.48	9 414	0.52	9 256	0.59
广东	40 554	2.40	47 023	2.58	22 343	1.42
广西	846	0.05	975	0.05	637	0.04
云南	320	0.02	325	0.02	146	0.01
贵州	224	0.01	277	0.02	63	0.00
四川	2 420	0.14	2 648	0.14	1 798	0.12
青海	10	0.00	—	—	—	—
甘肃	138	0.01	188	0.01	50	0.00
陕西	818	0.05	247	0.01	216	0.01
河南	4 872	0.29	6 213	0.34	5 706	0.36
河北	14 840	0.88	16 889	0.93	15 173	0.97
山东	25 958	1.54	28 861	1.58	25 836	1.65
山西	383	0.02	382	0.02	306	0.02
辽宁	157	0.01	247	0.01	275	0.02
吉林	19	0.00	45	0.00	36	0.00
黑龙江	17	0.00	16	0.00	14	0.00
新疆	8	0.00	8	0.00	2	0.00
察哈尔	1	0.00	3	0.00	—	—
广州	1 469	0.09	1 736	0.10	1 074	0.07
上海	436 337	25.78	455 662	24.98	430 875	27.43

（续表）

省市别	民国十九年 1930		民国二十年 1931		民国二十一年 1932	
	总数（人）	百分比	总数（人）	百分比	总数（人）	百分比
南京	22 875	1.35	25 211	1.38	25 195	1.60
汉口	4 066	0.24	5 115	0.28	4 535	0.29
青岛	734	0.04	713	0.04	539	0.03
天津	8 178	0.48	9.662	0.53	9 069	0.58
北平	4 204	0.25	5 309	0.29	5 013	0.32
西康	—	—	31	0.00	1	0.00
热河	—	—	3	0.00	6	0.00
宁夏	—	—	10	0.00	4	0.00
哈尔滨	—	—	2	0.00	23	0.00
总计	1 692 335	100.00	1 823 989	100.00	1 571 089	100.00

这些成千上万的江苏人、浙江人、安徽人、广东人、湖北人、湖南人、福建人中就有相当数量的人工作、居住、生活在五里桥区域内。他们依赖同乡网络，成立会馆，建起学校，建构起涵盖教育、文化、社会生活、生老病死以及信仰的社会空间，连同他们上工的工厂、开设的店铺一起，使五里桥区域从一个传统水乡村落逐渐向现代城市社区过渡。

二 / 会馆公所与同乡网络

会馆，也称公所，是起源于明代的一种同乡组织，初期业务以为同乡提供联谊、借宿等为主，后来逐渐发展出同乡或同行商人联合的功能，所以有同乡会馆和商人会馆的差异。晚清以来，在会馆之外，又产生了一些名为同乡会的同乡团体，其功能多类似。基本上而言，会馆和同乡会都是为离开家乡在外或经商或务工或求学的乡民提供各类服务的机构，它们既是同乡交流的信息中心，也是为同乡提供各类义举、救助与慈善服务的核心机构，初来乍到的旅居者可以在这里借助家乡认同、同乡身份与他人建立稳固的社会关系。比如寻找职业、租房、借贷、疾病救助等方面，依赖同乡团体网络是大多移民的第一选择。上海开埠以前就有多家会馆公所，最早设立的是关山东公所，时间大约

第二章 机器工业的轰鸣与近代上海民族工业集聚区的形成及社会发展

在1654年至1661年间，此后商船会馆、布业公所、浙绍公所、徽宁会馆、泉漳会馆、潮州会馆等先后设立，至鸦片战争前已有二十多家会馆公所。开埠后随着各地移民的涌入，上海的会馆公所、同乡会更是遍地开花。五里桥区域内也有多家著名的会馆公所。

（一）徽宁会馆

乾隆十九年（1754年），徽州、宁国两府旅居上海的一批绅商有感于联络乡谊的必要，创办了徽宁会馆，并捐资在大南门外购买了数亩民田，建了房屋数间用作暂时性殡舍，乾隆三十四年（1769年），歙县胡珊题写匾额为"思恭堂"[1]，由此徽宁会馆也称徽宁思恭堂。徽宁会馆创建时，上海县内的会馆公所仅有关山东公所、商船会馆、蔗业公所、浙绍公所四家而已。创立之初，徽宁会馆地方不大，不过随着两府人士在盐业和茶叶经营上的扩大，会馆也逐渐发展，一方面扩建内部房屋，另一方面不断买地，成为上海拥有土地数一数二的实力雄厚的大会馆。嘉庆年间，徽宁会馆扩建大厅，道光年间又创建了西厅。太平天国运动期间，徽宁会馆所有房屋被毁，后又重建。同治九年（1870年）的《上海徽宁思恭堂记》[2]碑文详细记录了会馆创办缘起乃至重建的这一段经历。碑文如下：

> 宣歙多山，荦确而少田，商贾于外者十七八。童而出，或白首而不得返，或中岁夭折，殓无资，殡无所，或无以归葬，暴露于野。盖仁人君子所为伤心，而况同乡井者乎。沪邑濒海，五方贸易所取，宣歙人尤多。乾隆中，好义者置屋大南门外，备暂殡，此思恭堂所托始也。然区隘苦无以给。嘉庆间，诸司事捐资，又广劝乐善者，以次斥大之，始有听事丙舍，以便办公。增冢地以广埋葬，储费以施归柩。道光中，休邑汪方川太守摄观察至沪，善之；乃倡建西堂，请免地征。诸茶商助施衣衾，复捐厘置产以裕经费，于是堂之制益扩充矣。今夫作事谋始，固人所难，然有其举之而继长增高，以底于美备，非实心力以任劳者孰能之？若夫美矣备矣，而深思远虑，即事应变，俾前人之功不堕，而后于我者有所遵循，而无废弛，则尤有难者。当咸丰癸丑庚申间，沪两遇寇乱，堂故停柩千余，司事者谋出仓卒，毅然埋之。贼至，堂屋为所毁，而柩得无恙。呜乎！其功德所保全众矣。然向非此堂又何所借手乎？迨贼退，兴修重葺，费逾万千，不劳而集，焕然如故。议者以为非倡始者，无以资后人之缘起；非继事者，无以成今日之宽裕；又非敏达善任者，

---

[1] 《上海市徽宁会馆报告书》，1931年，第5页。
[2] 上海博物馆图书资料室编：《上海碑刻资料选辑》，上海人民出版社，1980年，第232页。

无以从容御变而不失其常。诸君子以予乡人，请为记。予窃慕方川观察之高谊，又适承乏是邦，不敢辞，如其实书之。若其条例之善，与诸君子姓名，则征信录具矣。

同治九年岁在庚午春二月　观察苏松太使者六安涂宗瀛志

光绪戊子年（1888年），重建西厅，并增建了武圣大殿，随后在斜桥一带创建了徽宁义园。1907年，在会馆内创建了朱文公祠，供奉朱熹。1910年又创办了徽宁医治寄宿所（徽宁会馆自己又说是1913年创办，前后说法不一）[1]，进入民国后又在闵行建立了徽宁会馆闵行分堂。[2] 徽宁会馆总堂设在沪南区制造局路300号，分堂在闵行杨家台。

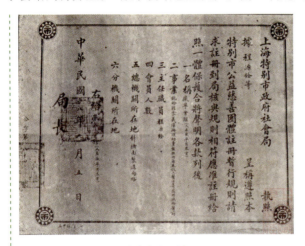
图 2-56　上海特别市政府核发之执照

根据章程，徽宁会馆"以办理善举、敦睦乡谊为宗旨"，举办的事业主要以施以医药、寄柩、运柩、赊棺、助殓、埋葬为主，完全是一个慈善团体。1927年10月，上海特别市以市政府布告第七号认可了徽宁会馆的慈善寄柩运柩规则。1929年，上海特别市政府社会局又根据会馆负责人程源铨总董的呈请，核发给徽宁会馆相关执照，如图2-56所示，内中事业一栏写道："施给棺衾义冢掩埋助费运柩回籍并设立医治寄宿所施给医药。"[3] 据统计，从1911年至1930年，二十年内徽宁会馆共施棺2 514具、施衾2 366件、运柩回原籍1 869具、掩埋3 375具、施医施药受益人3 360人，善举成绩极为突出。[4]

为了施棺掩埋，徽宁会馆在沪南区、江湾区和蒲淞区购买了一共十三块墓地，合计六十八亩九分三厘三毫，除江湾区和蒲淞区各一块合计占地不足四亩外，其余十一块合计六十四亩多都在沪南区，而在沪南区的这十一块墓地，悉数位于五里桥区域内。[5]

这些墓地其实仅是徽宁会馆拥有的众多土地的公益部分，它的全部土地产业包括墓地在内一共81块合计两百余亩，[6] 分布在沪南区、闵行上邑、江湾区、蒲淞区，的确是名

1　《上海市徽宁会馆报告书》，1931年，第79页。
2　《上海徽宁会馆特刊》，1932年，第18页。
3　同上书，插页。
4　同上书，第50页。
5　同上书，插页。
6　同上书，第51—58页合计。

副其实的土地大户。

其实除了各项慈善事业外，徽宁会馆还积极参与其他涉及桑梓同胞以及切身利益的相关活动，有时甚至是挺身而出。比如，它极力陈请政府免征爱国捐和总捐，也对屯溪的各类匪患忧心忡忡，曾积极募捐赈济宣南地区的水灾，救济"一·二八"淞沪抗战伤兵和难民等。质言之，凡是跟家乡有关以及沪上各类它能出力的义举和救助活动，徽宁会馆都积极参与，成为沪南社区发展的中坚力量之一。

（二）泉漳会馆

历史上，上海的泉漳会馆有新旧两个，旧的在老城厢，新的在今天的五里桥区域，也就是现在的南园所在地。

泉漳会馆由闽中泉州之同安、漳州之龙溪和海澄三县旅沪同乡商人捐资而创建。道光壬辰年（1832年）《泉漳会馆兴修碑记》有段碑文记载道："会馆贵创，而尤贵修乎！由乾隆丁丑年营始，癸未年告成，迄今七十余载，所有神宇神像，以及庙中器用，在在须加整肃。乃既有者修之，未有者补之。"[1]由此碑文我们可知，泉漳会馆创建于乾隆丁丑年[2]，即公元1757年，成立时间略晚于徽宁会馆。泉漳会馆创建后，经六年建设，建成前后大殿、戏台等多座建筑，供奉妈祖天后、关帝，殿内有议事大厅及敦聚堂，是当时上海的著名楼宇。1832年，泉漳会馆迎来创建后的第一次大修，两郡三县乡民商号踊跃捐款银洋1663元，捐资者名号均刻于《泉漳会馆兴修碑记》中。咸丰年间，泉漳会馆受战事影响，损坏严重，于是在咸丰七年（1857年）再次发动邑人乡民商号捐款重建，刻有《重建泉漳会馆捐款碑》。光绪十九年（1893年），第三次重修泉漳会馆，刻有《重修泉漳会馆碑》。[3]以上三碑均竖立在南市咸瓜街九十号泉漳会馆内，也就是泉漳会馆的原址所在。

由于咸瓜街的泉漳会馆内没有多余的土地辟为墓地，大概从建馆起泉漳会馆就在带钩桥（今山东路延安东路路口）一带购地作为义冢使用，称为泉漳别墅。空间上，带钩桥在咸瓜街的北面，所以泉漳会馆被邑人俗称南会馆，泉漳别墅被俗称北会馆。同治初年，带钩桥一带被划入法租界，墓地面临拆迁，泉漳会馆只好另在外日晖桥东购买了接近一百一十亩土地，将原泉漳别墅迁入新址并做了大规模建设工程。迁到外日晖桥后的新泉漳别墅和咸瓜街的泉漳会馆在空间上调换了南北，变成了它在南面，所以新泉漳别墅夺过了南会馆的俗称，旧有的泉漳会馆干脆俗称为会馆了。

---

[1] 上海博物馆图书资料室编：《上海碑刻资料选辑》，第236页。
[2] 1946年《上海泉漳会馆章程》中把会馆创始时间定于乾隆二十八年，那样的话就晚了六年。
[3] 《上海碑刻资料选辑》，第239—245页。

日晖桥畔的泉漳别墅同样建有前后大殿，前殿供奉观音菩萨，后殿则为客座。厅前厅后建有假山，旁边建有亭台，挖有池塘一方，园内种满了桑麻花果等树木。西厅设有祭祀房，专门纪念历史上对会馆发展做出贡献的先贤。此外大殿左右两侧尚有平房十多间，左为馆主室，右为寄柩处。再往后有楼房一座，这是泉漳公学的教学楼，始于1907年左右，供同乡子弟读书使用。别墅东侧有地三十多亩，辟为义冢。往南毗邻黄浦江边则是一大片芦田，有四十余亩。[1]整体而言，泉漳别墅占地开阔，景色秀美。

根据《上海泉漳会馆章程》，它的应办事务主要有："（一）保护旅沪同乡业务上之权益及顾全同乡之生命财产。（二）设立泉漳学校，培养同乡人才，促进泉漳文化，并指导同乡子弟来沪求学。（三）设立泉漳医院，施救旅沪同乡之贫病及施舍医药。（四）设立泉漳卹济院，酌情施济旅沪同乡之孤寡贫穷老弱无能，及施济同乡流落者之返乡路费。（五）设立泉漳书报社，搜集与乡人有关系之书报以供众览。（六）设立泉漳公墓及殡舍业，酌情施舍棺木。（七）调查各种实业精详计划，分别汇编，介绍同乡集资兴办。（八）调查各种国货及土产，编辑说明，介绍同乡与国货厂家合作推销。（九）其他应办事业。"[2]由此可见，泉漳会馆除了传统的慈善救助与教育等功能外，还兼有推动同乡经济发展、为同乡企业服务的重任。因此它的会员有很多企业和商号。以1946年度为例，泉漳会馆的著名企业会员有中南银行、华侨银行、上海中兴银行、虎标永安堂沪行、上海南侨股份有限公司、中南橡胶厂、中国染织厂、太平洋贸易公司、华菲烟草公司、福建省农林公司等共数十家公司行号。[3]这些企业齐心协力，以泉漳会馆为依托，服务于旅沪同乡和故土桑梓，是沪南社区发展的另一组重要力量。

以泉漳公学为例，它是泉漳会馆最先开办的附属事业，创办于1907年，设在泉漳别墅内。一开始泉漳公学是专供同乡子弟修业读书的，但很快就对外开放，外乡学生也兼予收容，只是学膳宿费有所不同，同乡学子费用减半。初期泉漳公学以小学为主，因此外间称之为泉漳小学。1921年，学校扩建，1926年秋增办中学，于是改称为泉漳中学，校址仍在泉漳别墅内。[4]泉漳中学创办后，闽南学子远道而来就学的越来越多，学生分为"免费生"和"工读生"两种，既有同乡，也不拒外乡，学校一视同仁，所以说泉漳公学为上海的教育事业做出了贡献，马克思主义哲学家艾思奇年轻时期曾在泉漳中学任教多年，颇受学生喜爱。

泉漳医院是泉漳会馆服务社会、回馈社会的又一个机能组织。根据史料记载，泉漳

1　《上海县续志》，转引自《泉漳特刊》，1946年，第1页。
2　《泉漳特刊》，1946年，第2页。
3　同上书，第21页。
4　同上书，第8页。

医院成立于 1921 年左右，院址原在南市毛家弄，使用会馆自己的房屋，后也利用泉漳别墅的房屋提供义诊。泉漳医院原计划设中医和西医两部，后来仅设有中医门诊，为两府同乡提供义诊，不仅分文不取，还免费给药。

1937 年 8 月淞沪抗战打响后，日晖港一带成为中国军队抵抗日军侵略的前线阵地，遭到日军飞机坦克的狂轰滥炸，沦为废墟。紧靠日晖港和黄浦江畔的泉漳别墅未能幸免，这一百多亩土地上的所有建筑，包括同治年间所造的旧式房屋 26 间和 1927 年新造的两幢新式洋楼，以及全部图书、仪器标本、体育器材、办公桌椅等，悉数毁于战火，损害估价总计约为六十一万七千元，损失极为惨重。[1] 表 2-8 为泉漳会馆战时财产损失表，从中可见抗战时期中国普通民众的受难和损失情况。[2]

表 2-8 泉漳会馆战时财产损失表

产业名称	说明	数量	所在地点	损失情形	损失年期	加害人
泉漳中学校舍	全部	不详	南市日晖港	全毁	抗战初期	敌军
泉漳中学图书	同上	不详	同上	被人搬走	同上	不详
泉漳中学仪器	同上	不详	同上	同上	同上	不详
泉漳中学校具	同上	不详	同上	同上	同上	不详
泉漳别墅	同上	不详	同上	全毁	同上	敌军
泉漳会馆殡舍	同上	不详	同上	全毁	同上	敌军
福美里	三开间三层住宅	三宅	南市会馆弄	完全拆毁	二十九年	伪中央市场
会馆弄西弄	单开间二层市房	二十二幢	南市会馆弄	完全拆毁	二十九年	伪中央市场
福兴里二号	双开间二层住宅	一宅	同上	同上	三十一年	同上
福兴里三号	双开间二层住宅	一宅	同上	同上	三十一年	同上
福安里四号	双开间二层住宅	一宅	同上	同上	三十一年	同上
福安里五号	双开间二层住宅	一宅	同上	同上	三十一年	同上
紫霞路	二层单开间店面	七间	/	全毁	抗战初期	敌军
花园弄	双开间二层洋房	一幢	/	同上	同上	同上
九四衖	住宅	一幢	外咸瓜街	同上	同上	同上

---

1 《泉漳特刊》，1946 年，第 26—27 页。
2 同上书，第 24 页。

(续表)

产业名称	说明	数量	所在地点	损失情形	损失年期	加害人
里咸瓜街	店面	八幢	南市	同上	同上	同上
外咸瓜街	店面	三幢	同上	同上	同上	同上
里马路	店面	一幢	同上	同上	同上	同上
外马路	店面	二幢	同上	同上	同上	同上
升吉里	住宅	二幢	同上	同上	同上	同上
会馆大殿	前后殿	二所	同上	同上	同上	同上
东门路	店面	二幢	同上	同上	同上	同上
会馆生财家具	/	大部	同上	被人盗卖	抗战初期	看屋人
大殿全部铜锡器	/	全部	同上	同上	同上	同上
施相公衖	店面	一幢	同上	全毁	同上	同上

抗战胜利后，泉漳会馆收回了战时被日伪侵占的泉漳别墅产权，开始了整理与重建工作，慢慢重建起了敦叙堂和议事厅等房屋。正当重建工作有条不紊进行时，1948年6月初有传言说上海市政府打算征用泉漳别墅的土地，建造一个垃圾码头。颇感震惊的泉漳会馆6月5日立刻给上海市参议会递交了一份语气恳切的呈文，详述了会馆的事业发展及对社会的贡献，表达了全体成员对征收土地建造垃圾码头的强烈抗议和誓死力争的决心。呈文如下：

> 窃敝会馆创立于逊清同治年间，系闽南旅沪同乡办理公益互助善举联络感情研究商务之机构也。时在本市打浦路底之龙华路建有泉漳别墅，筑屋为同乡死亡殡馆，辟地为同乡安葬公墓。及至民国十年，重兴土木，划区建设，并办泉漳中学培育人才。筹设泉漳医院，施救贫苦。迨至民国廿六年抗战军兴，校舍、殡馆、医院、别墅悉毁于火，复被敌伪占用，破坏不堪。敝会馆痛心疾首之余，不避斧钺，竭力交涉，始得收回业权。胜利之后遂即着手整理。今已重建敦叙堂一座，议事厅一所，为敝会馆及南洋华侨协会办事处，并建万寿亭以资游息。近以旅沪同乡子弟日多，教育一项极应有所建树。经成立泉漳中学复校筹委会，拟即建筑校舍，并筹资兴建华侨招待所、泉漳疗养院等，于敦叙堂之四周。筹备工作业已大部完成，凡诸建设均属公益事业。无如近日风闻有征用该地为垃圾码头之讯，正将案卷移请钧会以待审核。聆悉之下，群情惶骇，誓死反对。伏查该地系敝会馆百年来之基地，

今已建有若干公益事业之已完未完建筑物，并非荒芜空地，安可弗顾民间之传统公益事业，征为垃圾码头乎？此其一也。敝会馆处于暗无天日之敌伪时期，仅余一片瓦砾，被其虎威强占尚可力争收回，得保业权。今日民治时代，安可夷建筑物为平地，征为垃圾码头乎？此其二也。当此戡乱时期，人民惨遭匪祸，流离失所，当局正在倡导公益互助人群。敝会馆天赋所在，运用集力，逐步设施以副当局旨意。执政者理宜协助完成，安可将已成之公益事业强予摧残，征为垃圾码头乎？此其三也。倘事出误传，群情滋慰。若系事实，则当初提议人之疏忽，殊堪遗憾。今以该案移请钧会审核之前，敝会馆亟应郑重提出反对，誓死力争以维业权。伏思钧会为全市民意机关，亦为全市民众保障权益之机构，特此缕陈事实，恳请钧察撤消原提案。匪特敝会馆之幸，亦公益事业之幸也。临呈无任迫切待命之至。谨呈上海市参议会。上海泉漳会馆理事长曾万铺。[1]

上海市参议会收到呈文后立刻做了调查，6月29日回复泉漳会馆说：经过询问市政府，是有打算征收地块这么回事，但征收地块都有地号，你们呈文里也没写明地号，所以这事我们暂时也无法管，先放着吧。最后征收泉漳别墅的土地建垃圾码头这事档案里查无下文，大概是不了了之了吧。

顺带提及的是，代表泉漳会馆提交这份呈文的是其理事长曾万铺。图 2-57 即为曾万铺玉照。现代人对这个名字可能很陌生，但曾万铺是近代影视界鼎鼎大名的名人，在南洋一带更是家喻户晓，地位甚高，被称为"兜得转"的人物。据说凡是货物上刊以"曾万铺"三字者，则必畅销无疑。[2]

图 2-57 曾万铺先生照片

1940 年，国联电影公司和金星电影公司携手合作的原因即是因为"曾万铺"这个金字招牌。

（三）四明公所

四明公所是近代上海最著名的同乡组织之一，前后两次四明公所事件深刻影响了近代上海的城市发展进程。

四明，即宁波别名，四明公所也即是旅沪宁波人的同乡组织。宁波，襟山带海，与上海隔杭州湾相望，两地之间交通便利，一苇可航，历史上经济联系和社会来往就极为

---

1 上海市档案馆馆藏档案，档案号 Q109-1-1578-1。
2 《电影生活》1940 年第 18 期，第 3 页。

密切。早在乾隆嘉庆时期，在沪甬商就已涉足渔盐、豆类、杂粮、药材、糖类等贸易，甚至占据行业主导地位。嘉庆二年（公元1797年），旅沪宁波商人钱随、费元圭、潘凤占、王忠烈等人有感于四明同乡愈来愈多，出于联络感情和服务桑梓的意愿，他们联合发起了旅沪乡人日输一钱的募捐活动，凡旅沪宁波同乡，每人每天捐一文钱，以三百文为一愿，这一倡议得到在沪宁波同乡们广泛响应。募成巨款后，购买了县城北门外二十五保四图三十多亩土地，四明公所由此创建。嘉庆三年，建成寄柩殡舍多间。嘉庆八年（公元1803年），建成正殿，供奉崇祀关帝，并将公所大门题额为"四明公所"，至此规模已具。[1] 这个大门题额仍保留在现今黄浦区人民路上的四明公所旧址。

四明公所的主要善举事业为"建殡舍，置义冢，归旅榇，设医院。"在中国这样一个安土重迁的农业国度里，客死他乡是很不幸的事情。《四明公所义冢碑》碑文里写道："久客他乡，死生莫必……子若孤，莫知其所，良可悼叹！"[2] 因此，建殡舍、设义冢、运柩回原籍，让客死他乡的乡亲邑人最终叶落归根是四明公所的首要事业。1809年公所既已建有殡舍30间，1831年董事谢绍心、方亨宁等人发起募捐，重新修缮了旧有殡舍，并添建了新殡舍50间。但殡舍与义冢所产生的公共卫生问题，也就成为后来引发四明公所与法租界暴力冲突的重要原因之一。1849年，上海法租界开始建立，四明公所之地"适在其中。自是而后，遂多事矣"。[3]

第一次"四明公所事件"发生于1874年。四明公所地产在1843年编入官图，免征课税。划入法租界后，公董局认为四明公所按惯例不纳税，有损于租界利益，并认为四明公所的殡舍有碍卫生。同治十二年（公元1873年），法租界当局商议在四明公所义冢地上开筑宁波路和西贡路，要求公所迁坟让地。四明公所董事据理力争，建议改道另筑，愿意购地以供筑路，并承担一切费用，同时吁请上海道台及法国驻沪领事出面调停。但法租界公董局态度强硬，引起旅沪甬人的强烈不满。同治十三年三月十八日（公历1874年5月3日），华人在法租界的抗议活动遭到法租界军队和公共租界商团的镇压，华人被打死6名，受伤20人，酿成血案。1878年8月15日，此案最终由上海道台与法国驻沪领事订立《四明公所公立议单》结案并刻碑铭记。协议规定："此后法国租界内四明公所房屋冢地，永归宁波董事经管，免其迁移。凡冢地之内，永不得筑路、开沟、造房、种植，致损葬棺。由本总领事特转饬公董局，令巡捕随时照料，以全善举，而敦和好。"[4]

二十年后，法租界背弃前约，以修造学校、医院为由，欲强行征收四明公所地产。

---

[1] 葛恩元编：《上海四明公所大事记》，1920年，上海图书馆藏。
[2] 《上海碑刻资料选辑》，第259页。
[3] 葛恩元编：《上海四明公所大事记》，1920年，上海图书馆藏。
[4] 《上海碑刻资料选辑》，第429页。

1898年7月15日，法总领事向上海道台发出最后通牒，限令四明公所交出产权。16日晨，法兵冲入公所强拆围墙，引起旅沪宁波人的一致停工罢市抗议，市民群起声援。法国增派水兵镇压抗议群众，市民被杀17人，伤数十人，被捕10余人。经中国政府与法国政府多次交涉，达成四项协议：一、确定法租界的扩张；二、维持四明公所土地权；三、四明公所坟地不得掩埋新尸或停棺柩，旧坟应陆续起运回籍；四、在四明公所土地上可以开筑交通所需的道路。公所地产终得以保全。但由于清政府的软弱无能，法租界实现了扩张的目的，四明公所的权益受到了损害。[1]

前后两次与法租界的冲突使四明公所认识到原先一直从事的停柩义冢等传统善举的确需要做出调整了。因公所原址内不再允许厝柩，1899年年初，四明公所在褚家桥之东购地添建房屋，称为东厂。与原1888年所建的褚家桥西的西厂并称。但东厂建好没几天，法租界又一次扩张，东厂恰恰"又当其冲"。无奈之下，1903年四明公所动用此前续募的一文善愿所积攒下来的钱款，跑到离法租界远远的沪南日晖港附近购买了三十多亩土地，平整地块，修建房屋，主要作为殡舍和义冢使用，这就是四明公所南厂，位置在今天的斜土路南蒙自路西一带。图2-58即为四明公所南厂平面图。

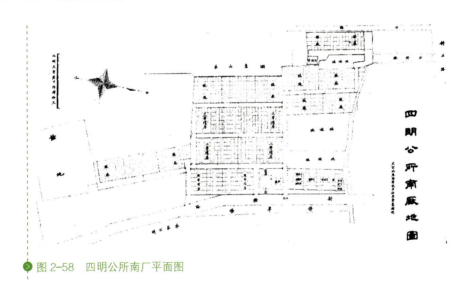

▶ 图2-58 四明公所南厂平面图

南厂建成后，所有旅沪宁波同乡的厝柩全部转移到此，四明公所原来的东厂和西厂一下子变得空旷起来。1906年四明公所将东西两厂裁撤，西厂改为出租生息，东厂改为病院，"凡同乡之贫病者，得保送进院医治，药饵饮食悉供给之。"[2] 三厂功能调整，各有慈善分工。

---

1 李瑊：《上海的宁波人》，上海人民出版社，2000年，第238页。
2 葛恩元编：《上海四明公所大事记》，1920年，上海图书馆藏。

大事記

七年戊午重建日暉港南廠
南廠草創之初規制未備比年旅櫬日積不足以持
久歲丁巳籌議重建詢謀僉同先購地於徐家匯還
廠傍殤孩義塚爲拓地計於是舉朱佩珍及恩元爲
募捐主任集募捐團募捐舉周鴻孫周林慶爲建築
主任徵工師鳩工涓吉五月經始時衆議以南廠固
當先其所急而分設虹口北廠添建四明醫院俱不
容緩爰列爲三大端次第圖之
八年己未夏四月大會修訂章程
先是議修改章程舉恩元與方積蕃會訂之增聯合

图 2-59 《上海四明公所大事记》册页

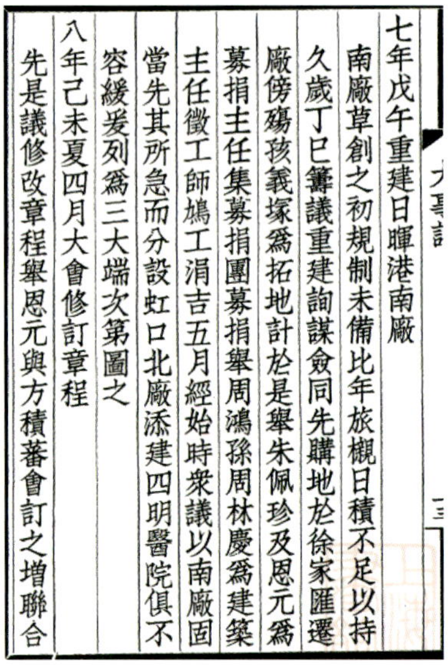

1909 年四明公所与宁绍轮船公司签订了运柩回籍的合约。1914 年，四明公所设立甬厂。

1918 年 5 月，四明公所鉴于南厂创办当年“规制未备”，并且十多年来未及时运回宁波原籍安葬的旅榇越积越多，如此下去恐怕难以持久，于是决定募捐重建南厂。重建募捐工作由著名的宁波旅沪商人朱葆三和葛恩元主持，并推举沪上的房地产大亨周鸿孙（即周湘云，曾拥有上海一号车牌）和周林庆为建筑主任。经过两年建设，1920 年 4 月南厂重建完成，共建成房屋 396 间，花费银洋超过十七万元。（见图 2-59）重建后的南厂，有客厅，有佛殿，有崇祠，有祀宇。厝柩处也分为四级，分别称为厅、堂、舍、厂。同时还建造了一个大招亭，作为归榇暂驻的场所。修葺一新的南厂，“应有尽有，苟美苟完”。1920 年 5 月举行落成典礼，“当道官绅及乡人之莅会者济济跄跄，称极盛焉”。[1]

自 1903 年四明公所南厂创建后，沪甬两地之间的运柩网络逐步转移到日晖港。1920 年南厂重建后，对航运码头的需求更加紧迫。1924 年，四明公所与同在五里桥附近的徽宁会馆联合，平分费用，合资建造了一个两会馆共用的码头，名为里日晖桥四明公所徽宁会馆码头，码头于 1925 年建成启用。抗战时期，四明公所南厂一带遭到日军轰炸，损毁严重。抗战胜利后有所恢复，20 世纪 40 年代末期的上海地图中还能看到这个四明公所南厂的影子。

（四）湖北会馆

前面三家会馆公所都是省内府县旅沪人士所组织的同乡团体，入会资格限制在府县范围内。上海开埠后，来自全国各地的移民渐渐多起来，有些会馆公所出于人数多寡考量，定以省籍为范围而组建，比如江南制造局边上就有一家湖北会馆，如图 2-60，具体地址是制造局路 754 号，它与远近闻

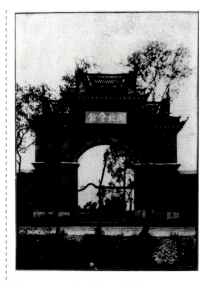

图 2-60 上海湖北会馆照片

1 葛恩元编：《上海四明公所大事记》，1920 年，上海图书馆藏。

名的高昌庙隔路相望。

据相关档案记载，湖北会馆创办于光绪己丑年，即公元 1889 年，由湖北旅沪的热心乡贤发起成立，主要办理同乡慈善事业。[1]但是众所周知，湖北在清末民初的中国政治舞台上起过很重要的作用，辛亥革命武昌首义，民国大总统黎元洪来自黄陂县，很多人物和事件都与湖北直接相关，因此湖北会馆与沪上其他会馆公所相比，在慈善之外，涉及政府层面的事务要多一些。

民国元年的政治舞台波诡云谲。1912 年 8 月 16 日，武昌起义的重要领导人之一张振武和方维在京被袁世凯以图谋不轨之名处死，史称"张方事件"。事件发生后举国哗然。国会中的湖北籍议员认为黎元洪涉及此案甚深，于是发动了对黎元洪的弹劾案。湖北会馆得知后，立刻通电武昌保安社等机构，表达了对鄂籍议员的强烈不满。电文说道，"汉口共和报馆转武昌保安社、武汉夏总、参议会均鉴，宥艳两电传遍寰区。自去秋武汉起义，全国光复，行商坐贾悉受亏损。政府成立，方幸世界光明，海宇宁靖，市廛商贾复事贸迁。乃张方狠贪，复图破坏，幸黎公烛照未萌，防及事先，我武汉兵燹余生乃不至再罹荼毒。万家生佛，鄂人正应生祀黎公矣。乃议院不察祸之所由，侈言弹劾。在他省议员，或有不悉事情。至鄂议员，代表鄂人关怀桑梓，自宜通筹利害、斟酌发言，乃亦首倡弹劾，是鄂议员难辞失职之咎。惟现在黎公一身关系全鄂治乱，仍祈诸公会商议会，电致中央挽留，以维全国秩序为祷。上海湖北会馆董事刘树绅、易楠桢、彭选青、刘祝尧等仝叩。"[2] 上海多家媒体刊登了这份通电，有的还特意加粗了电文中的一些语句。从电文内容我们能一目了然看出湖北会馆的态度，它是很坚定地站在黎元洪一方的。

1915 年春，一些湖北旅沪名人有鉴于湖北会馆的理念比较传统，于是发起成立了新式组织湖北旅沪同乡会，会长为著名大法官和后来的佛教界名人关炯。湖北旅沪同乡会在人事管理上与湖北会馆有重合之处，易楠桢、彭选青、刘祝尧等人既是湖北会馆的领导层人员，也是湖北旅沪同乡会的主干力量。1917 年 5 月，湖北会馆选举出了新一届会员和领导层，名誉会长关炯，会长刘万青，副会长李明辅、陶理堂。其他会员有李紫云、刘季五、刘祝尧、易楠桢、彭选青、胡小村、赵实之、李青臣等多人。[3] 以上这些人士也多是湖北旅沪同乡会的骨干。虽然人事上多有重合，但这两个机构在业务上还是互有侧重的。并且，与湖北会馆不同的是，湖北旅沪同乡会在沪南和租界两者中，选择把会址设在了租界内，可见两者旨趣是有所区别的。[4]

1　上海市档案馆馆藏档案，档案号 B168-1-798-30。
2　《时报》1912 年 9 月 3 日。
3　《新闻报》1917 年 5 月 22 日。
4　《湖北旅沪同乡会纪事》，1915 年，宝善堂珍藏版。

湖北旅沪同乡会成立后，势必还是分化掉了一些湖北会馆原有的力量，在同乡会事业蒸蒸日上发展的同时，会馆难免有些顾此失彼，建筑也年久失修。1916年年底，湖北会馆决定大加修葺，但费用从何而来呢？会馆与同乡会两方都积极发动同仁捐资，据报"有刘季五大发热心，联络同乡，力任劝导，共输巨款。并愿独立担任三万元。"[1]看起来修缮费用不难筹措，但实际上四年后修建工程都没能完工，原因是没钱了。1920年4月，湖北会馆在报纸上刊登了一篇《上海湖北会馆重修劝捐白话》[2]的告同乡书，用大白话写就，读来饶有趣味。全文如下：

  上海湖北会馆重修劝捐白话
    我们湖北人，地居上游，控制九省，可算得是个顶有体面的地方。即如上海而论，在战国时，是我们湖北人的边界地方。经我们那位同乡黄老歇，开了一道河，修理修理，如今了不得，说中国第一口岸。照这样看，我们湖北人，就应该在这地方，出出风头。不然连自己一个会馆，又小又破，都不能修好，这是何缘故？大家未曾齐心，就延搁下来了。到了去年，我们在上海的商人工人看了，不成个样子，请了我们同乡的旅沪各界父老兄弟会议重修会馆的事，大家一听，欢喜了不得，你也捐我也捐，居然有了基础。将那旧会馆拆了，即日兴工不是？！去年十二月腊八日，已经上了梁么，画栋连云真是好看。从此我们湖北人，也不落人的后。你看可欢喜不欢喜。听说将来还要办个学堂，又要添置义庄。伙计们，从此我们湖北人，有了大小事体，就有了会馆维持，不受外人的欺压。有了子弟，就有了会馆教育，不致荒疏。生者亡者，都有了个团体照呼，真是最好也无有了。听说会馆的工程，非常之快，今年五六月间，就好去乘凉。老大，且莫要高兴太早，听说所捐的款，不过三四万，还有捐了未缴的，所用的款要六七万，恐怕将来无款接济，要做成一个会馆腔子。怎么叫会馆腔子？外面有墙垣，内面无装修，这就名叫会馆腔子。噫！是哪里的话，令人听了生气。我们湖北人，未必连这点志立不起，还算脚色吗？从今我们凡是湖北人，已捐者，将捐款送到会馆。未捐者，各人速速捐出。聚沙成塔，还怕会馆不成么？不是我们说句狂话，只要我们在上海的工人，每人捐洋一元，这点不足的经费，真是小事。我们就从今日互相提倡起来，我们款子送到会馆里去了，你方佩服我。哈哈，好好，我正望如此，难得诸位帮忙，五月里请到会馆去过端阳，这方是我们湖北人的荣耀。你若不信，何妨到会馆去看看。白话不

---

[1] 《神州日报》1916年12月20日。
[2] 《民国日报》1920年4月15日。

伦，劝捐心切。各界君子幸勿忽也。

湖北会馆最后有没有修葺一新，还是仅修了个"会馆腔子"，我们不得而知。不过，此后还有很多活动在湖北会馆内举办过，看来应该是募足了钱，也重修好了。

1923年10月5日，曹锟通过贿赂或威胁国会议员，当选为中华民国大总统，史称"曹锟贿选"。移沪的数名参众两院议员得知此事后，于10月6日下午两点，在湖北会馆召开了紧急会议，一致反对曹锟，支持被迫逃离北京的黎元洪。[1]10月15日，两院秘书厅又遍发通知，当日下午两点再次在湖北会馆召开谈话会。[2]湖北会馆此时俨然成了参众两院国会议员的驻沪办事处，颇受媒体待见和关注。

当然，除了偶尔的政治高光外，湖北会馆仍是以慈善为主业的同乡机构。1927年年初，北伐之际，湖北会馆应世界红卍字会上海分会函请，设立了临时医院和收容所，接收从浙江前线转运来的伤兵和大量难民。[3]1930年7月2日，近代著名的湖北籍革命党人田桐病逝于上海，其灵柩也暂厝于湖北会馆，国民政府主席蒋介石一方面派淞沪警备司令熊式辉前往祭奠，并转赠一千元抚恤金，同时还令上海市市长张群襄理丧事，前往吊唁的各界要人还有熊克武、刘揆一、赵铁桥等。警卫一排，灵车经过时举枪致敬。

田桐，1879年生，字梓琴，号恨海，湖北蕲春人，是民国时期著名的政治人物。1905年，田桐迎接赴日的孙中山，参与发起成立了中国同盟会，并任中国同盟会东京总部执行部书记兼评议部评议员。武昌起义期间，黄兴为战时总司令，田桐为秘书长，参与部署了保卫汉阳的阳夏战役。民国成立后，田桐当选为第一届国会议员。二次革命失败后，田桐追随孙中山流亡日本，1914年中华革命党在东京成立，孙中山任总理，田桐任党务部副部长。图2-61为1915年9月25日孙中山与即将回国举行反袁革命的同志合影于东京国民社。前排右起第一人即为田桐。其他自右往左依次是廖仲恺、居正、胡汉民、孙中山、陈其美、许崇智、郑鹤年、邓铿。护法运动中，田桐追随孙中山赴广州。1928年，田桐回到上海，创办《太平杂志》，写下了大量时评文章。1930年7月2日，田桐病逝于上海寓所，7月8日移柩于湖北会馆，[4]此后一直暂厝在会馆里，直到1932年9月16日由江华轮运抵汉口。1932年9月17至19日，湖北省举行公祭，武汉三镇"白马素车，填街盈巷"。20日，田桐灵榇安葬于武昌洪山墓地。其葬礼据说是民国时期湖北省第一次礼节极为隆重的公葬典礼。

---

1 《申报》1923年10月6日。
2 《申报》1923年10月15日。
3 《新闻报》1927年2月20日。
4 《时报》1930年7月9日。

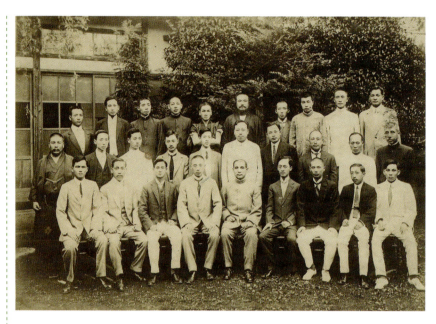

> 图 2-61　孙中山等人于东京国民社之合影

抗战期间，日军狂轰滥炸高昌庙边的上海兵工厂和江南造船所，近在咫尺的湖北会馆也难逃厄运。抗战胜利后虽慢慢起死回生，但已元气大伤，仅剩三五人维持门面。上海解放后，有关部门对上海的公所、会馆、山庄做了普查。湖北会馆填报的调查表里对其沿革写道："逊清光绪己丑年间成立，由当年旅沪热心同乡发起组织，办理同乡慈善事业。解放后并无改变。"对于组织状况写道："属于湖北旅沪同乡会内之一部门。职员一人负责业务责任，工友二人负杂务责任。"主要行政负责人是"田寄苇，男，58岁，湖北蕲春人，湖北旅沪同乡会代理事长。大学文化程度，在沪业书画廿余年。"[1] 田寄苇，1893年生，1908年加入同盟会，当时年仅十六岁不到。1914年他在东京加入中华革命党，并任孙中山随从秘书，直至孙中山病逝。他还曾担任印铸局局长，为孙中山镌刻了"大元帅印""孙文印"等多方印章。田寄苇又名田桓，他是田桐的弟弟，兄弟二人被孙中山尊称为"大田先生"和"小田先生"。

（五）常州会馆

自湖北会馆往北，沿制造局路而行，经过瞿真人路（也就是今天的瞿溪路）和汝南街两条马路后，左手边就是常州会馆了。常州会馆早在清末就动议创办，但时起时落，真正落地建成却已是民国年间的事了，可以说是起了个大早却赶了个晚集的典型。清末

1　上海市档案馆馆藏档案，档案号 B168-1-798-30。

民初时期，最著名的常州籍人士无疑是妇孺皆知的有"中国实业之父""中国高等教育之父"之称的盛宣怀盛宫保了，常州会馆的创办自然也离不开盛宣怀的扶持。

根据史料记载，光绪二十八年（公元 1902 年）"盛杏荪先生拨捐南市局门路基地二十余亩、房屋数十间为常州八邑会馆，预备做同乡集会及寄柩丙舍使用"。[1] 随后，发起者又邀请了无锡、宜兴、江阴、靖江等士绅共商捐款事宜，虽然所获捐款不多，但会馆的创办可以说是就此打下了根基。从上可见，常州会馆最开始是希望建立一个以常州府为范围的旅沪同乡团体，但最后的发展结果是仅仅局限在常州特别是武进的范围内。

1905 年，为了推动常州八邑会馆的组建，常州旅沪名人庄得之、方懋尹、刘少筠等人又决定发起组织常州旅沪同乡会。庄得之，名录，江苏武进人，他是盛宣怀的远房亲戚，曾有候补道台的名衔。庄得之也是民国金融界的名人，他曾出资创办了近代金融界著名的上海商业储蓄银行，也做过中国红十字会的理事长。常州八邑会馆和常州旅沪同乡会虽有盛宣怀、庄得之等名人的倡议发动，但似乎陷入了一种莫可名状的停滞状态。自宣统二年[2]至民国初年，会馆与同乡会再次发起筹备组织，但时局变幻莫测，人事也代谢不已，特别是盛宣怀过世影响巨大，因此创办工作时作时辍，直至 1923 年夏天，事情才终于迎来了转机，常州旅沪同乡会率先成立。

1923 年 7 月 8 日，常州旅沪同乡会假座宁波同乡会召开临时大会，到会三百余人，主席庄得之报告了常州会馆自清末倡议以来二十一年内的经过情形，方懋尹说明了同乡会的组织形式，随后推选姚公鹤等七人组织审查章程草案委员会，负责对同乡会章程的逐条审读和修正，大会并对征求会员的方式做了修订，"公推征求队长五十三人，以便进行征求事宜云。"[3] 至此，常州旅沪同乡会正式成立。同年十二月租赁了牯岭路延庆里民房作为会所，并且决定无论会馆还是同乡会均取消"八邑"二字，因为"虽然用常州的旧名，其实系武进旅沪同乡所组织也。"[4]

1924 年 6 月 8 日，常州会馆终于建设完成。下午二时，会馆落成纪念典礼和盛杏荪纪念塔开幕礼正式开始，到会会员和男女嘉宾上千人之多，可谓盛况空前。沪上各大媒体纷纷做了报道，如图 2-62。首先由大会主席潘兢民致辞，并简要说明了纪念塔的建造缘由，随后庄得之会长报告了常州会馆的成立经过，朱佛公宣读了纪念词，此后还有各类文艺表演等活动。盛杏荪纪念塔揭幕词追述了盛宣怀与常州会馆的关系，全文如下：

---

1 《常州旅沪同乡会会讯》，1945 年创刊号，第 3 页。
2 《上海县续志》里把常州八邑会馆的创办时间确定为 1910 年，大概就是以宣统二年的这次再次组织提议为根据的。后来《上海碑刻资料选辑》里也是以 1910 年为常州会馆的正式创办时间的。见《上海碑刻资料选辑》第 513 页。
3 《新闻报》1923 年 7 月 10 日。
4 "本会大事表"，《常州旅沪同乡会会讯》，1945 年创刊号，第 5 页。

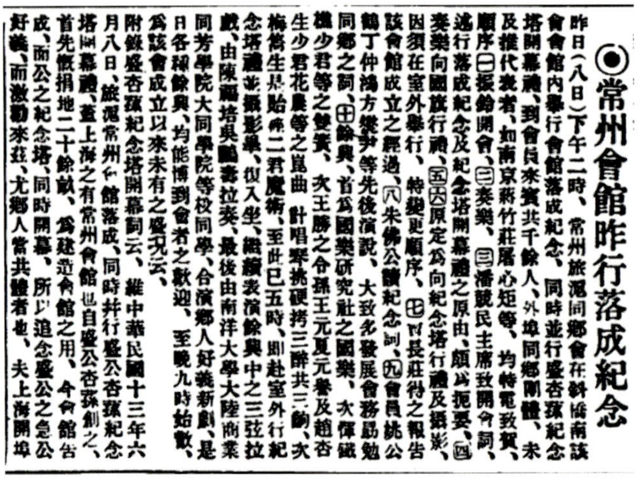

◉常州會館昨行落成紀念

昨日（八日）下午二時、常州旅滬同鄉會在斜橋南該會會館內舉行會館落成紀念、同時並行盛杏蓀紀念塔開幕禮、到會員來賓共千餘人、外埠同鄉團體、未及推代表者、如南京蔣竹莊屠心矩等、均特電致賀、順序㈠振鈴開會、㈡奏樂、㈢潘競民主席致開會詞、遂行落成紀念及紀念塔開幕禮之原由、頗為扼要、㈣奏樂向國旗行禮、㈤㈥原定為向紀念塔行禮及攝影、因須在室外舉行、特變更順序、㈦吕長莊得之報告該會館成立之經過、㈧朱佛公讀紀念詞、㈨會員姚公鶴丁仲鴻方樂尹等先後演說、大致多發展會務勗勉同鄉之詞、㈩餘興、首為國樂研究社之國樂、次錢樵少君等之雙簧、次王勝之令孫王元夏元譽及趙杏生少君花農等之崑曲 計唱琴挑硬拷三醉共三齣、次梅嶠生吳貽二君魔術、至此已五時、則赴室外行紀念塔禮並攝影畢、復入坐、繼續表演餘興中之三弦拉戲、由陳霜塔與鸝壽拉奏、最後由南洋大學大陸商業同芳學院大同學院等校同學、合演鄉人好義新劇、是日各種餘興、均能博到會者之歡迎、至晚九時始散、為該會成立以來未有之盛況云、

附錄盛杏蓀紀念塔開幕詞云、 維中華民國十三年六月八日、旅滬常州會館落成、同時并行盛公杏蓀紀念塔開幕禮、蓋上海之有常州會館也自盛公杏蓀創之、首先慨捐地二十餘畝、為建造會館之用、今會館告成、而公之紀念塔、同時開幕、所以追念盛公之急公好義、而激勸來茲、尤鄉人當共體者也、 夫上海開埠

图 2-62　常州会馆落成新闻报道

维中华民国十三年六月八日，旅沪常州会馆落成，同时并行盛公杏荪纪念塔开幕礼。盖上海之有常州会馆也，自盛公杏荪创之。首先慨捐地二十余亩，为建造会馆之用，今会馆告成，而公之纪念塔，同时开幕，所以追念盛公之急公好义，而激励来兹，尤乡人当共体者也。夫上海开埠垂七十载，吾乡人之旅居与往来是土者，盈千累万，绝无联络团结之机会及场所，惟我盛公提倡于前，立此永久不拔之基，后继贤达，纵有热心者，而无本之草不茂、无源之水易竭，是我盛公大有造于吾乡人也，吾乡人曷可不有以纪念之。后之旅沪乡人，来会馆瞻礼是塔者，当亦有闻风兴起者乎，发挥而光大之，是固后生之责，而亦建兹纪念塔之微意也。[1]

常州会馆原在制造局路汝南里，马路开辟后为制造局路汝南街 53 号。会馆落成后，内设有义冢殡舍。也正是因为附设了义冢，1923 年常州会馆开工兴建的时候，就因卫生问题而和周边邻居上海贫儿院、瞿真人庙等打过官司。据档案记载，紧邻常州会馆的上海贫儿院、瞿真人庙等多人联名呈报上海市主管当局工务局、卫生局等，希望当局阻止建设义冢的行为。呈文说：

具呈人公民上海贫儿院院长施则敬、瞿真人庙庙董聂其杰、湖南旅沪公学校董曾广璜、仙乐种植园园主朱启绶、勤记工厂主任高寿田、五九铁厂主任瞿颂良、锡记花园园主瞿锡荣、久记新砖灰行经理沈锦孙、锦丰染织厂经理孙臣甫、长兴花园

1 《新闻报》1924 年 6 月 9 日。

园主张阿根胡金泉、汝南里居民周训畬堂、周元龄瞿庆璋彭春舫倪定良王金桂等一千余人、图董曾泽民，呈为武进旅沪同乡将建筑殡舍义冢，有碍全里居民公共卫生，请求阻给执照事。

窃公民等住居上海市高昌庙区制造局路汝南里内。迩来武进旅沪同乡正在里中建筑会馆，观其营造草图，有附属殡舍及义冢地等图样，群相惶惑，伏思繁盛之区建筑殡舍事经贵局议禁在前。良以此等建筑物于市面之发达公共之卫生均有莫大障害，贵局立法严禁。公民等同深钦仰。今汝南里内瞿真人庙路一带人烟稠密，环而居者不下千人，工厂学堂东西林立，居户行号鳞栉比连，此等地方若杂以殡舍义冢，生人与尸棺并处，尚复成何景象？查法租界荒僻之地尚有将已建殡舍被工部局勒令迁徙之议，况时疫流行，尤为可惧。武进旅沪同乡或昧于情势，不愿公益。设此企图，居民惶感惧成事实。应请我局长迅饬工程处，如在上述地点有此等图样来请执照者，立即阻止，并请出示严禁汝南里内一带地方永远不准发生此等建筑物，以重卫生，实为公便。上呈。[1]

市工务局局长对此批示为"工程处查明该处应否发给殡舍执照，速复核办"。周边这些紧邻的担忧不无道理，不过当时五里桥周边会馆众多，义冢殡舍也众多，因此只禁常州会馆一家的殡舍肯定行不通。常州旅沪同乡会在"本会大事表"中对1923年的纠纷写道："与会馆贴邻瞿真人庙产权之争胜诉结束。开始施诊给药，筹募会所基金。"[2] 它这里说的产权之争是说常州会馆想开辟一条直通贫儿院的马路，也就是现在的汝南街，但筑路之地，上海贫儿院和瞿真人庙都认为侵占了自己的土地。最后常州会馆胜诉，因此它在大事记中记下了这一笔，但对它们三者间的另一件义冢纠纷之争，则未曾提及。

1930年秋天，常州旅沪同乡会募集款项，购买了同孚路102弄6号房产作为会址，此后常州会馆转变为同乡会的附属事业。根据常州旅沪同乡会的章程，其会务主要有本乡自治、谋划同乡公益事宜、提倡同乡工商业及发展保障、关于同乡维护与救济施药、本乡慈善以及其他一切有利于同乡公共福利的事务等。比如，同乡会曾协助平反了解氏婢女冤死案、"一·二八"事变及"八一三"事变后设立难民收容所并协助难民回乡、其他各类施医施药等慈善事业。

根据宋钻友的研究，常州旅沪同乡会施诊所设于1943年7月，聘请沈仲芳、顾渭川、丁仲英、费子彬、陈漱庵、丁济万、丁济华、丁济民、盛心如、屠贡先、钱宝华、戴元俊、江海峰等医师担任施诊医师，聘有驻会医师张赞臣、钱今阳、钱公玄、高鉴

---

[1] 上海市档案馆馆藏档案，档案号Q205-1-228。
[2] "本会大事表"，《常州旅沪同乡会会讯》，1945年创刊号，第6页。

如、林长钰、王天籁、刘步金等人，分设内外科。诊疗所对同乡病人视经济状况不同，给予不同的优惠，贫寒同乡免费给药。诊疗所开设不久，药材价格上涨，给同乡会造成一定压力，但同乡会并没有限制诊疗所的用药，仍决定"用药视病症需要而定，如病重，须用贵重药品，而无代替品可用时，亦得酌量应用"。施诊所不仅得到众多同乡医师鼎力相助，同乡药品制造商也纷纷慷慨资助。开张不久，新亚药厂即捐赠医用橡皮膏二筒，人寿水二打。同乡商人周卜愚捐助了痧药水5 000瓶，刘文藻捐助了118包通灵普济丹。

施诊所的开设，给经济困难的同乡提供了一个就医门道，前来就诊的同乡日渐增加，自1943年7月16日至30日，两周内诊治了114人（内科24人，外科39人，幼儿科21人，女科30人），赠药100剂。7月31日至8月24日，施诊309人，其中内科77人，女科55人，幼科81人，外科96人，赠药278剂。因前来就诊的同乡日增，该会决定自9月1日调整优惠办法，每位病人酌收挂号费1元，赤贫依然免收。[1]

除了施药义诊、寄柩义冢外，常州会馆内还附设有一家私立同乡子弟学校即常州旅沪中学。在常州旅沪中学创办之前，1943年常州旅沪同乡会曾委托永定小学代收学生上百名，费用由同乡会津贴。抗战胜利后，常州旅沪同乡会决定还是在会馆内创办一所学校，1947年6月私立常州旅沪中学正式创办，校址即为汝南街53号，共有三个学级，学生185人，教职员12人，校长为中国近代著名的哲学家、教育家、文化出版界名人蒋维乔。[2] 蒋维乔，1873年生，武进人，是商务印书馆的元老，也曾任江苏省教育厅长、国立东南大学校长、光华大学文学院院长等职。大学者当小校长，可谓是佳话了。

新中国成立后，根据形势的需要，1952年11月底私立常州旅沪中学正式移交给上海市教育局，结束私立办学过程。[3]

（六）其他会馆

其他位于五里桥区域内的会馆公所还有以下几家：

通如崇海启会馆。通如崇海启会馆创始于光绪三十四年（公元1908年），由在上海经营花纱布号的南通同乡许蓉芳和毛凤池等发起创办，其他如皋、海门、启东和崇明各县热心富商也纷纷捐款。当时名为通崇海同乡轮埠招待所。甲午战争后，清政府放松了有关民族资本创办工业的限制，上海工业进入快速发展期。受此影响，与上海仅一江之隔的江北五县来沪年轻人员越来越多，他们多乘渡船抵沪，因轮船到埠时，旅客上下船

1　宋钻友：《同乡组织与上海都市生活的适应》，上海辞书出版社，2009年，第44页。
2　《上海市学校调查录》，群协出版社，1948年，第18页。
3　上海市档案馆馆藏档案，档案号B105-5-576-99。

时有遗失物件，甚有不慎落水者，同乡热心人士组织了通崇海同乡轮埠招待所，借大东门外大码头民房为会址，雇佣招待人员，常驻码头照应。民国初年，毛凤池、许蓉芳又捐资购买了斜土路九亩余基地一方，准备兴建会馆。稍后，如皋和如东县商人先后斥资加入。1920年，斜土路新会馆落成，前后房屋70余间，定名为通如崇海会馆。启东县成立后，启东人顾南群等决定从崇明分出，遂改名为通如崇海启会馆。[1] 通如崇海会馆初为董事制，由海门同乡茅汇如主持。旋因同乡日众，事务日繁，于是改组为同乡会，组织方式也由董事制改为理监事制。[2] 通如崇海会馆，办理施诊、给药、施材、寄厝等慈善事业，举办的救济事业主要有：轮埠码头招待、施诊给药、施材、寄柩、公墓、资造、小本贷款等。1932年"一·二八"抗战爆发，会馆在五县境内分别购置土地设立义冢，将三年以上无主寄柩运回安葬。"八一三"抗战后，会馆继续办理慈善事务。1938年5月，会馆经费已趋枯竭，公款仅剩十几元，无力加入为救济苏北难民而组织的上海市同乡会联合会。会馆委员会决议将五县土货（如皋的生猪、鸡、鸭、鸡蛋等）运到上海贩卖。为降低成本，会馆利用同乡关系低价运货、减少征税。1942年，通如崇海启会馆公墓主任殷芝龄捐助土地30余亩，辟为五邑公墓，对贫寒无力者和无主棺柩，由会馆代葬，列为义墓。1944年会馆筹募近200万元，购进李家木桥附近约30亩土地作为公墓，并购买外地上好木材制造让材，低价卖给同乡，对困难者赠送。[3] 新中国成立后，根据政府指示，服务对象不再局限在五县同乡方面。1950年，受益人数约计1 300人。[4]

潮惠山庄。潮惠山庄是潮惠公所的殡舍园地。潮惠公所成立于1839年，是由潮阳帮、惠来帮中从事糖、烟、洋药等行业的商人脱离原来的潮州八邑会馆，自立而来，初名潮惠公所，1866年改称为潮惠会馆。馆址在十六铺南，占地九亩九分九厘，建筑恢宏，有大殿两座，前殿供奉妈祖天后，后殿祭祀关帝，左右祭祀财星和双忠。总共花费白银六万五百多两。[5] 潮惠会馆建立后，不幸"一星未终"，十六铺一带却浦沙淤积，水口淤塞，"于形家言为不祥，群情震动，亟思卜地迁焉……是非改建不可。"[6] 1898年冬，潮惠会馆迁址重建，新址抱水而居，位置"形家谓为大利"。重建后的会馆栋宇巍焕，门镇巽流，气象万千，深得同仁激赏。会馆迁建过程中，又于斜土路南购买了大块土地，建成潮惠山庄一座，以"为同乡谋福利"为宗旨，从事施棺、义殡、义葬、义冢、平棺等慈善活动，以服务于贫困死亡人士为主。

---

[1] 张玲：《苏北人与上海革命运动（1921—1949）》，人民出版社，2016年，第37页。
[2] 上海市档案馆馆藏档案，档案号Q118-1-5-80。
[3] 张玲：《苏北人与上海革命运动（1921—1949）》，第39页。
[4] 上海市档案馆馆藏档案，档案号Q118-1-5-80。
[5] 《上海碑刻资料选辑》，第326页。
[6] 同上书，第331页。

根据1950年潮惠山庄填写呈报有关当局的自身概况表，其地址为斜土路486号，团体负责人为郑耀南，时年57岁，行政负责人为萧斗南，时年48岁。两人均为男性。此外，共有理事七人。至于其业务，潮惠山庄称自光绪年间成立以来，以施棺、义冢、义葬、平棺为主要事业，每年受益者众多，以1950年为例，该年受益者据称达数百人。另外根据1950年的统计，潮惠山庄财产有建筑物与义冢地共计106亩，地块不算小，位于鲁班路和斜土路口一带。这些地中，义冢地约占三分之二，其余建筑物占三分之一。1950年潮惠山庄各项收入合计为7 460万元（旧人民币，下同），让材与施棺两项业务支出为6 366万元，薪金为1 094万元。此外，潮惠山庄内当时尚居住着数千难民和贫民。[1] 可见，潮惠山庄对安置贫苦民众起到一定的积极作用。1951年，潮惠山庄积极响应抗美援朝号召，为捐献飞机大炮主动节约，决定按月捐献五十个单位，共捐献六个月。[2] 图2-63即为斜土路、局门路、新桥路（即蒙自路）一带的各家会馆及山庄分布图。

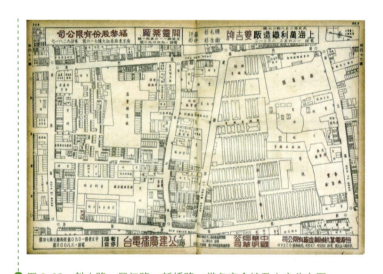

图2-63　斜土路、局门路、新桥路一带各家会馆及山庄分布图

京江公所。[3] 京江公所创建活动始于同治八年（公元1869年）。是年，旅沪镇江绅商在同乡商号中发起捐助厘款，统一存储，至同治十二年（公元1873年），购入基地22亩，正式兴建公所，有三进两庑，附设丙舍五间，费资六千余两。不敷部分由同乡商帮（北帮即杂粮帮）捐银900两，光绪六年（公元1880年）落成，名曰"敦润堂"。公所基金由两部分构成：一为厘款，按每千两提取一两二钱计算。一为同乡捐款，每月劝募

1　上海市档案馆馆藏档案，档案号Q118-1-5-19。
2　上海市档案馆馆藏档案，档案号Q118-1-7-221。
3　本节引自宋钻友：《同乡组织与上海都市生活的适应》，第39—40页。

一次，名月捐，分为大中小福禄寿各三等，大福禄寿为 1 200 文、600 文、300 文，中福禄寿为 600 文、400 文、200 文，小福禄寿不计数额，随意捐款。

京江公所陆续购置了下列地产，一用作扩建殡房、义冢，一用作建造市房，用于出租：

上海本地地产：老西门基地，位于沪南区五图刘字圩一号三丘，计地 20 亩 9 分 9 厘 9 毫。

三角场，位沪南区五图刘字圩二号三丘，计地 1 分 5 厘 2 毫。

打浦路南厂，位沪南区七图冬字圩六号二十五丘，计地 12 亩 1 分 2 毫。

日晖港徐家汇路宅地，位沪南区七图秋字圩十二号四十五丘，计地 1 亩 7 分 7 厘 3 毫。

谭子湾空地，位闸北区荒地圩，计地 15 亩 7 厘 3 毫。

山海关路，二十七保一区十图，计地 1 亩 3 分 5 厘 3 毫。

新闸路义冢地，二十七保一区十图，计地 1 亩另 4 厘 7 毫。

吕班路义冢地，二十七保六图行字圩，计地 10 亩 1 分 5 厘。

上述打浦路南厂即位于五里桥区域内。

三 / 文化教育机构的兴起与发展

（一）江南制造总局翻译馆

江南制造局翻译馆是江南制造总局的附属机构，创始于 1868 年。此时，江南制造总局已迁到高昌庙镇。因此，可以说江南制造局翻译馆是五里桥区域最早的新式文化机构。

洋务运动开始后，迫切需要各类科学技术和人才，在徐寿和华蘅芳等人的积极推动和筹划下，1867 年李鸿章会同曾国藩、丁日昌决定在江南制造总局内附设翻译馆。1868 年农历四月初一，翻译馆正式动工兴建学馆，地址设在制造总局西北角。1868 年 6 月，翻译馆正式开馆，由徐寿主事，分设翻译、格致、化学、制造各书提调一人，口译二人，笔述三人，校对图画四人。1869 年年底，徐寿、华蘅芳、王德军、徐建寅等翻译委员经过仔细研究，制订了翻译馆的长远规划《再拟开办学馆事宜章程十六条》。规划主要涉及两方面内容：一是招收学生，培养翻译科技书刊的专门人才和技术人才；二是翻译西书。1870 年 1 月学馆建成后，新任上海道兼江南制造总局总办涂宗瀛认为制造局开设学堂与广方言馆"事属相类"，请示曾国藩后，将广方言馆迁入江南制造局，两者归并一处。学馆计楼房、平房 8 座 74 间，楼上 24 间为翻译馆，其余为广方言馆。建筑高低有致，院内竹木扶疏，浓荫夹道，幽雅宜人。据王韬记载，翻译馆内"人各一室，日事撰述。旁为刻书处……自象纬、舆图、格致、器艺、兵法、医术，罔不搜罗毕备，诚为集西学之大观"。西书的翻译大抵是按照十六条中的有关计划实施的。如按照第七条"测经纬以利行船"，此后每年由贾步纬编译《航海通书》；据第八条"译舆图以参实测"，李凤苞编译了世界地图、中国沿海海道图、长江地图等多种地图；依照第十条"录新报以知情伪"，自1871年开始编译《西国近事汇编》《翻译新闻纸》等。[1]

创办后的前十年是翻译馆译书最多也最有成就的十年。当时馆内华人有徐寿徐建寅父子、华蘅芳、王德均、贾步纬、李凤苞等人，他们都是当时著名的专家学者。担任专职、兼职口译的西人则有傅兰雅、金楷理、伟烈亚力和林乐知等，都是富有学识的人士，因此短短十年内翻译出版了大量军事、科学、政治、财经、法律、医学等现代自然科学和社会科学方面的著作，成为西学传播的重镇。特别是确立甚至奠定了一些现代学科的专业术语，比如徐寿翻译的《化学鉴原》，首创了化学元素的汉译名称原则，其首创的65个化学元素译名，沿用至今的仍有36个：铝、钡、铋、溴、钙、镉、钴、铬、铒、碘、铟、铱、钾、锂、镁、锰、钼、钠、铌、镍、钯、铂、铷、钌、硒、铽、碲、钍、铀、锑、钒、钨、锌、锆、钽、镓。[2]

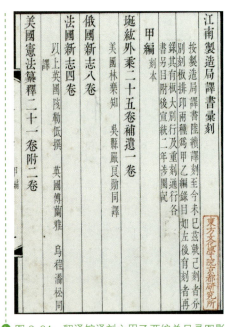

▶ 图 2-64　翻译馆译刻之甲乙两编总目录图影

为了译书出版的便利，翻译馆自设印书处，将翻译、出版合为一体。书译好后，立刻付梓出版。印书处配有全套雕版印刷设备和机器，印书工人曾多达30余人，已经算是一家小型印刷厂了。译书印好后，经相关机构发行售卖到各通商口岸。1885年，为了更好更快地出版发行，傅兰雅在上海创办格致书室，专门发售江南制造局的各类译书，其售卖的各类书籍多达650种，并且在北京、烟台、奉天、天津、杭州、汕头、福州、厦门、香港等地开设了分店，销售书籍据称达到15万册。可见，翻译馆的出版、印刷、发行工作都是极为成功的。图 2-64 是翻译馆陆续译刻出版的甲乙两编总目录图影，刻版、印制均极为精美。

1　上海图书馆编：《江南制造局翻译馆图志》，上海科学技术文献出版社，2011 年，第 20—22 页。
2　上海图书馆编：《江南制造局翻译馆图志》，第 24 页。

1875年前后，翻译馆几个重要的笔述人员如李凤苞、徐建寅、华蘅芳等先后调离。1878年，金楷理离馆。1881年，林乐知也辞去馆内译职，在此后很长一段时期内，傅兰雅是馆中唯一的专职口译人。1884年，翻译馆的主要创办人徐寿去世。正如傅兰雅所言："但此常换人之事，自必有碍于译书。盖常有要书译至中途，而他人不便续译；或译成之原稿，则去者委人收存，至屡去屡委，则稿多散失。"翻译馆这一时段的人事变动对翻译出版的影响是不可低估的。在19世纪70年代，每年翻译的书籍至少有10余种，刊出7到8种，但到1882年，一年只译出了8种，刊出仅4种。此后几年内，似乎一年不如一年。在1880年以前，制造局每年用以译书及编制舆图的经费多则六千余两，最少也两千数百两，但在1881—1896年间，竟有七年经费在一千两以下，其他各年也仅一千两左右。1880年以后的其他年份，用以译书及编制舆图的经费均较1880年以前大有缩减，严重阻碍了翻译馆对西学著作的翻译和出版。翻译馆在江南制造局的地位已显无足轻重。究其主要原因恐怕在于原本是"因制造而译书"，而实际上译书对当时的"制造"却无多大直接的用处。制造局负责制造武器军火的洋匠师是不能利用翻译馆的译书的，因为他们不懂中文，即使懂中文，译书对他们也无多大用处。就最可能对制造有用的工艺技术译著来看，情况也不能令人满意。如该馆早期翻译有不少矿冶著作，但制造局到1890年才建造钢厂，而这时译著的内容也已过时了。再如，所译的军工著作中回特活德钢炮和克虏伯枪炮与制造局生产的阿姆斯特朗大炮、林明敦式枪炮根本就不是一回事。特别应该指出，制造局自19世纪70年代末始，就逐渐放弃了制造轮船的计划，从1877年到1884年，一艘轮船也未造。仅在1885年造了一艘钢板船，此后即令停止造船。李鸿章认为造出的船质量差、式样旧、成本高、耗时长，他对制造轮船已经不抱希望，认为不如现买外国舰船。造船既停，与此密切相关的译书计划虽未停止，也受挫折。[1]

戊戌维新变法时期，国内新的译书机构纷纷设立，中国人对西学的认识也在不断深化，西学传播的内容日益丰富，从自然科学扩大到人文科学，特别是对哲学、伦理学、政治学的传播在甲午战争后提到一个新高度、新阶段。各类出版团体比如强学书局、南洋公学译书院、商务印书馆、广学会等纷纷成立，它们所翻译出版的西学书籍无论在数量还是质量上已经超过江南制造局翻译馆了。换言之，江南制造局翻译馆此时已经失去了它当年的西学传播中心地位。

此外，自20世纪初，随着留日学生的增加，中国传播的新知识与新学说来源开始转向日本，大量日文书籍出版发行，但江南制造局自1901年至1904年，一共出版了日

---

[1] 上海图书馆编：《江南制造局翻译馆图志》，第40—41页。

文译著 5 种，平均每年一本而已。四十年间，它翻译出版了西学书籍 160 多种，但很显然，此时它已成了时代的落后者。1905 年江南制造局局坞分家，广方言馆和工艺学堂改设为工业学堂，翻译馆仍归制造局管理，民国后归上海兵工厂所属，1913 年因经费没有着落而停办，一个近代以来历时最久、系统译书最多、影响最大最重要的西学启蒙和科学传播的中心就此结束。但历史会承认也认可，江南制造局翻译馆以及那些追求真理的中外学者们，他们所译出的大量科学著作，打破了中国闭关自守的封闭状态，推动了中国近代科学的研究，为近代中国向西方学习扫清了障碍，铺平了道路。[1]

（二）上海广方言馆

上海广方言馆是江南制造局附属的另一个著名新式教育机构，成立于 1863 年，它是晚清时期仅次于京师同文馆的以外语教育为主、兼及近代科学教育的新式学校，也是五里桥区域乃至上海市第一家新式教育学校。

鸦片战争后，出于对外交往和办理洋务的需要，培养外语人才成为很紧迫的一件事情。1862 年 6 月，京师同文馆成立，由总理衙门从各旗遴选学生入学，学习英文和汉语。这是近代中国第一所新式学校。数月之后，1863 年农历正月二十二日，李鸿章上奏朝廷，认为"京师同文馆之设，实为良法"。建议"仿照同文馆之例，于上海添设外国语言文字学馆"。[2] 奏折中，李鸿章对学生来源、学习课程、毕业待遇、经费开支等都提出了具体意见。十多天后，朝廷就批准了这一奏折，并要求广东也仿例照办。很快，上海广方言馆破土动工兴建。

根据熊月之的考证，上海广方言馆初名"上海学习外国语言文字同文馆"，简称"上海同文馆"。大约到 1867 年才改称上海广方言馆。[3] 广方言馆最初设在城内旧学宫后、敬业书院之西，馆内楼阁房廊极为宏敞。堂上有李鸿章和冯桂芬书写的两副对联，李联是"声教遍中西，六寓同文宣雅化；诵弦宜春夏，四方专对裕通材"。冯联是"九邱能读是良史；一物不知非通儒"。[4] 冯桂芬是广方言馆的首任监院，也就是首任校长。

江南制造总局设立翻译馆后，为培养翻译人才，馆内设有学堂。1869 年农历十月，新任的江海关道涂宗瀛禀报南洋通商大臣，建议将广方言馆并入江南制造局内。他说："现在机器制造局开设学堂，译习外国书籍，与广方言馆事属相类，自应归并一处，以期一气贯串。职道拟将广方言馆董事师生等人，一律移驻制造局学馆，由冯道焌光、郑

---

[1] 上海图书馆编：《江南制造局翻译馆图志》，第 45 页。
[2] 《广方言馆全案》，陈正青标点，上海古籍出版社，1989 年，第 108 页。
[3] 熊月之：《上海广方言馆史略》，载《上海地方史资料（四）》，上海社会科学院出版社，1986 年，第 72 页。
[4] 同上书，第 73 页。

守藻如随时就近督饬妥办，仍留广方言馆之名，以符前次奏案。"[1]该奏随即得到批准，于是1870年农历正月底，广方言馆所有师生移驻制造局西北角的翻译馆新址，与翻译馆分享新楼房舍，原来城内旧址则并入敬业书院。

在制造局翻译馆相安无事三十年，1899年南洋通商大臣提出将广方言馆与江南制造局的炮队营一起并入新创立的工艺学堂，负责广方言馆的制造局总办林志道不同意，他认为："广方言馆经费向由沪道报销，与职局无涉，若勉强牵合，反生枝节。"[2]反对理由很充分，因此提议也就作废。同年，江南制造局反而把工艺学堂附属于广方言馆。工艺学堂专门造就制造人才，内分机器、化学两馆，学生各二十人，内有原制造局画图房生徒，亦有广方言馆学生。毕业后，原广方言馆学生仍照原待遇分配，其余学生入各厂实习，并充沪宁等地学堂教习之选。这样，广方言馆的规模又扩大了，在校学生有八十名，房屋一百零二间。图2-65即为报纸所刊载的上海广方言馆考取学生放榜名单。光绪三十一年（公元1905年）三月，两江总督周馥以各省已设学堂，兼习外国文字，足备译才，而"工商各业，尚无进步"，奏准改广方言馆为工业学堂，原工艺学堂也一起并入。至此，广方言馆性质已变，名亦不存了。历时四十二年之久的广方言馆遂告结束。不久，工业学堂又由陆军部重定名称，区分为专门、中学、小学三部分，称为兵工专门学堂、兵工中学堂和兵工小学堂，统称为兵工学堂。[3]

广方言馆初办时，学生额定四十名，以后续有增加，最多时有八十名，另有保送生名额十名。初期，广方言馆的学生均免费住馆就读，馆方还发给伙食费每日一钱。1894年，对伙食费有所变更，规定对天资聪颖、学业猛进者，伙食费可随时酌加，不拘于定月数额，有一点奖励的意味了。

广方言馆对学生管理很严格，住馆读书每月回家不得超过三日，全年病事假不得超过百日，逾期辞退。吸食洋烟嫖赌酗酒者，则会立即开除。

从同治二年创办到光绪末年结束，上海广方言馆历时共四十二年，一共培养了五百多名学生，他们进入外交、教育、科技、军事、政治、

图2-65 上海广方言馆考取学生放榜名单

---

1 《广方言馆全案》，陈正青标点，第117页。
2 《江南制造局记》，卷二，第43页。
3 熊月之：《上海广方言馆史略》，载《上海地方史资料（四）》，第74页。

翻译等领域，做出了极大的贡献。这些毕业生中，最为优秀和著名的有汪凤藻、杨兆鋆、刘式训、陆徵祥、吴宗濂、刘镜人、唐在复、戴陈霖、胡惟德、唐在礼等多人。

汪凤藻，苏州人，光绪五年大考英文第一名获得者。1891年至1894年任出使日本钦差大臣，即驻日公使。1902年又出任南洋公学（今上海交通大学前身）总理。

杨兆鋆，浙江吴兴人，1902年至1905年为出使比利时大臣。

刘式训，南汇人，1879年入上海广方言馆学习，主攻法文。1892年，随出使英法意比四国大臣薛福成前往欧洲，任驻法国公使馆翻译。1905年至1911年为出使法国和西班牙大臣，1911年后改为出使巴西大臣，1913年至1916年为驻巴西和秘鲁公使。

陆徵祥，上海人。1884年就读于上海广方言馆，精通俄文。1893年奉派担任中国驻俄罗斯公使馆翻译官。1906年至1911年任出使荷兰大臣，随即转任出使俄国大臣。1912年中华民国建立，应总统袁世凯电命，从驻俄公使任内返国出任外交总长。同年6月任国务总理，9月辞职。1912年年底出任驻瑞士公使，1914年底归国。1915年年初复任外交部长。袁世凯称帝期间，因国务卿徐世昌请假，曾短暂出任政事堂代理国务卿和正式国务卿职务。1919年任外交总长，率领中华民国代表团参加巴黎和会，最后拒绝签字。

吴宗濂，嘉定人。1876年入广方言馆学习法语和俄语。1909年至1911年任出使意大利钦差大臣。辛亥革命后，吴宗濂继续留任，改称驻意大利公使。吴宗濂在西欧各国使馆任职时，曾受孙中山委托，在英国、法国、意大利、比利时等国筹集巨款，以建设中国的三大铁路干线。

刘镜人，宝山人。1906年任驻俄使馆参赞。1911年，任出使荷兰大臣。辛亥革命后为驻俄公使。俄国十月革命后离开莫斯科，改任驻西伯利亚高级委员。1919年，调为驻日本公使，未赴任。

唐在复，上海人。1913年至1920年任驻荷兰全权公使。随后调任为驻意大利全权公使。

戴陈霖，浙江海盐人。1913年至1920年任驻西班牙公使兼葡萄牙公使。1918年7月后又兼任驻梵蒂冈公使。1922年至1925年，改任驻瑞典公使兼驻挪威、丹麦公使。

胡惟德，浙江吴兴人。1896年任驻俄国使馆参赞。1902年2月任出使俄国钦差大臣。1907年内调外务部右丞。1908年任出使日本钦差大臣。1910年兼任海牙国际法院中国委员，5月再度内调升外务部右侍郎，7月迁左侍郎兼税务大臣帮办。1911年任袁世凯内阁外务部大臣兼帮办税务大臣。1912年3月任北京政府税务处督办、唐绍仪内阁外交部次长，11月任驻法国公使兼驻西班牙、葡萄牙全权公使。1914年起专任驻法国公使。1920年任驻日本公使。1926年3月任外交部总长兼关税特别会议全权代表，4月兼署国务总理并摄行临时执政。1927年1月任顾维钧内阁内务部总长，6月代理国务总理，11月任平政院院长及高等文官惩戒委员会委员长。此外在1918年至1928年四次连任海牙国际法院常设仲裁法院仲裁员。

唐在礼，上海人。历任直隶督练处参议，库仑兵库筹备处总办，海陆军大元帅统率办事处总务厅长，总统府机要处长、参谋次长。

上海广方言馆的毕业生中在各领域知名的还有很多，不再一一列举。根据熊月之的统计，他们有九人位至公使，两人出任过外交总长，两人代理过国务总理，一人署理过参谋总长，成绩极为优异。[1] 用广方言馆的毕业生吴宗濂的话说："一馆之中，极勋位于首辅，展奇韬于秘府，编使节于环球，振古以来未有若斯之盛也。亦岂李文忠及诸馆长之所及料哉！"[2] 这个评价并不夸张，的确如此。

（三）格致书院藏书楼

说起近代上海的格致书院，可谓无人不知、无人不晓，很多人可能不清楚它的来历，但大多知道它的延续是上海市格致中学。没错，今天位于人民广场附近的上海市格致中学的前身就是格致书院。众所周知，格致书院是创办在英租界内的一所新式学堂，好像跟华界并没有什么关系，其实它有座藏书楼就位于沪南区的五里桥区域，与江南制造总局为邻，只不过后来被毁而搬迁，因此也就不被民众所知了。

1874年3月24日，英国驻上海领事麦华陀召集了一些通晓科学的西方人士会议共商，大家一致同意创设格致书院，决定组织董事会从事捐款活动。此后经多次会议和大力募捐积得基金，1875年1月8日决定选购地基，建造书院。同年5月购得湖北路和广西路交叉地带土地，随后开工兴建。[3] 经过四个月紧锣密鼓的赶工建设，1875年10月初书院院舍落成。此后内部粉刷，安装李鸿章题写的"格致书院"门额，搬运机器设备，这才布置完竣。

光绪二年闰五月初一（公历1876年6月22日），格致书院正式开幕，到院参观的中西嘉宾数百人。中西嘉宾"无有不赞美房屋之华丽并器具之巧妙"。[4] 格致书院从倡议创办到揭幕开院，时间不过两年零三个月，不可谓不迅速，但令麦华陀始料未及的是，建设极为迅速，但开院后书院却陷入了停顿状态。直到1879年秋，书院渐有起色，于是刊发招生广告，预计于1880年正月开学授课。此后，书院各项业务才慢慢走向了正规。格致书院的课程包括富强、格致、测算、化学、农事、荒政、商务、税务、工商、

---

[1] 熊月之：《上海广方言馆史略》，载《上海地方史资料（四）》，第92页。
[2] 朱有瓛主编：《中国近代学制史料》，第一辑上册，华东师范大学出版社，1983年，第250页。
[3] 王尔敏：《近代上海科技先驱之仁济医院与格致书院》，广西师范大学出版社，2011年，第53页。
[4] 《格致汇编》（第一年，卷六），第11页。

银行、防务、海军、职官、刑律、议院、人才、疆域等，极富现代自然科学和新式社会政治经济科学等内容。授课讲学者大都为著名人士，书院经营先后有三位灵魂人物，即傅兰雅、徐寿和王韬。学生的四季考课，则聘请南洋大臣和北洋大臣命题，以表示隆重而荣宠。特课季课也多由朝廷大员或著名人士命题，先后命题者有邵友濂、薛福成、周馥、盛宣怀、许应荣、李鸿章、曾国荃、聂缉椝、刘坤一、郑观应等人。[1]

除科技教育之外，格致书院最显著的一项成就是编辑发行《格致汇编》（图2-66）。《格致汇编》创刊于1876年2月，由傅兰雅主编和经营。中间经过多次停顿，1892年最终停刊。前前后后《格致汇编》共发行60期，内容包罗万象，对西方各类科学技艺和新知识做了大量传播，得到了中外舆论的一致好评。

格致书院内附设有博物馆和图书馆。博物馆陈列了西洋各类新式创制产品，深受社会各界人士欢迎，据说每日到院参观者络绎不绝。图书馆又称书房，也称藏书楼，藏有大量中国经典文史子集类图书以及最新翻译出版的西方科学著作、图册和报刊等，公开供社会大众阅读参考。

格致书院藏书楼由傅兰雅和美国监理会在华传教士潘慎文创办，1901年在六马路（今北海路）辟地造屋成立，由潘慎文负责主持。它与英租界大马路（今南京路）上的小菜场藏书楼、徐家汇天主堂内的藏书楼、四马路（今福州路）国学保存会的藏书楼并称为当时上海四大泰西藏书楼。《图画日报》第七十号曾给格致书院藏书楼画过一张简图，如图2-67所示。

图2-66 《格致汇编》书影

图2-67 格致书院藏书楼简图

1　王尔敏：《近代上海科技先驱之仁济医院与格致书院》，第87—88页。

藏书楼除星期天外每天下午两点至五点、晚上七点至九点半对外开放，"任人入内观书，不取分文。所藏书籍计有六万余卷，新旧各学咸备，且有各日报如申新时中外时事舆论等，各旬报如大同国粹外交等，皆可取阅。现已编有书目，印成一厚册，阅者可向本院领取，并不售赀"。[1] 图2-68即为藏书楼书目总目书影。

除了藏书供大众阅览外，藏书楼每周四晚八点还邀请各界名人演说，曾在藏书楼演说的有李佳白、宝乐安、沈仲礼、史拜言、谢洪赉、俞宗周、汪孝奎、莫安仁等。[2] 由上可见，格致书院藏书楼无疑是一个城市文化公共空间，在传播文化方面起了积极作用。

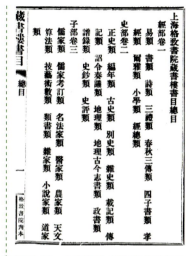

图2-68 上海格致书院藏书楼书目总目书影

1911年，因各种原因，格致书院决计停办，其地基房舍由租界工部局创办中学即格致中学。1914年格致书院所有清理工作完成，正式停办结束。格致书院四十年，既是近代中国新制教育的滥觞，也是近代科学教育的先驱，影响深远。

虽然格致书院停办了，但藏书楼并没有结束，1915年所有藏书搬迁到高昌庙龙华路与新桥路（今蒙自路）路口一带，由徐祝之之父徐凤祥主持其事。1929年，藏书楼财产由上海市土地局和教育局会同保管。同年9月做了具体划分，动产即书籍、器具及现金等呈交市政府，文契等件交由市土地局保管，房屋等不动产则归市教育局保管。由于地处高昌庙，远离在新江湾成立的上海市政府各主管机构，因此市教育局对藏书楼关注不多，大概不久就被军队借用。1932年4月，国民政府军政部致函上海市政府，声称该部上海营房保管处撤销，原来在高昌庙和龙华等处所借用的营房现移交给上海市政府，4月28日上海市政府随即训令市教育局将高昌庙格致书院的这处房屋"收回保管，以清界限"。[3] 对其原有藏书，有研究者称，藏书楼曾不慎失火被毁，原来六万多卷图书，烬余残书仅四千三百四十册，1932年归入在新江湾新设立的上海市立图书馆。[4]

1934年6月，上海市政府决定创办市立植物园，由市教育局委令沈祥瑞、陈颂春、吕海澜等人负责筹备，园址就选定了高昌庙龙华路的格致书院藏书楼。[5] 由租界至华界，再由藏书楼到市立植物园，上海格致书院经历了未曾预料的华丽转身。

---

1 《时报》1908年3月19日。
2 《大同报》1908年第8期，第21—22页。
3 《上海市政府公报》1932年第120期，第23—24页。
4 薛明剑：《上海藏书史料片断》，载《上海地方史资料（四）》，第193页。
5 《市立植物园筹备成立》，《时报》1934年6月18日。

（四）中国女学堂

五里桥街道区域内不仅有中国最早的科学翻译机构，有著名的语言学校和藏书楼，也有近代中国人自办的最早的女学堂。关于这家女学堂，现如今很多媒体都称之为"经正女学"，其实这是不准确的。它正确的名称是"中国女学堂"，也叫"中国女学会书塾"，近代上海的女学教育历史上并没有"经正女学"这四个字，这大概仅是个俗称而已。夏晓虹教授在《晚清女性与近代中国》[1]一书中对中国女学堂做了翔实的考证，本节除了特别注明之处外，均来自夏书第一章。

对中国女学堂的创建起决定作用的是梁启超和经元善。1897年，梁启超先后发表了《变法通议·论女学》《倡设女学堂启》《上海新设中国女学堂章程》等文章，鼓吹并直接推动了中国女学堂的创办。经元善则为中国女学堂的实际主持人，具体负责筹集经费、营建校舍、聘请教员等事务。

1897年11月15日，经元善在位于四马路繁华地段的一品香番菜馆大宴宾客，商讨女学堂创办事宜，筹备工作正式启动。当天到会者48人，按照请柬上的说明，来者即可作为创办人，而诸如《苏报》主笔邹瀚飞（弢）、《苏海汇报》主笔章淦丞、《新闻报》经理斐礼思（F. F. Ferries）、《文汇西报》与《字林西报》两报馆主人，均列名其中，并特意注明身份。加上本为东道主的汪康年与陈季同分别掌管着《时务报》与《求是报》，罗振玉则是《农学报》创办人，以中西书院教习头衔出席的美国传教士林乐知（Young J. Allen）又为《万国公报》主编，来自报业的人数已相当可观。这还不包括邀请而未到场的《申报》馆人士，经元善对新闻舆论的重视已一目了然。不必说，应邀前来的各报代表也自然负有推介的责任。

11月17日，《新闻报》就对中国女学堂以"议创女塾"为题报道说："前日严筱舫观察、经莲珊太守、汪穰卿贡士、梁卓如孝廉诸君，大宴宾客于沪北一品香番菜馆，到者约五六十人，集议捐创女塾，俾大家闺秀得以学习泰西文字、格致、医学一切。说者谓此举若成，实开华人妇女风气之先。惟创办恐非易易耳。"[2]

经过各位创始人的极力推动和报纸的大力宣传，各项筹备工作接近完成，中国女学堂定于1898年5月31日在高昌庙桂墅里正式开学。5月15日起，《中国女学会告白》连续多日刊登在《新闻报》上，告白写道：

---

1 夏晓虹：《晚清女性与近代中国》，第一章《中西合璧的教育理想：上海"中国女学堂"考述》，北京大学出版社，2004年，第3—30页。
2 《新闻报》1897年11月17日。

> 启者：本学会书塾业已租定桂墅里房屋，开办前曾登报布告。现在装修工将完竣，中西文教习不日可到，准择四月十二日先行开塾。学生已报名者，请于四月初三日起，向本塾账房取保单，填交董事、提调，以便届期入塾。其未报名而有志从学者，可速来挂号报名，仍一在泥城桥西不缠足会，一在四马路电报沪局。再，公议来塾肄业学生，第一节至六月底止，三个月概不收取修金膳费。家富厚而自愿捐助者，各随心力。此启。

虽然有第一学期不收学费及饭费的优待，报名者并不踊跃。于是，5月30日，临近开学前夕，一则名为《桂墅里女学会书塾启》的布告接连两天在《新闻报》广告中出现：

> 启者：本书塾装修工竣，准十二日开馆。所有已报名学生，请即日来填保单，速送入塾。学生额数仅容四十五名，诚恐人浮于额，难以安置。公议以先到塾者为定，愈早愈妙，幸勿自误。城内及租界，随后亦即添设。特此布闻。

虽然学生不多，未达到中国女学堂创办者最初的期望，但各位教习仍兴致勃勃，以首开风气而自豪。提调总监塾沈瑛撰写了气势恢宏的《开女学歌》：

> 天地阴阳原并偶，古训昭昭良可守。后世世道渐陵夷，坤教不讲时已久。寓沪诸公有大志，欲佐唐虞成盛治。辟开风气二千年，无不闻声称快事。一时海内尽风从，登堂无异愿登龙。当兹时世逢斯举，恍如午夜闻清钟。今朝堂内盛筵开，闺阁群英济济来。问字我应持斗酒，座中都是谢家才。论学何敢分泾渭，中西学问宜兼味。粉黛欣联翰墨缘，叙（裙）裾也具英雄气。从令巾帼咸贯通，自强根柢寓其中。倘教史册书勋伐，第一须标创始功。四座闻言齐点首，佛在心头杯在手。平地居然克为山，此德此功诚不朽。愧我追随步后尘，拈毫漫欲效西颦。请看门下诸桃李，尽是他年咏絮人。

中国女学堂开办后，情况慢慢好转，学生也逐渐多了起来，1898年10月底在城内开设了分塾。根据《万国公报》的报告，到1899年6月，中国女学堂总塾、分塾合计共70余人。一年有如此的成绩，可以说是非常喜人了。

中国女学堂的提调和教习，皆为女性。提调沈瑛负责中文教学，沈敦和夫人章兰为中文教习，陈季同的法国夫人赖妈懿为西提调，徐贤梅为西文教习，林乐知的女儿林美丽初为西文教习，后来则为西文总教习。其他女性教习还有经元善夫人魏瑛、梁启超夫人李瑞蕙、龙泽厚夫人廖元华以及刘靓、蒋兰等人。这些女性教员将中西各类知识传授给中国第一批女学生。图2-69即为中国女学堂师生合影。

图2-69 中国女学堂师生合影

根据《中国女学会书塾章程》，其课程设置以中西并重为方针，第十二条规定："堂中功课，中文西文各半。皆先识字，次文法，次读各门学问启蒙粗浅之书，次读史志、艺术、治法、性理之书。"[1]（图2-70）设置的课程有英文、算术、地理、绘画、医学、法学等，在师法教会学校重视西学的同时，也关注传统文化和儒学内容的教化，中文课有《女孝经》《女四书》《幼学须知句解》《内则衍义》、唐诗、古文字等内容。用经元善的话而言，即是"今中国创设女学，不能不中西合参者，地势然也"。[2]

尽管试办下来小有成绩，但1899年中国女学堂还是遇到了经费困难，公议决定将桂墅里的总塾停业。1900年，经元善又因通电反对清廷另立皇储事宜而遭朝廷通缉，被迫逃亡港澳等地。中国女学堂失去主办人后，勉力维持到该年中秋，最后只得关闭。1902年，经元善受邀在上海女学会第一次会议上发表演说，回忆起中国女学堂的创办和结束，他借用佛偈"一粒粟种遍大千世界"说道："回溯丁酉戊戌间，沪上初

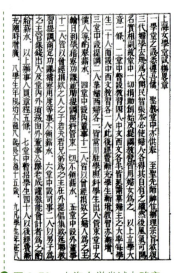

图2-70 上海女学堂试办略章

---

1 《上海女学堂试办略章》，《萃报》1897年第15期，第8页。
2 《新闻报》1897年11月24日。

倡女学，是下第一粒粟之萌芽。迩闻八闽两粤继起叠兴，是栽种一握稻子时代矣。"[1] 是啊，中国女学堂仅存在了短短的两年多一点时间，学生也不过百人而已，但由经元善发明创造的中西合璧女学办学理念，在此后遍布全国的女校中一一得到体现，中国女子教育事业也从上海推向了全国。从这个意义上而言，一粒粟化成了万千亩稻。

经元善曾在高昌庙桂墅里创办过经正书院，一度关停。中国女学堂城内分塾成立后，桂墅里的总塾停办，房屋校舍交由重开的经正书院使用。可能是因为这些缘故，坊间就把中国女学堂称作经正女学了。

（五）上海贫儿院

光绪三十三年（公元1907年）农历八月二十日，盛宣怀、曾铸、焦乐山等人集议，席间正式提议组织上海孤儿工艺学堂，盛宣怀认捐土地二十五亩作为基地，曾铸认捐建筑费三万两，焦乐山也认捐若干万两。五天后，曾铸、施子英、焦乐山、曾志忞、席子佩、汤心源等具名邀请上海绅商学界众多名流与会，议决以盛宣怀和曾铸为发起人，以周金箴、沈仲礼、施子英、朱葆三、庞莱臣、李平书、虞洽卿、席德辉等三十九人为发起人，大家一致赞同此项善举，并一致赞同将名称修改为"上海贫儿院"。近代上海慈善教育和音乐教育史上著名的上海孤儿院由此奠基。九月初五，曾铸、焦乐山、汤心源三人草拟出《上海贫儿院章程》，但未过几天曾铸病重，病重之际他笃请焦乐山负责筹措经费、邱子昂负责一切建筑事宜。春节过后，1908年农历三月，贫儿院营造所成立，院舍建筑工作动工。仅过月余，四月二十六日，曾铸病逝，遗命他的儿子曾志忞"承志开院"。[2] 曾铸的善举得到清廷认可，七月二十五日，贫儿院捧回御赐"广学流慈"匾额。

曾铸，字少卿，1849年生于福建泉州府。幼时就跟随其父到上海经商，后来独自经营，以贩卖南洋的大米、海味食品以及各种西洋货物起家，成为当时上海的巨富，并且两次被推为上海商务总会的总理。但他致富后，并未对当时的中国局势作壁上观，而是积极领导进行了多次的救国救民的活动。[3] 在上海贫儿院的创办上，他殚精竭虑，最终积劳成疾而病逝。1908年农历十一月初二，曾志忞携妻子曹汝锦自日本调查贫民教育归国，夫妻二人搬进贫儿院内，承担起曾铸的遗命，承志开院。曾志忞，号泽民，1879年生于上海，中国音乐家，学堂乐歌早期发展的代表人物。1896年曾志忞与曹汝霖的妹妹曹汝锦结婚。1901年夫妻二人留学日本，曾志忞在早稻田大学学习法律，曹汝锦则在东京美术大学学习西洋绘画和音乐。虽修习法律，但曾志忞十分喜爱音乐，在日本留学期

---

[1] 《选报》1902年第20期，第21页。
[2] 《上海贫儿院第一次报告》，1909年，第10页。
[3] 袁振嘉：《上海贫儿院研究》，湖南师范大学硕士学位论文，2021年，第16页。

间，参加了"音乐讲习会"，成为留学生中音乐活动的领导者之一，并创办了中国近代音乐史上的第一个新式音乐机构"亚雅音乐会"，专门研究近代音乐。这些经历为他以后在上海贫儿院开展音乐教育、组建中国第一个欧洲管弦乐队奠定了坚实的基础。

1908年农历十二月，盛宣怀莅临上海贫儿院，勘察各园地和房屋建造情况。十二月底，贫儿院门柱建成，各项工程已接近完工。宣统元年（公元1909年）闰二月二十二日，上海贫儿院举行全体董事会议，公推周金箴为总董，施子英为院长，曾志忞为监院，曹汝锦为女监院。三月初一，上海贫儿院正式开院，图2-71为贫儿院正面图。

图2-71 上海贫儿院正面全图

上海贫儿院开院后立刻接收贫苦儿童，其实开院前就已接收9名男童和4名女童入院耕读，开院后至当年六月共收男童53人、女童20人，其中包括女尼两人和小僧一人。这些贫儿中，父母俱在者17人，俱亡者21人，父母存一方者35人。[1]贫儿院教给这些孩子各类课业，给他们施种牛痘。开院月余，四月初八日盛宣怀再次到院查看了各项建设和教养工作，对贫儿院的工作可谓鼎力支持。

上海贫儿院开院后，曾志忞立刻组建了管弦乐队。1909年农历四月二十六日，贫儿院召开创办人曾铸过世一周年纪念会，到会董事有朱葆三、陈润夫、倪锡畴等商界闻人，以及上海商务总会、商团公会、泉漳公学、商学补习会、民立上海中学堂、民立上海女中学堂、民立幼童学校等各界男女嘉宾上千人，先由周金箴总董率全体董事祭奠，次由施子英院长率全体职员和院儿致祭，随后各与会团体依次致祭。致祭完成后，曾志忞指挥由院内儿童组建的管弦乐队演奏了两首乐曲，令全场嘉宾刮目相看（图2-72）。

---

1 《上海贫儿院第一次报告》，1909年，第18页。

图 2-72　上海贫儿院管弦乐队演奏照片

上海贫儿院的设立旨趣在于"收养寒苦子女，兼习文艺，使各成一能一技为目的，并融合慈善教育之旨，量材培植，以助其成"。[1] 具体教育方针则为"勤俭洁实、美感教育、职业教育、普及教育"等，特别是"勤俭洁实"四字更是院训，培养儿童"贵能言尤贵能行"。根据《上海贫儿院章程》规定，贫儿院的教养分为三期，自婴孩至六岁为第一期，自七岁至十三岁为第二期，自十四岁至十八岁为第三期。第一期以蒙养院章程为标准，第二期以小学章程三育并重，第三期量材度能习中学课程或专门技能，俾定职业。刚开院的第一年，由于院内各儿童年龄不一，识读程度更不一，因此贫儿院采用了单级教授法，十岁以内男孩全部编入女童班，共设初等一二三年级三个班，以第一期蒙养课程和第二期小学课程为主。具体课程有修身、国文、算术、体操、图画、唱歌等，每周共计 30 学时。除了普通教科外，贫儿院非常注重课外习业，"满十岁以上者，于上课及游息外，令实习杂务，以养成耐苦勇为之美德"，因此根据各院儿体力情况，分别具体组织管乐队、实习女红（裁缝编物）、园艺（除草灌田）、清洁（院儿晨起必分室揩扫、整理物件、清洁道路）等活动，养成身体力行的习惯和强健的体魄。[2] 对于第三期，贫儿院设置的科目为中学科、工业科、农艺科、师范科、美术科、医科、家事科、事务员养成科等，具体职业科目分为木工、漆工、印刷、图画、音乐、保姆、产婆、看护妇、农桑、裁缝、刺绣、编物、造花、机织、革工等。[3]

至 1922 年，上海贫儿院在院男童为 149 人，女童 13 人。相比刚开院时就有女童 20 名，此时贫儿院收养的女童大幅减少。其实 1914 年初尚有女童 21 名，但不知为何此后

---

[1]《上海贫儿院第一次报告》，1909 年，第 50 页。
[2] 同上书，第 14 页。
[3] 同上书，第 51 页。

进院女童开始急速减少，统计自 1914 年至 1922 年，进院女童仅 15 人，有的年份仅一人，有的年份连一人都没有。[1] 对于这些女童长大成人后的婚嫁问题，贫儿院确立了三项原则：一须得本人之同意，二须两方能力相等，三须成婚后于家庭处理有相宜之指导。[2] 如此看来，贫儿院是比较尊重女童自身意愿的，可以说是追求男女平等的一个表现。根据 1922 年的记载，前后共有七名女童由贫儿院以家长的身份出面，自院中婚嫁，其姓名、结婚年月和订婚者分别是：王宝，经曾志忞介绍于 1916 年 4 月结婚，订婚者为院外人曹氏；刘才化，1919 年 10 月结婚，订婚者为本院毕业生王氏；彭复常，1921 年 4 月结婚，订婚者为院外人屠氏；赖锡林，1921 年 5 月结婚，订婚者为院外人惠氏；周新娜，1922 年 1 月结婚，订婚者为本院毕业生仲氏；关筱兰，1922 年 3 月结婚，订婚者为本院毕业生严氏；李安贞，1922 年 10 月结婚，订婚者为院外人吴氏。[3]

1927 年春，上海贫儿院的在院儿童共有 247 名。[4] 这些儿童中女童有多少，资料中没有记载，看来非常有可能都是男童了。该年，贫儿院有职员 23 人，叶鸿英任代理院长，高寿田任主事，陆家驹任监院。[5] 另外，除了接收上海及周边区域贫儿外，上海贫儿院还曾于 1920 年夏收养了来自河南受灾区的二十名灾儿。[6] 这也是它作为慈善教育机构的职责所在。

对上海贫儿院而言，最著名的无疑是音乐教育和乐队。1908 年年底曾志忞和妻子曹汝锦回国接办上海贫儿院后，就在院内设立音乐部，随后组织了乐队，自日本留学归来的高寿田也被贫儿院聘为副监院兼保姆科主任和音乐教员，冯孝思被聘为干事长兼体操音乐教员。他们凭借着东学西渐的文化理念和西洋管弦乐对国人的影响纷纷投入音乐救国的队伍中，试图用音乐唤醒危难中的民族。高寿田，字砚耕，上海县人，1884 年生，早年入上海广方言馆学习，后留学日本，毕业于东京音乐学院，与曾志忞相熟，回国后加入上海贫儿院。冯孝思，字亚雄，宝山县人，也生于 1884 年，上海体操师范学校毕业后留学日本，与高寿田同是日本东京音乐学院的毕业生，又同时加入上海贫儿院。曾志忞擅长指挥，高寿田擅长弦乐，冯孝思擅长管乐，三人都为音乐教员，又各有专长，"调合有此三原素，而贫儿院之乐队遂发现于世"。[7] 这就是上海贫儿院管乐队和弦乐队的由来。图 2-73 即为两乐队英姿玉照。

---

1 《上海贫儿院概况》，1922 年，第 43 页。
2 同上书，第 47 页。
3 同上书，第 47—48 页。
4 《上海贫儿院》，1927 年，第 35—53 页统计。
5 同上书，第 157 页。
6 《上海贫儿院概况》，1922 年，第 45 页。
7 《上海贫儿院管弦乐队之壮游》，《时事新报》1914 年 5 月 27 日。

图 2-73　上海贫儿院管乐队与弦乐队

上海贫儿院管弦乐队成立后，演奏水平提升快速，按照欧洲大陆乐队演奏难易程度分成五级的标准，其大约在三级"不难易"和四级"难"之间，已是非常难得了。作为第一支由中国人自己指挥，也全部是由中国人演奏的西洋管弦乐队，贫儿院的演奏深受社会欢迎，经常受邀演出，1914 年贫儿院管弦乐队赴京参加由曾志忞发起的中西音乐会演出。外交部在宴叙外国使节时更是多次邀请贫儿院乐队演出，后来授予贫儿院乐队金质奖章一枚。1915 年，北洋政府农商部举办国货展览会，邀请贫儿院乐队赴京演出，受到中外客商的热烈欢迎。农商部特别授予贫儿院乐队嘉禾宝饰章一枚。

当然，上海贫儿院管弦乐队最高光的时刻是参加 1915 年在美国旧金山举办的巴拿马太平洋万国博览会，荣获特奖金奖。图 2-74 为奖状与奖牌。

图 2-74　上海贫儿院管弦乐队所获万国博览会奖状与奖牌

1917 年 11 月 18 日，盛宣怀灵柩运往苏州留园山庄安葬，贫儿院乐队列队奏乐致敬，全体院儿更是悉数执绋恭送，深切缅怀贫儿院的创办人。

自创办至抗战胜利，上海贫儿院先后救助、培养了二万多名儿童，成绩彪炳史册。

1946年8月，上海贫儿院向政府填报了自己的历史概况和未来业务规划，扼要摘记如下：

> 教护贫苦儿童是人类互助的天资。给一个贫苦儿童适当的教养，就是使社会上增加一个健全的份子。
>
> 创始人：故曾少卿、盛杏荪、施子英先生等。
>
> 成立日期：民国纪元前三年（清宣统元年）夏历三月朔日。
>
> 院址：上海南市局门路五四号。
>
> 宗旨：收容寒苦儿童，予以适当教养并授以各级教育，实用技能，俾彼辈咸成为能生产而健全之公民。
>
> 略史：本院于前清光绪三十三年，由故曾少卿先生等创议组织，并筹款建筑校舍，前清宣统元年成立，开始收养贫苦儿童。先设小学校，音乐队等，继设职业学校，简易工场等。自创立迄今三十八年中，住院生先后共有六千余人，附额生先后共有一万三千余人，毕业生共有四千余人。
>
> 常务董事：许崇智先生，诸文绮先生，瞿绍伊先生，钟志刚先生，陆汝舟先生。
>
> 重要职员：一，兼董事长，诸文绮先生。二，兼代院长，钟志刚先生。三，兼监院，瞿绍伊先生。四，兼经济董事，陆汝舟先生。
>
> 院生编制及人数：一，正额生二百名。二，义务小学校三百名。三，职业义务中学校一百五千名。四，补习班一百名。
>
> 经费：本年度下半年收支预算：收入 3 716 000 元；支出 49 865 000 元；不敷 46 149 000 元。以上不敷之款，全赖各界善士慨助。如荷赐粮食衣被等实物，更为欢迎。
>
> 最近计划：一拟在乡村增设分院。二拟建筑毁损院舍及增置校具。三拟扩充学额收容抗战殉国烈士遗族。四拟增设残废儿童教养部。五拟扩充简易牧场。六拟增设简易工场。
>
> 贫儿院是上海最有历史的，教护贫儿的组织，是贫苦儿童唯一乐团。捐助贫儿院经费是最有效果的善举，是增加民族力量的事业。[1]

从创办以来，上海贫儿院就非常借重各界名流和实力派人士，抗战胜利后也是如此。上海市的一些头面人物，包括党政军和金融界的一些著名人物，像许崇智、杜月

---

[1] 上海市档案馆馆藏档案，档案号 Q6-9-163。

笙、张公权、钱新之等显赫一时的人物都是贫儿院的院董。院董名单如下：王培荪，上海市南洋中学校长。朱吟江，久记木行经理。朱凤蔚，市政府专门委员、宛平县县长、国大代表。李师广，长江下游总司令。杜月笙，上海市中汇银行董事长。吴瑞元，永大银行董事长。邵锦涛，立德纱厂经理。姚鑫之，上海市内地自来水公司经理。陆汝舟，春茂钱庄总经理。许崇智，中央监委、粤军总司令。张公权，中央委员、交通部部长、中央银行总裁。赵晋卿，实业部次长。诸文绮，上海市参议员。钱新之，交通银行董事长、财政部次长。瞿绍伊，上海市参议员。顾锦藻，上海市参议员。钟志刚，上海贫儿院院长、安徽寿县县长、巢县县长。[1]

（六）东亚同文书院

东亚同文书院由日本东亚同文会创办，原先设在南京，称为南京同文书院，其创办得到当时两江总督刘坤一的大力支持。1900年5月12日，南京同文书院揭幕，开启了在华办学四十六年的历史。南京同文书院成立之时，义和团运动已经风起云涌，当年八月，八国联军侵入北京，政局动荡，社会纷扰。南京同文书院决定向上海转移。八月底，南京同文书院的师生离开南京，搬到上海跑马场附近的日清贸易研究所中，恢复上课。由于日清贸易研究所地方狭小，书院多方觅得高昌庙桂墅里房屋多幢，开始打造新校舍。

1901年4月，新校舍建设完成。5月1日，同文书院院长根津一带领55名新生从横滨启航前往上海。5月8日抵达上海。5月26日，南京同文书院在与江南制造局相接的桂墅里新校舍举办开院式。东亚同文会副会长长冈护美子爵代表会长近卫笃麿公爵出席[2]，其他日方出席者还有日本驻沪总领事小田切万寿之助、大冢扶桑船长、上原明石船长等。中方出席者有代表两江总督刘坤一和湖广总督张之洞出席的会办商务大臣盛宣怀、上海道台袁树勋以及上海知县等多人，此外还有英美在沪知名人士等，共上百人。开院仪式非常隆重，长冈护美发表了书面讲话，张之洞则委托代表向同文书院赠送了石刻《诗

图2-75 位于高昌庙桂墅里的同文书院

---

1 上海市档案馆馆藏档案，档案号 Q6-9-163。
2 上海东亚同文书院大学：《创立四十周年东亚同文书院纪念志》，1940年，第31页。

经》一套，作为特别纪念。[1]同文书院的发展根基由此奠定。

在桂墅里开院后，同文书院其实已经决定不再搬回南京，1901年8月遂将"南京同文书院"名称正式改为"东亚同文书院"。首任院长即是日清贸易研究所的实际主持者根津一。其他教职员有：教头兼监督菊地谦二郎，木造高俊、根岸佶、森茂三人为教授，森茂兼任舍监，专职舍监为西田龙太，讲师四人，两名是日本人，一名华人，一名英人，日籍讲师是御幡雅文、佐原笃介，华人讲师王廷臣。[2]此外还有会计、事务员等四名。

东亚同文书院的宗旨是"讲中外之实学，教中日之英才。一以树中国富强之基，一以固中日辑协之根。"[3]仅以宗旨而言，同文书院办学无疑是从中日友好的角度出发，是值得肯定的。书院学生由日本地方政府公费留学生、公共机关派遣留学生及部分私费生组成，初分政治、商务两科，学制三年。政治科需要修满22门课程，包括：伦理、汉语、英语、清国政治地理、清国商业地理、法学通论、宪法、民法、刑法、商法、行政法、国际公法、国际私法、经济学、财政学、清国制度律令、清国近时外交史、近代政治史、实地修学旅行、汉字新闻、汉文尺牍等。商务科需要修满21门，除了一些与政治科共通的课程外，还有经济政策、商品学、商业算术、商业学、簿记、清国近代通商史等。[4]学费每月20元，在当时而言，这不算便宜，甚至可以说是有点贵的。但书院提供宿舍，并且规定除特殊情况外，不准在外住宿。根据1908年4月的调查统计，东亚同文书院前后毕业生已有267名，广泛分布在中国、日本、韩国、美国等各类机构，特别以在华的日本企业及外交机构为主，"作为精通中国政治、经济、语言的专门人才被日本方面重用，其中大部分在中国的日本领事馆、银行、商社等部门就职，日渐成为重要干部。他们分布的地区以当时中国经济最为活跃的上海、汉口、天津、大连为多"。[5]

对于高昌庙桂墅里的同文书院校舍，东亚同文会副会长长冈护美说即便与日本其他学校相比，也是毫不逊色的。1903年12月13日，根津一院长在提交给东亚同文会的报告中自信地说："这所学堂的规模不但比美京师大学堂（师范馆），而设备之完整，亦没有任何学校能与它相比。未来几年内，它将成为该区的模范，其他各省亦将以该校为准则。到那时，其成绩对清国教育界将发生极大的影响，我同文会的努力便不会白费。"[6]他

---

1 郭晶：《东亚同文书院研究》，中国社会科学出版社，2016年，第47页。
2 上海东亚同文书院大学：《创立四十周年东亚同文书院纪念志》，1940年，第32页。
3 同上。
4 郭晶：《东亚同文书院研究》，第48页。
5 陈祖恩：《上海日侨社会生活史》，上海辞书出版社，2009年，第454页。
6 ［美］任达：《新政革命与日本：中国，1898—1912》，李仲贤译，江苏人民出版社，1998年，第100页。

强调了书院设备,也强调了书院未来对中国的巨大影响,自信中透着自负。

但学生好像并不认可同文书院设备的完整和周边环境,他们反而认为糟糕极了。"到达桂墅里校舍,进去看到的是脏乎乎的中国式的楼,我们感觉不舒服,与我们想象的相差太远,说是上海,实在是上海的郊区。自来水也混浊,还没有电灯,晚上只有煤油灯。"[1] 图2-76即为校园一角,的确是一派田园风光,但对喜爱繁华上海的年轻人看来,自是寂寞难耐了。

图2-76 早年东亚同文书院校园一角

虽然条件差,教师数量也不多,但大家都有创业的精神,师生关系也非常融洽。据曾在书院内任教的根岸老师回忆:"因为教师太少,每个人担任的课目太多,为了准备教案,深更半夜,洋灯辉煌,到一点、二点还不关灯,并不是罕见的事,教师们都很年轻,40岁以上的只有根津一院长一个人,30岁以上的也只有三个,其他都是20岁至29岁的年轻人,与学生的关系也像兄弟,院长可以说是我们的家长。没有安装电灯,没有电话,没有自来水,每天早上从井里汲水洗脸,井水中经常有孑孓。放假如有钱,教师跟学生一起去广东街,在饭馆边吃炸黄鱼边喝老酒。可以说饮食起居等,在书院,从院长到学生差不多平等。"[2] 写得很生动,我们也能从这段史料里看到当时高昌庙桂墅里与江南制造局周边的自然环境与生活状况,可以说是现代工业与乡村风光融为一体了。

就在大家都以为东亚同文书院会一直在桂墅里办下去的时候,1913年7月,"二次革命"的战火烧到江南制造局。7月29日,上海讨袁革命军出动重兵攻打江南制造局,停泊在黄浦江上的袁世凯政府军舰开炮回击,多枚炮弹落在同文书院内,其中一枚击中书院仓库,引发大火,加之当天大风,同文书院校舍悉数被焚。8月,回到日本的同文

---

[1] 陈祖恩:《上海日侨社会生活史》,第449页。
[2] 同上书,第449—450页。

图 2-77　徐家汇虹桥路上的东亚同文书院

书院师生暂借长崎县正法寺和本经寺恢复教学，同时在上海重新寻找新校址。1915 年 9 月，同文书院购得徐家汇虹桥路地块，开工建设。1917 年 4 月 22 日新校舍落成启用，图 2-77 即为徐家汇虹桥路上的东亚同文书院。它在虹桥路一直开办到日本战败，因长期从事情报收集工作，1945 年 9 月东亚同文书院被中国政府勒令停办。同年 12 月，最后的一百三十多名师生乘坐日侨遣返船舶回到日本，东亚同文书院四十六年在华办学历史至此彻底结束。1946 年 2 月，东亚同文书院的部分师生决定复校，11 月在爱知县复校重建，这就是新的爱知大学。

（七）中华职业学校

1917 年 5 月 6 日，黄炎培联络全国实业界和教育界的著名人士蔡元培、张元济、伍廷芳、穆藕初、宋汉章、蒋梦麟、聂云台、郭秉文等四十八人，在上海西门外的江苏省教育会成立了中华职业教育社，以"推广职业教育""改良职业教育""改良普通教育为适于职业之准备"为目的。中国近代最著名的职业教育机构就此诞生。同年 7 月，中华职业教育社召开第一次议事会，决定筹建一所"都市式男子职业学校"，相关筹备工作随即启动。[1] 经过近一年的准备，1918 年 5 月 15 日，中华职业教育社正式宣布创办一所职业学校，名称定为"中华职业学校"（简称中华职校），"以为试验职业教育之机关"。这一天由此被中华职业学校确定为永久纪念日。[2]

根据此前已经募集到的资金，中华职教社选定"上海贫民住户最多之西南区，购地陆家浜南，建筑校舍"[3]。1918 年 6 月 15 日举行奠基仪式，上海知县沈宝昌出席并代表江苏省省长致辞。经过两个多月的奋战，五十多间校舍在荒地上建起。9 月 8 日上午 10 点，中华职业学校举行开学典礼，12 日普通科分甲乙两组开始授课。第一批学生主要来自周边的工人和农民子弟，分为铁工科、木工科、纽扣科三科，铁工科、木工科各招学生 20 名，纽扣科招生 30 名。[4]

1　唐威主编：《中华职业学校校史》，上海社会科学院出版社，2013 年，第 7 页。
2　《中华职业学校十五周年纪念刊》，1933 年，第 193 页。
3　同上书，第 9 页。
4　唐威主编：《中华职业学校校史》，第 11 页。

中华职校创办初期相当简陋，不久随着学生的增加，最初建造的校舍已不敷使用，于是1919年2月教师和学生自己动手扩充校舍，合力在校园东部砌墙铺瓦新建了几间校舍，将学生贩卖店、储蓄银行、自治会办事处迁入新舍。4月，又在校舍南面购买了11亩土地。7月间，学校募集到6.1多万元资金，10月建成9栋教室，15栋宿舍，将学生自治会、卫生部、调养室、阅报室、俱乐部搬入新校舍。[1] 学科体系也在增加中，1918年11月增设珐琅科。1919年9月设立留法勤工俭学科。同年9月第二学年开学时，全校学生总数已达168人。

1919年9月18日，中华职教社与上海留法勤工俭学会联合在中华职校开设留法勤工俭学预备科，中华职校由此参与到影响深远的留法勤工俭学运动中。1920年5月第一批留法勤工俭学预备科学生毕业，共26人，具体名单为：邓荣鏓、李哲明、黄璞、傅见贤、周履直、樊翼、张文、周铁鸣、张宗玖、郑宗燮、毛丽生、朱道明、何方理、熊锐、何鸣、王景岐、陈品善、朱宝儒、谭庆兰、林镕、王德荣、郑济、蒋景华、陈涤尘、张闻天、虞炳烈。这26人中最为大家熟知的就是中国共产党早期重要领导人之一的张闻天。中华职校的原始档案中，详细记录着这第一批也是唯一一批留法勤工俭学毕业生名单，如图2-78所示。[2] 1921年7月，留法勤工俭学科停办。[3]

图2-78 留法勤工俭学毕业生名单

1919年10月，设立职业教员养成科。1920年8月，鉴于上海为通商大埠，急需商业人才，学校增设商科，学制初级三年，高级二年。商科成立后，初级学生注重常用

---

1 唐威主编：《中华职业学校校史》，第13页。
2 上海市档案馆馆藏档案，档案号Q548-1-608。
3 《中华职业学校成立三十周年纪念刊》，1948年，第7页。

基本技能的熟练，每天练习小楷和珠算等，稍后练习簿记。同年9月，将原有铁工、木工、纽扣、珐琅四科总称工科，原有艺徒各就其程度高下改为高小毕业程度的职工养成科及国民小学毕业程度的工徒科。考虑到铁工科培养的学生社会需求较广，毕业后有出路，故于12月开始招考四年制机械科学生。学制初级3年，注重工场实习和机械方面的基本学科，高级2年，注重学理与实验，制造成品。

1921年2月中华职校开始晚上授课。5月商科添设商品陈列室，分函各实业公司工厂征集商品。7月，铁工、木工、纽扣、珐琅四科三年级生办理毕业，毕业生共52人。此后因纽扣科、珐琅科造就的人才当时社会上已经够用，两科遂停止招生，所属工场也随之停办。同年8月，修改校章，工业科分甲乙二种，原工科称甲种工业科，原职工养成科及工徒科统称乙种工业科。9月，增添工商补习夜校。

1921年9月，商科第三学年开学后，学校与交通、中南、商业、新华、金城、劝工、淮海7家银行及商务印书馆、中华书局商妥，介绍学生到这些机构半日实习、半日在校读书。1922年2月后，学校仿照美国办法，设立商学合作制，商科二、三年级学生必须半天到各商事机构、银行、商店、公司、会计师等处实习，以两年为期，中途不得变更实习机关，实习期满后没有获得实习机构的同意不可将学生介绍到其他机关服务。

1922年2月1日，中华职教社在中华职校职工教育馆举办第一届苏浙皖赣各省职业学校出品展览会，中华职校将机械图、珐琅品、纽扣、木工家具、病理模型和中央木工教室的各种制造品依次陈列，展览会工艺部经过审查，认为这些展品成绩颇佳。同年3月，学校开设职业师范科，培养各地职业学校贫民工厂、习艺所、孤儿院等专门教师，分铁工、木工、钣金工科、藤作工科、染料工科，学制为2年到3年，为此特意在报纸上刊登广告，并致函各地华侨教育会和商会组织保送学生。1923年2月设立打字科，专招校外学生，同时铁工科新开电气工场，供四年级学生实习，聘德国电气工程师林拔克为指导员，配备六七名工人协同工作，兼在校外承装或承修电灯、电铃等。不久，珐琅工厂制造成搪瓷原料和各种家用器皿、招牌和照相用具。

1923年9月，学校在北市天后宫内设立补习学校。1924年3月3日，联合职工教育馆在南市创办第一平民学校，招收学生170人。1924年8月，设立文书科，分中文、英文两组。1925年1月，学校铁工厂租给中华合记铁工厂。8月添设机械制图科，铁工科也改设机械专科。

中华职校特别注重实习，除了校办工场的实习，还经常组织师生出外参观学习。1919年11月，组织职业教员养成科学生参观吴淞同济、水产两校，1920年2月，组织铁工科二年级学生参观华商电器公司和江南造船厂，1921年4月，组织木工科三年级学生参观先施公司木器制造部。[1]

以上一一罗列中华职校的初期发展历程,可见其发展之迅速和社会之欢迎程度。此后中华职校的发展更为稳健,也一步步壮大。1935年8月中华职校改名为"上海市私立中华职业学校"。到1948年创办三十周年止,中华职校先后设立的科别有:铁工科、木工科、纽扣科、珐琅科、留学勤工俭学科、职业教员养成科、商科、职业师范科、文书科、机械制图科、土木科、机械职工训练班、合训职业训练班、中等机械技术科、化工科十五个科别,其中自设立以来一直兴办的是铁工科、商科、土木科、中等机械技术科和化工科,其他科别则大多是根据需要临时设立,一两年后使命完成也就停办了。[2]

1927年,中华职校有学生440名,到1937年已经达到1 207人,[3]十年增长了近两倍。抗战爆发后,中华职校深受打击,在上海坚持办学的同时还创办了重庆中华职校。抗战胜利后,1945年9月中华职校沪校在原址复校,重庆中华职校也于1946年夏天结束,部分师生返回上海,两校合而为一,校址仍在陆家浜路914号。

中华职校占地面积很大,从陆家浜路往南一直延伸,最南端在沪南区地籍图上已属于冬字圩了。如果核查1933年上海市土地局绘制的《沪南区地籍册》就会发现,今天属于五里桥街道辖区内的冬字圩第一号第98坵的业主正是中华职业学校。该坵面积不大,仅1.007亩。不过,20世纪八九十年代,中华职校复校后整体搬到这周边,却是没人曾料到的。

四 / 生活与信仰

一本1929年出版的《上海生活》"绪言"里写道:"上海,多么迷人的两个字!许多许多的人,早已一致的称颂上海了……上海社会的复杂,这是谁都知道的。生活在复杂得像上海一般的社会里,究属是值得赞颂呢,还是要加以诅咒?那确然是一个难题目,不是随便就可以解决的。因为,生活在上海社会里的人,实在也是复杂不堪,有些人认为值得赞颂,有些人就以为非诅咒不可,很难求到一个正确的答案。"[4]对于生活在五里桥区域的居民而言,关于那时的上海滩,无疑有着自己的观感、体会和信仰。

(一)棚户区

江南制造局迁入高昌庙一带后,五里桥及其周边区域逐渐从传统的水乡村落向近代

---

1 唐威主编:《中华职业学校校史》,第18—20页。
2 《中华职业学校成立三十周年纪念刊》,1948年,第7页。
3 唐威主编:《中华职业学校校史》,第55页。
4 徐国桢:《上海生活》,上海世界书局,1932年,第1页。

工业城区过渡，马路慢慢修建，生活居住空间也与以前有了差异。但是正如中华职业学校在五里桥附近购地建校时所说的，这里是"上海贫民住户最多之西南区"。周边工业的发展吸引了大量移民，特别是来自苏北以及江北安徽和山东的劳工，但他们大多只能住在棚户区。

上海棚户区的出现最早是在黄浦江边的码头一带，居民多是附近码头上的工人。此后受战争影响和上海经济发展的吸引，很多江北的年轻人和农村难民涌入上海，他们在沿江地带搭建起简易草房甚至是直接住在船上，密集在苏州河两岸和各区工厂周边，最终遍布全市。近代以来，上海苏北人数量到底有多少？学者的看法并不一致。著名的人口学家邹依仁曾统计，在解放前后，上海市600万总人口中，江苏人占了一半，他并未细分苏北人和苏南人。何金海认为，上海刚解放统计人口时，苏北人占上海总人口的45%，还不包括悄悄改掉籍贯的苏北人，按此比例计算，苏北人有270万。显然，这个数据过大。华东师范大学谢俊美教授的看法是，在解放初期，在600万上海总人口中，苏北人占四分之一强，约150万。卢汉龙认为，解放前苏北（仅指扬州、盐城和淮阴三地）人占上海总人口的比重为13.7%，在80万人左右。上述研究者对上海究竟有多少苏北人看法不一，但都肯定苏北人是上海第一大移民群体，其中，两淮地区移民是主体。综合来看，解放前上海苏北人150万—200万。[1] 尽管这个估计数字仍显过高，但可以肯定的是，这些大量的苏北移民，由于绝大多数文化程度不高，以从事简单的中底层类体力工作为主，主要为工人、苦力、黄包车夫等。由于收入很少，他们相当一部分居住在上海各区毗邻河道或工厂的陋屋棚户中，自肇嘉浜、陆家浜到龙华路一带就是近代著名的棚户区之一。

上海解放时根据有关单位的调查，全市200户以上的棚户区共有322处，其中1 000户以上的大型棚户区就有43处。此外还有大量散布在全市各处的零星棚户。估计全市棚户总数在20万户左右，居民将近百万人。[2] 棚户区主要分布在闸北、南市、沪东、沪西以及浦东沿江地带，图2-79即为1949年以前上海草棚分布图，也就是棚户分布图。从图上我们可以清晰看到一上一下两大片棚户区。上片以苏州河北的闸北老上海火车站为中心，向东西两方向蔓延，著名者有蕃瓜弄、药水弄。下片自十六铺码头向南蔓延至南码头然后再沿着陆家浜、肇嘉浜向西蔓延到龙华一带，几乎以制造局路为轴呈对称分布，著名者为肇嘉浜水上棚户区，被称为上海的"龙须沟"。

棚户主要分为四种类型，滚地龙棚户、草棚、水上阁楼和简屋。滚地龙棚户由几根毛竹烘烤成弓形，插入地下固定为棚架，上面盖上苇席所搭起的人字形或半圆形的窝

---

[1] 张玲：《苏北人与上海革命运动（1921—1949）》，第4—5页。
[2] 《上海棚户区的变迁》，上海人民出版社，1962年，第6页。

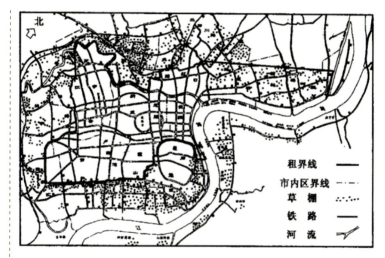

图 2-79　1949 年以前上海草棚分布图

棚。草棚结构类似，一般有泥墙或者其他承重架构。水上阁楼则是特殊结构的房子，一般借助河岸而建，半凌空架在河浜上。也有的直接用船改造。[1]简屋是棚户中最好的一类，一般有立柱单墙，分为简楼房、矮楼房和平房三种，对底层民众而言这简直可以算得上是豪华了。肇嘉浜沿岸棚户区以水上阁楼著称，五里桥周边则多是草棚和简屋一类。这里多是弯弯曲曲、坑坑洼洼的烂泥小道。一宵雨，三尺泥。晴天尘灰飞扬，入夜漆黑难行。没有下水道，也没有路灯。更没有自来水，居民只能从河浜取水。住在棚户区的民众，大都终年以六谷粉（苞米粉）、山芋、菜皮为主食，常用豆渣、麸皮、米糠充饥。衣着蓝、黑色"千补百衲衣"，冬季合家盖一条破棉被。[2]这样的生活和这样的上海，差不多是"非诅咒不可"了。

（二）高昌庙

高昌庙曾是老上海县城西南的一个著名场所，最开始大概是一个土地庙，因其位于高昌乡而得名，高昌乡则是元代上海建县时最早的五个乡之一。根据邑志记载，高昌庙供奉的土地神名为石惠玉，他是宋代进士，为官云间沪渎镇，即今上海前身。为官期间，他有德政于地方，积劳成疾而死，乡民们感激他，呈请朝廷敕封他为神，并加封为永宁侯，敕任高昌乡土地，随后于城南建乡庙以示纪念，庙为公产。如此看来，高昌庙的出现大概在宋朝。彼时上海尚未设县，属华亭县管辖。此后上海经济发展，地位上升，1292 年朝廷正式划华亭县五乡二十六保设立上海县，高昌乡即为其一。

1　陈映芳主编：《棚户区：记忆中的生活史》，上海古籍出版社，2006 年，第 16 页。
2　张玲：《苏北人与上海革命运动（1921—1949）》，第 58 页。

高昌庙何时从乡庙演变成佛教庙宇，不得而知。并且大概在明朝初期，高昌庙就已有新旧两所。据明朝万历《上海县志》记载，"高昌庙，新旧两所，新在城南陈家桥，旧在新庙南二里，皆滨浦。"城南的陈家桥，位置大概在今黄浦区清心堂附近，濒临陆家浜。旧庙则在黄浦江畔。两庙都近河浜，这是共同特征。对这新旧两庙的来历，清代嘉庆《上海县志》也有详细的记载，"高昌庙向在南门外黄浦滨，俗称老庙，后毁，移神像于立雪庵，为新庙。"但立雪庵并不在陈家桥，而是濒临陈家港，是文献记载中混淆了桥港，还是当时人们就已对新旧两庙搞不清了，已不得而知。

1871年刻印的同治《上海县志》记载着另一个版本的高昌司殿，此时江南制造局已经在高昌庙建厂开工生产，县志里记载说道："高昌司殿在邑庙仪门右，别庙向在南门外黄浦滨，俗称老高昌庙，后移奉立雪庵。嘉庆十五年，僧于庵前建庙，有司岁于此迎春。今改屯兵。权奉神于海音庵左。"按照这段记载，黄浦江边的高昌庙是一座别庙，庙被毁后奉神暂时移到立雪庵。但立雪庵内皆是女尼，想来有所不便，所以嘉庆十五年即公元1810年，僧人们化缘在立雪庵前另建庙宇，每年于庙内迎春，仍称高昌庙。所谓"今改屯兵"大概是指庙已被划入江南制造局内，局内有兵营驻扎之意。江南制造局占用高昌庙地皮作为局址后，为便于厂房管理和安全起见，1878年在厂外局门边上新建了一座庙宇供僧人使用，匾额下题明由机器制造局移建。但庙内似乎仍有女尼，且为住持，这就留下了两个伏笔。1909年环球社《图画日报》曾给它做了素描，叫作《上海之建筑·老高昌庙》，也写了详细说明，如图2-80所示，图内文字说明是"老高昌庙，在南铁厂，即制造局前，祀高昌司土地，因迎春庙邑人亦呼曰高昌庙，故以老字别之。计屋七开间两进，其规模较迎春庙扩大。该处缘逼近铁厂，故厂中匠人等之佞佛者，皆至此庙拈香酬愿，香烟颇为繁盛。五六年前，每届清明前数日，各工匠必赛盛会一次，非常热闹。近则官宪及厂中总办恐致肇事，严加禁止，故已不复举行矣"。[1] 这里又冒出来一家迎

图2-80 素描《上海之建筑·老高昌庙》

---

[1]《图画日报》1909年第101期，第2页。

春庙，由此看来，高昌庙几经变迁，新老多次转换，外人的确很难厘清到底哪个为新，哪个更老了，或者干脆指新为老了。其实，江南制造局是很清楚的，它在绘制的局外地基图册上就是把这座庙标为新高昌庙的。[1] 另外，不能不说的是，官老爷把庙会取消是一大憾事。

1908年夏秋之际，媒体报道了一件高昌庙的大事，说是该庙住持女尼月祥不守清规，与淫僧寿祥胆大私通，事发后被上海县拘捕。庙也随即被查封。并由上海县将该庙房屋"照会辅元堂绅董收管，另作正途"。[2] 江南制造局得知后立即于8月9日和13日，由总办张士珩分别致函上海县知县李超琼和苏松太道（即上海道台）蔡乃煌，就高昌庙的来龙去脉和希望收回庙产一事做了说明。致蔡乃煌的函说道："伯浩仁兄大人阁下。敬启者。制造局外马路旁，有高昌庙一座，该庙从前系在局内提调、公务厅前，由图董延女尼住持，房屋地址均不宽展。光绪三年，因扩充厂基，该庙未便久置局中，特另购二十五保十四图地亩，由局建庙一所，令其迁入，仍由图董经管，由局完纳钱粮，相沿以至于今。前者划分船坞，近年扩充制造，致局中原有厂基，日形狭隘。该庙虽为局产，因系地方庙宇，相安已久，遂亦置之不论不议。现在该庙女尼不守清规，劣僧淫肆不法，经上海县查知，拘办僧尼，并将该庙房屋发封。该尼僧等，因胆大妄为，该图董等，亦漫无稽查，言之实堪痛恨。昨据提调禀称，图董环求启封，重行整理。当以该庙系由局中购造、完粮，即系局产。姑准函商上海县李令，请为斟酌，或启封交局督董整理。"[3] 8月18日，蔡乃煌复函制造局总办张士珩，表示"由局自行收回，备作扩充厂基之用，自无不可。已函致李令接洽"。[4] 此后，经过与上海县的短暂交涉，高昌庙就这样被江南制造局作为局产收回。不过，事情并没有就此结束。

1910年7月12日，江南制造局收到了一封来自浙江旅沪公学的信函，信中先介绍了浙江旅沪公学的情况：由浙江旅沪同乡成立于1909年农历六月，设有实科中学和高等小学，正在新高昌庙一带建造校舍，但地方狭小，接着在公学听说高昌庙住持一案致使三亩多庙产被制造局收回后，提出希望说，这点地"核诸贵局，地小不足回旋。移之敝校，广厦顿增千万。可否仰乞恩赐将新高昌庙庙基及余地等拨充公学校址之用，併蒙永庇寒士颜欢"。[5] 同一天，江南制造局还收到了上海商务总会总理（会长）周晋镳（即周金箴）致总办张士珩的信函，专为上述浙江旅沪公学一事说项，信函最后说："镳忝

---

1 上海市档案馆馆藏档案，档案号 S446-1-20-8。
2 上海市档案馆编：《清代江南机器制造局档案汇编》（第二册），第1272页。
3 同上书，第1259页。
4 同上书，第1254页。
5 上海市档案馆编：《清代江南机器制造局档案汇编》（第三册），第1812页。

列会董，乐观厥成，鹄听德音，无任延盼。"[1] 收到这两封信函后，当天张士珩就给周晋镳写了回函说：金箴仁兄大人阁下，您的信我收到了，对于贵学会关心桑梓兴学育材之意，极表赞成，但是高昌庙这块地方陆军部管得很严，不仅"现有局厂地基又均绘图列表，专案具报"，并且陆军部和制造局早已公议，决定"酌加修治，改为初级学堂（引者注：指兵工小学堂）……已饬令工程股修理移设。所商移拨旅沪公学一节，再四筹思，无从报命"。[2] 这事也就戛然而止了。

高昌庙附近有渡沟通黄浦江两岸，时人称为"高昌渡"。在同治《上海县志》中，记载着一个"老高昌庙港"，说是它在"望塔港南，浦水入西流，通雪龙港，上有高昌庙，庙有古井，对岸为周家渡。"可见高昌庙附近早就是沟通浦西浦东的孔道之一。江南制造局从虹口搬迁过来后，周边逐渐发展为近代中国轮船和军事工业重镇。大量与制造业、军工业相关的工厂和设施，如汽锅炉厂、机器厂、洋枪厂、熟铁厂、木工厂、火箭厂、轮船厂、船坞、码头等相继建立。至清末民初，江南制造局门外的东部、北部和东南地带逐渐形成一个2 000多户居民的大型聚落区，老广东街、半淞园路至沪杭甬铁路上海南站一带变成了一个不小的市镇，很多文献中称之为高昌庙市。民国《上海县续志》记载："高昌庙，县南七里，因制造局而成市。"因此，高昌庙既是一个庙宇名称，也是一个市镇的称呼了。

随着高昌庙市的出现，这片区域原有的水乡景观逐渐消失。近代市政设施与新式交通事业在不断发展中。清末民初，高昌庙已成为沪南地区十分繁华的地段。"到高昌庙去白相"曾是上海市民嘴里的一句时髦话。这里的街市规模很大，"店肆不下数百"，有银号，有酒楼、酱园、布店、南货店、照相馆等鳞次栉比，各地客商熙熙攘攘、络绎不绝。前面同文书院一节曾提到过，同文书院的日籍老师课后就经常跟学生在广东街喝酒吃炸黄鱼。高昌庙市不但有商会，周边有众多行业性质的会馆公所，比如上面提及的湖北会馆、常州会馆、四明公所等。光绪二十七年（公元1901年）上海邮政总局设立江南邮政分局，又称为高昌庙分局，主要为江南制造总局及周边地区服务。

江南制造局的迁入及工业经济的发展，带来了人口的增长，也使道路系统逐渐成形。高昌庙周边的道路建设起步很早，光绪十七年（公元1891年）沿着河浜走向，开辟出了斜桥南路，即今制造局路，该从南市斜桥通往江南制造局。接着又修建了龙华路，即今龙华东路，从江南制造局通往龙华。光绪三十四年（1908年）铺设了江边路，从高昌庙通往历史上既已存在的高昌渡。随即又修筑了高昌庙路，也就是今天的高雄路。其他比如局门路、瞿真人路（今瞿溪路）、康衢路（今中山南一路）等干道也一一

---

[1] 上海市档案馆编：《清代江南机器制造局档案汇编》（第三册），第1817页。
[2] 同上书，第1823页。

筑成，这样就形成了以高昌庙为中心的交通网络。宣统元年（公元1909年），沪杭甬铁路通车，穿过高昌庙即抵达上海南站，也就是沪杭甬铁路的上海起点。也就是说，随着江南制造局的迁入和带动，经过几十年的发展，高昌庙已成为上海交通的南大门。1937年8月淞沪抗战爆发后，从日晖港到上海南站一带均遭到日军的狂轰滥炸，街市变为废墟。上海沦陷后，大量苏浙难民逃入上海，在高昌庙周边及沿河沿浜建起大批棚户和简屋，高昌庙从昔日的繁华市镇变成了难民区。[1]

老高昌庙的香火也深受战争影响，几近停歇。根据抗战胜利后上海市社会局的有关调查，位于制造局路749号的高昌庙，创始于同治五年（公元1866年），由顺贤法师私人筹款所建，属于临济宗，1946年全庙仅剩3人维持，其中当家住持名慧生，女，时年65岁，职员则为开元和能量二人。她们三人都是女尼。[2]这样看来高昌庙其实一直是个尼庵。

（三）瞿真人庙

瞿真人庙是一家道观，创始于光绪十九年，即公元1893年，庙址为南市局门路471号（今局门路八号桥一带）。

瞿真人，也称溥护真人，为中国民间信仰的神明之一，起源于长沙，以湖南和上海为主要发展空间，上海的瞿真人庙甚至更为著名。

据清代嘉庆年间刊行的《长沙县志》记载，瞿真人本名飧苓，为明万历年间人，七岁时于古华山寺出家，后转至集云山修道。清顺治八年（公元1651年）七月十三日，真人于白沙河边堆积木材、沐浴举火、端坐诵经，在风雷大作后随即自焚羽化。坐化一个月后，信徒们为其塑像，在集云山立庙供奉。1867年，地方士绅上书朝廷，随即由朝廷敕封"溥护"二字。同年左宗棠率湘军渡海作战，途中遭遇大风浪，左宗棠祷神后风涛平息，左师大获全胜，于是左宗棠上书朝廷加封为"昭应真人"。太平天国运动期间，大量湘军在上海作战，众多兵士信仰瞿真人，"晁夕虔供"，纷纷向瞿真人祈祷保佑，"祷疾获愈者，尤相踵"。[3]虽然香火旺盛，但彼时并未建庙。

1891年江南制造局修建从北门通往斜桥的路，初名斜桥南路，后才改称制造局路。这条路主要由兵士修筑，筑路的各营兵士和工人多以湘人为主，主导筑路的刚刚由制造局总办升任上海道台的聂缉椝自己也是湖南人，于是，由聂缉椝发起修建了湖南会馆。

---

1 上海市地方志编纂委员会编：《上海市志·黄浦江分志》，上海古籍出版社，2021年，第594—595页。
2 上海市档案馆馆藏档案，档案号Q6-10-99。
3 上海市档案馆馆藏档案，档案号Q6-10-103。

湖南会馆建成后，旅沪湖南士绅又于1893年募资购买了高昌庙附近的地块，第二年庙宇建成，称为瞿真人庙。由于瞿真人庙的不少捐款人也是湖南会馆的董事，所以该庙由会馆董事轮流管理，成为旅居上海湖南人的宗教活动场所和信仰中心之一，"凡属乡人至止，亦鲜不遗容趋拜，藉申桑梓敬恭"。[1] 光绪二十二年，庙内建起石碑一方，题名《敕封溥护昭应真人碑》，记述了瞿真人的功绩与建庙缘起。石碑抗战胜利后仍存，后来不知毁于何时，但碑文留存，全文如下：

> 敕封溥护昭应真人碑（石碑）
> 真人姓瞿，号飨苓，湖南长沙人也。遭明季之乱，超然物外，高隐县之古华山，舍身修炼。国朝顺治八年羽化升仙，貌如生，众异之，奉肉身，立庙集云山祀焉，故曰真人。遇旱潦疾病，辄祈应如响。八月九日为真人诞辰，鲫羽刲毛者麏至。同治六年，闽防告紧，饬恪靖各营赴援航海，甫半，妖风大作，文襄公潜心祷于神，波顿平，援师得以东渡，大捷。请于朝加封昭应真人，遂祠遍行省。十五年从军沪上者负其令箭而来，晨夕虔供，梂藅陨祉，祷疾获愈者尤相踵。于时香火虽繁，无庙也，赁民房居之。众绅等商集同人，募资于西门外高昌庙侧，购址新建庙宇，起于光绪十九年，越明年蒇成。规模草创，栋宇辉煌，舁神像入，结众生欢喜之缘。奉百代馨香之祀。住持僧一人，其契约交湖南会馆绅董轮管，今将众姓芳名捐款泐碑于左，以为永垂不朽焉。
>
> 湖南长沙举人拣选知县丁传璐谨撰
> 湖南湘乡尽先即补县丞熊希弼书丹
> 纠首唐友明　柳春芳　冯涤生
> 刘祖贤　宋荣华　张福鹏
> 萧云裳　谭丽生　刘玉堂
> 捐款及户名并从略
> 光绪二十二年孟夏月上澣谷旦立[2]

抗战胜利后，瞿真人庙的香火一落千丈。根据1946年2月上海市社会局的调查，瞿真人庙属于"乡贤"信仰性质庙宇，彼时仅有五人。住持为彭克宽，63岁，男，湖南长沙人，曾任江西省公安局卫生科科员。彭克宽住在庙内，兼任账房。其余四人为职

1　宋钻友：《同乡组织与上海都市生活的适应》，第76页。
2　上海市档案馆馆藏档案，档案号Q6-10-103。

员，均为香伙工，具体姓名为张雨义、周英斌、柳金生、柳少恒。财产状况除了庙宇一所外，还有铁钟、鼓、铁磬各一件，古迹则为光绪二十二年所立石碑一方。此外，庙里的日常收入主要靠出租庙侧余房所得，每月大概收得租米一石多，其余开支则由湖南会馆补贴。[1] 由此看来，该庙实际上是湖南会馆的别业。

除了高昌庙边上的这座瞿真人庙外，据说吴淞也有一座瞿真人庙。据档案记载说："吴淞瞿公真人庙，始建于逊清中叶，庙宇轩敞，神像庄严，淞沪古刹，堪称媲美。"淞沪抗战打响后，烽火连天，已有百年历史的瞿真人庙付诸劫灰。但淞沪士女，遇有疑难灾异，仍就庙基附近败瓦残砖中，望空膜拜，求神护佑。上海沦陷后，日军将庙基挖做战壕，此后成为废墟。[2] 抗战胜利后，旅沪湖南人士呼吁捐款，起草了《重建吴淞瞿公真人庙募捐序》，但此后社会不靖，时局变换，最后不了了之没了下文。仔细考察下来，这里所说的吴淞瞿公真人庙，其实就是西门外高昌庙侧的瞿真人庙，此吴淞乃是上海之意，但称其有百年历史，那是有点夸大的虚话了。

第六节　五里桥区域社会空间的复原：以1933年沪南区地籍图为例

江南制造总局迁入五里桥后，给这块土地带来了发展的生机，工业发展和移民涌入也改变了这片区域的自然生态，随着工厂的建立、道路的修建、新聚居区的产生，使五里桥区域逐渐从传统时代的江南水乡向近代的工业新城区过渡。到20世纪30年代，五里桥一带已经发展成为近代上海的三大工业带之一，即著名的沪南工业带。有哪些企业、又是哪些人曾在这里生产生活？又拥有这片土地？以下我们将依据1933年上海市土地局所绘制的《沪南区地籍册》和《沪南区地籍图》这两本资料，尝试复原那个时期五里桥区域的社会生活细部。所有那些曾在五里桥区域生活过留下足迹的企业和民众，他们都值得被详细记录。

根据传统的地籍管理制度，今天的五里桥街道行政区域范围在20世纪30年代分属于沪南区六图暑字圩、六图往字圩、七图收字圩、七图冬字圩和七图藏字圩共五圩空间内，暑字圩、往字圩为其中的一部分，收字圩、冬字圩、藏字圩则为全部。

1　上海市档案馆馆藏档案，档案号Q6-10-103。
2　上海市档案馆馆藏档案，档案号Q117-25-17。

一 / 暑字圩

图 2-81　暑字圩区域四界

暑字圩东起车站路（今车站南路），西至局门路，北界斜土路和沪闵南拓路（今斜土东路），南为沪杭甬铁路（铁路早已拆除，原址紧邻今中山南一路），区域四界详见图 2-81 所示。

圩内可见的景观信息有河流、村庄、道路、铁路、建筑、大学等，具体有上海南站、大同大学、伯特利保产医院、老营盘、常州会馆、湖北会馆、康衢路、瞿真人路、汝南街、唐家宅、凌家宅、张家宅、周堂水桥、五里桥等。

圩内制造局路以西至局门路部分属于今天的五里桥街道，其余部分属于半淞园路街道。五里桥这一标识在图上清晰可见，被河流和村落环抱着，它既是桥名，也是这片村落的名字。此外，属于今五里桥街道的其他机构还有老营盘、常州会馆、湖北会馆。

根据《沪南区地籍册》，制造局路以西至局门路部分地籍号圩分别为六图暑字圩 8 号、15 号、16 号、17 号、18 号、19 号、20 号、21 号和 22 号，详见图 2-82 所示。持

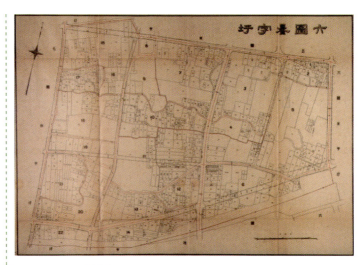

图 2-82　六图暑字圩

有这些土地的业主，既有公家单位、家族堂号、机构团体，也有众多自祖上传承下来的私人，地块亩数不一，每亩价格也相差悬殊。

8号仅有1坵，业主为徽宁思恭堂，占地4.255亩，每亩地价估价4 500元。徽宁思恭堂即徽宁会馆。根据《上海徽宁思恭堂缘起碑》及其他史料记载，沪上徽宁会馆成立于乾隆甲戌年，也就是公元1754年，是旅沪徽州、宁国商人所建立的同乡组织。思恭堂初在大南门外，备有临时性的殡舍，地方不大。到嘉庆年间，经过乐善好施的士商捐助，逐渐添建了数十间丙舍，这才初具规模。作为同乡组织，徽宁思恭堂的主要业务是慈善事业，也就是购买土地用作贫困同乡的义冢，另外还得想方设法筹措资金将同乡灵柩运回徽宁原籍归葬，达成千年来乡民叶落归根的慰藉和仪式。道光十六年（1836年），休宁县人汪方川，即汪忠增，出任上海道台，他不仅对徽宁人的善举大为赞赏，还发动徽州各茶商出资"倡建西堂，请免地征"。[1] 在今徽宁路周边，徽州宁国两府绅商特别是茶商们募集资金购买了大量土地，建起了徽宁会馆，包括正殿、观楼、义园、医治寄宿所、思恭堂等建筑和墓地。8号1坵仅为其中一小块土地而已。图2-83即为在制造局路口的徽宁思恭堂，从绘图中可见其气势恢宏。

图2-83　徽宁思恭堂绘图

15至22号各号坵数众多，家族堂号、机构团体业主有徽宁思恭堂、湖北会馆、上海慈善团、蔡积善堂、李雍睦堂、凌慎思堂、陆文藻堂、陆永思堂、乔思艰堂、瞿厚德堂、王两宜堂、张丞志堂、赵松雪堂、周润德堂、周训畚堂、朱承绪堂、朱积善堂、谢朝熹堂沧记、德和昌记号、成大筒管厂。

徽宁思恭堂持有15号1坵、2坵部分土地，两块土地合计超过11亩，连同上面8号土地，合计超过15亩。这还仅是它在沪南区持有大量土地的一小部分而已，可见徽宁商人及同乡会馆在上海的雄厚实力。

湖北会馆是20号12坵的业主，即制造局路754号，会馆占地面积13.582亩，每亩估价3 500元。湖北会馆创办于1889年，由湖北旅沪的热心乡贤发起成立，主要办理同乡慈善事业，同时也是湖北籍人士在沪的联谊和信息交流中心。会馆建筑年久失修，

1　上海博物馆图书资料室编：《上海碑刻资料选辑》，第232页。

1920年曾由旅沪同乡捐款重修。[1]

上海慈善团是15号14坵的业主，占地面积不大，为3.147亩，每亩估价3 000元。上海慈善团是民国建立后新成立的官方组织，隶属于市政厅，上海各善堂归该慈善团管理。根据《上海慈善团办法》规定："慈善团系合并市区域内各善堂，隶属市政厅统一办理慈善事业，名为上海市政厅慈善团。慈善团之统一机关，以同仁辅元堂为事务所，设经理、协理各一人。慈善团之事业分为六科，各设主任一人。第一科恤嫠赡老矜孤，第二科施棺赊棺赊葬义冢，第三科育婴保赤，第四科养老院残废院贫病院，第五科贫民习艺所，第六科节妇工艺院。"[2] 由上可见，上海慈善团从事妇幼、养老、贫病救助等全面的善举业务，是上海慈善事业的中枢机构。除该块土地外，上海慈善团在全市范围内还持有其他多块土地。

德和昌记号缺乏史料记载，具体信息和业务不详。

成大筒管厂在20号3、4、5坵，地址为制造局路696号，合计占地6亩多，每亩地价为3 500元。成大筒管厂创办年月不详，属纺织行业，专门制造纱厂需要的木质纱管，同时兼制洋线团木芯。1937年全面抗战爆发后，该厂被日军炸毁。抗战胜利后纺织工业重建，该厂也积极筹备恢复，并于1946年5月在平凉路重建工厂，专门生产各种纺织工业所需的粗细筒管。[3]

除上述这些公家单位外，15至22号其余各坵业主均为私人，其中最著名者为19号4坵业主丁熊照。丁熊照，1903年生，无锡人，近代上海滩著名的实业家。1925年，他在上海创办了汇明电池厂，大无畏牌电池即是该厂著名产品。丁熊照所持有的这块土地即是汇明电池厂的厂址所在地。

其余各姓业主分别为：

蔡姓业主：蔡阿弟、蔡根宝、蔡琴声。

曹姓业主：曹凤偕、曹张宝、曹掌根。

陈姓业主：陈金海、陈金荣、陈羡荪、陈晓秋、陈志廉。

范姓业主：范根福。

冯姓业主：冯步瀛、冯存德。

顾姓业主：顾阿二、顾阿三、顾阿六、顾阿掌、顾龙生、顾秀昌。

计姓业主：计阿荣、计富根、计吴氏。

何姓业主：何德盛。

---

[1] 《民国日报》1920年4月15日。
[2] 《上海慈善团之办法》，《时报》1912年9月16日。
[3] 《申报》1946年5月23日。

胡姓业主：胡绥之。

李姓业主：李桂芳、李锦芳、李秋全、李荣生、李尚义、李文祥、李文元。

刘姓业主：刘炳祥、刘纪生。

陆姓业主：陆伯华、陆富根、陆富全、陆富涛、陆全根、陆杏生。

吕姓业主：吕庆荣。

潘姓业主：潘耕孙。

乔姓业主：乔荀全、乔关根、乔纪良、乔继良、乔晋全、乔荣贵、乔瑞麟、乔文义。

瞿姓业主：瞿海堂、瞿鹤鸣、瞿金祥、瞿同文、瞿希民、瞿云来。

沈姓业主：沈季芳、沈稼书、沈麟书、沈明根、沈锡增。

舒姓业主：舒豫康。

苏姓业主：苏文德。

孙姓业主：孙根堂、孙新堂。

唐姓业主：唐茂荣、唐香山、唐英山。

陶姓业主：陶春泉、陶鸿飞、陶惠彬、陶荣荣、陶云生。

汪姓业主：汪福基。

王姓业主：王楚桦、王德昌、王金山、王松龄。

卫姓业主：卫顺卿。

吴姓业主：吴计氏。

杨姓业主：杨文祥、杨筱苍。

俞姓业主：俞少云。

张姓业主：张殿生、张鼎华、张福根、张福林、张福生、张富卿、张根弟、张根生、张根新、张桂生、张海林、张行生、张进发、张丽生、张林生、张秋生、张仁寿、张田生、张土林、张杏林、张杏泉、张杏生、张怡生、张裕祥、张竹青。

赵姓业主：赵经诚。

朱姓业主：朱海祥、朱林宝、朱荣福、朱胜发、朱土泉、朱耀珍、朱雍六、朱振华、朱志良。

该区域上述业主中，张姓最多。另外，业主中也有女性，虽然仅两人，但也值得关注。

二、往字圩

往字圩北以沪杭甬铁路为界，南至黄浦江岸，东以车站路、花园路及陈家港为界，

图 2-84 往字圩区域四界

西面界限弯弯曲曲,以局门路、龙华路、高昌庙街、老广东街及江边路为界,与江南制造局毗邻。往字圩面积不大,内有著名的商办上海内地自来水公司和华商电气公司两个企业,也有上海滩的著名私家园林半淞园和沈家花园。除了制造局路以西的极小部分属于今天的五里桥街道外,主要部分在半淞园路街道。往字圩具体四界范围见图 2-84 所示。

比对《沪南区地籍册》可知,往字圩第 17、18 号属于今天的五里桥街道区域,具体可以见图 2-85 所示。

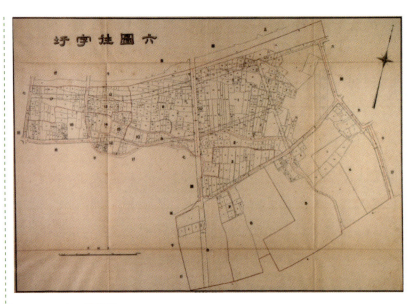

图 2-85 六图往字圩

17 号共 43 坵,18 号共 57 坵。两号业主属公家单位与家族堂号的有市公地、上海县教育局、广艺和记冰厂、洋色染业永仁堂、曹慎德堂、梁嘉善堂、钱永庆堂、杨四知堂,其余土地为私人所有。

17 号 19 坵业主为洋色染业永仁堂,占地面积仅 0.876 亩,估价每亩 1 500 元。洋色染业永仁堂全称为京绍洋色染业小行公所永仁堂,是从事西洋染色的染坊同业组织,具体信息不详。

18号45坵业主为上海县教育局,面积甚小,仅有7分多地,详细用途不明。

广艺和记冰厂也称广艺制冰厂,在制造局路龙华路口,地籍号坵为18号9坵和10坵,占地面积共6.375亩,每亩估价在3 500元。根据史料记载,广艺制冰厂为中国近代工业名人徐雪村先生后人徐祝三所创办。徐祝三以化学著称于当时,曾从事肥皂与洋烛制造,也曾创办炼铜炼铅等工业。上海市场从前有所称广艺青铅者,即其出品。1921年,徐祝三创办了广艺制冰厂,这是我国机器制冰业的开始。徐祝三逝世后,广艺制冰厂由其子徐申翰、徐申慎继续经营,公司资本也扩充至600万元。[1] 关于该厂的经营情况,1935年有记者参观后写道:"全厂面积连徐氏住宅在内约占地皮八亩,为徐氏家庭工业,故其经理、工程师等皆由徐氏兄弟叔侄自任之,除少数工人外,不借外力,因其先曾办化学制造炼矿等工业,故厂中堆积各种机器甚多,大有故家乔木之慨也。该厂每天能制冰二十吨,有十吨制冰机二部,所用为亚母尼亚收热法。广艺冰厂,不营冷藏事业,故其出品全应热季须要,是以其机器一年中只有半年动作。大约每年于阳历四月半前后开工,至十月停工,开工时,外面仍少用冰之处,故此时所制之冰,入栈存储。待至五月初,则天气渐热,而销路渐旺,半时无人顾之货,至炎暑时,存货数百吨,二三天内,即可销罄。此项营业,不在暑天之暴热,因机器生产有限,无法于生产之外,增加出产,而在热季之延长,热季延长则机器动作之天数加增,成本可以减轻。"[2] 由此看来夏天越长对该厂盈利越为重要。民众苦夏,商人获利。

除上述公家单位和家族堂号外,私人业主如下:

曾姓业主:曾松林。

陈姓业主:陈关福、陈金甫、陈连发、陈明宝、陈荣贵。

葛姓业主:葛砚农。

龚姓业主:龚桂林、龚胜华、龚树林、龚长林。

黄姓业主:黄海林、黄顺林。

计姓业主:计安国、计秉钧、计秉源。

李姓业主:李福永。

林姓业主:林本禧、林本祥、林本祯、林根发、林进福。

陆姓业主:陆润贵。

钱姓业主:钱福宝、钱福生、钱富根、钱桂祥、钱海根、钱海龙、钱海荣、钱介

---

1 《新闻报》1928年7月2日。
2 《广艺制冰厂参观记》,《工业旬刊》1935年第3期,第40页。

福、钱金弟、钱金祥、钱进根、钱了头、钱瑞生、钱文潮、钱益基、钱裕基、钱长元、钱肇基、钱子青。

乔姓业主：乔阿木、乔福林、乔木全、乔瑞华、乔增祥。

王姓业主：王启庙。

徐姓业主：徐阿六、徐申威。

严姓业主：严启明。

杨姓业主：杨根生、杨金根、杨金龙、杨木森、杨木生、杨汤氏、杨雪生、杨银根、杨张氏、杨肇基。

姚姓业主：姚石琴。

张姓业主：张桂生、张金生、张杏林、张杏泉、张怡生。

朱姓业主：朱聚兴。

该区域内上述业主中钱姓最多，也有两名女性业主。

三、收字圩

比照1933年的沪南区地籍图册，我们可以发现五里桥街道的绝大部分在当时属于七图收字圩、冬字圩和藏字圩，换言之，这三个圩才是五里桥街道地理空间和社会生活的主体。

收字圩东以局门路为界，与暑字圩相接，收字圩和暑字圩内均有五里桥，图2-86中清晰可见两个五里桥图标所在的相关河流和散落的村舍。收字圩西至鲁班路，南至沪杭甬铁路，北边以斜土路为界。圩内景观除五里桥外，被标注出的还有贫儿院、四明公所、潮惠山庄、陆家宅、陈家宅。

收字圩分为7号，各号垞数不等，详见图2-87。业主中属公家单位、企业机构和家族堂号的有市公地、上海慈善团、上海贫儿院、高昌庙墓田、净土庵、湖北会馆、潮惠会馆、徽宁思恭堂、四明公所、吉云堂花业同业

图2-86 收字圩区域四界

公会、江宁裘业宁怀堂、双轮牙刷公司、蔡积善堂、曹余庆堂、陈余庆堂、丁寄梦堂、傅永远堂、顾承德堂、顾积善堂、顾贻德堂、胡礼恭堂、胡益孙堂、金聚德堂、礼恭堂靖记、刘润身堂、沈三善堂、田同仁堂、汪乐善堂、王槐荫堂、王三余堂、王志仁堂、卫衍庆堂、吴三德堂、谢受经堂、杨厚德堂、杨怀英堂、义济善会、朱怀德堂等数十家单位。

上海慈善团持有1号1圩地块，仅为0.672亩，每亩估价3 000元。关于上海慈善团上面已做介绍，不再赘述。

上海贫儿院是收字圩的大业主之一，它共持有三个地块，其中2号31圩地块，占地面积31.685亩，

图2-87 六图收字圩

每亩估价2 000元；2号69圩地块，占地面积11.218亩，每亩估价2 000元；3号22圩地块，占地面积1.172亩，每亩估价1 500元。以上三块地块合计为44.075亩。上海贫儿院的前身为上海孤儿工艺学堂，由曾任上海商务总会总理的清朝实业家曾铸和焦乐山提议组织，得到盛宣怀的大力支持，盛宣怀捐地25亩多，曾铸捐建筑费3万多两，焦乐山也募捐了数万两费用。光绪三十三年（公元1907年）八月二十五日，曾铸、施子英、焦乐山、曾志忞、席子佩、汤心源等邀请上海各绅商学界著名人士集议，决定将原提议的孤儿工艺学堂改名为上海贫儿院，并于同日正式创办。1908年3月，上海贫儿院各项建筑工程开始动工。经过一年努力，宣统元年（公元1909年）三月一日，上海贫儿院开院接收贫儿。[1] 上海贫儿院在上海儿童教育，特别是儿童音乐教育上占有重要地位，其儿童乐队在近代中国音乐教育史上赫赫有名，详见前面有关章节所载。贫儿院的这几块土地，现在的使用者为上海师范专科学校附属小学，仍属儿童教育之列，可谓良好的传承。

---

1 《上海贫儿院第一次报告》，1909年，第11页。

高昌庙墓田在7号1圩，面积很小，不足六分地，每亩估价2 000元。净土庵在7号23圩，占地面积更小，甚至不足三分地，每亩估价也为2 000元。两者势力已经大不如前。

湖北会馆是3号30圩业主，占地面积16.397亩，每亩估价为1 500元。有关湖北会馆的概况见前述，此处不再赘述。

潮惠会馆是收字圩的另一个大业主。潮惠会馆原称潮惠公所，1839年潮阳帮和惠来帮从事糖、烟与洋药的各商人，从潮州会馆析出，自立公所，称为潮惠公所，1866年改称会馆。[1]潮惠会馆财大气粗，是该圩最大的业主，它持有多个地块，最大的地块是5号47圩，占地面积69.908亩，每亩估价1 800元。另外还有5号57、60、61、64、68圩共五块地，合计9.119亩，每亩估价都是1 500元。全部土地合计79.027亩，可见潮惠商人在上海的雄厚实力。但地大也有地大的苦恼。潮惠会馆地方大，旅沪潮惠商人为便利同乡教育起见，民国初年就在馆内设立了高等小学校，有学生三百多名，一多半是住校的，宿舍不够用，还腾挪了一下看楼房间给学生当宿舍。1924年12月11日晚，会馆内突然闯进了几个士兵，说是要借用会馆驻兵。校长答曰房间都被学生住满，没有可用之房了。但秀才遇到兵，有理说不清。对方不理，第二天一连士兵开进了会馆，学校成了营房，校长只好一面遣送学生回家，一面向上海总商会陈情，希望总商会能出面帮忙"请迁军队"。[2]其实早在1913年妈祖天后诞辰纪念期间，潮惠会馆就因士兵看戏与人发生口角，闹出过人命案件，搞得满城风雨。[3]

徽宁思恭堂也是收字圩的大业主之一，持有多块土地，包括1号27圩4.436亩、1号37圩6.803亩、6号45圩3.049亩、6号56圩8.966亩、6号72圩1.848亩、6号90圩0.801亩、6号93圩3.572亩、7号11圩0.337亩、7号17圩0.984亩、7号20圩0.255亩、7号22圩0.23亩、7号24圩0.157亩及7号27圩4.454亩，这十三块大小不一的土地合计35.892亩，不算少，每亩估价大都为2 000元。

四明公所是宁波旅沪同乡组织，也称宁波会馆，嘉庆二年（公元1797年）由四明绅商捐资购地成立，公所原址紧邻上海县城墙，边上即为大境阁。上海开埠后，四明公所所在地及周边逐渐成为法租界区域，因公所内有寄柩、义冢墓地等场所，与法租界在城市管理和城市卫生方面产生冲突，1874年法租界以越界筑路为名与四明公所酿成第一次冲突与血案。1898年又因法租界强迫四明公所迁移，激起乡民反抗，酿成第二次血案。前后两次激烈冲突下四明公所也逐渐理解了在现代城市卫生管理制度下，市中心

---

1 上海博物馆图书资料室编：《上海碑刻资料选辑》，第509页。
2 《潮惠会馆请迁军队》，《新闻报》1924年12月27日。
3 《潮惠会馆大闹记》，《时事新报》1913年4月28日。

的义冢墓地确有不利城市生活的一面。为了缓解矛盾和冲突，四明公所先后在远离租界和市中心的虹口和南市另购土地建立新公所，同时作为乡民义冢使用，俗称四明公所北所和南所。北所在虹口八字桥一带。南所则毗邻五里桥头，即 2 号 70 坵和 5 号 21 坵地块，前者占地 1.639 亩，后者占地 33.822 亩，两者合计 35.461 亩。地块较大，便于旅沪乡民使用，地价也较为便宜，每亩估价均为 2 000 元。

5 号 2 坵、14 坵、16 坵三块土地的业主为吉云堂花业同业公会，合计亩数为 11.714 亩，每亩估价约为 3 000 元。众所周知，江南不仅是鱼米之乡，也盛产棉花，近代上海更是中国棉纺织业的中心，全国棉花产量主要供应上海各工厂所需，每年约需 80 万担。吉云堂即为沪上各棉花商人的同业组织，成立于光绪六年（公元 1880 年），总董为程鼎。光绪十三年（公元 1887 年）拟定规条，1917 年 3 月重新拟定规条十二条，特别是对各花行在棉花收购价格和掺水及以次充好等方面予以规范管理。[1]

1 号 15 坵的业主是江宁裘业宁怀堂，占地面积仅 0.927 亩，每亩估价 1 500 元。该堂号大概是裘衣行业的同业组织，具体信息不详。

3 号 2 坵的业主为双轮牙刷公司，占地面积 2.035 亩，每亩估价为 2 000 元。双轮牙刷公司由四川留日学生创办于 1920 年，初为两合公司，创始资本仅数千元而已。经过公司创办人的锐意经营，出品由最初的每日数十支增加到数万支。另外，因制作牙刷的原料大都产自四川，产品质量精良又物美价廉，所以深受社会欢迎。南京路上的永安百货和先施百货各大商店以及各大药房均有销售。同时产品还出口欧美。短短两年内，到 1922 年公司资本就增加到 20 万元，并改为股份有限公司。[2] 后又在陆家浜 117 号设立新厂，可见公司发展极为良好。双轮牙刷公司善于利用广告宣传，有一则广告模仿了古诗，手法颇为新颖。广告写道："市中货物四时新，牙刷虽多难问津。若道究为何种好，万人争说是双轮。"[3] 公司地址落款为上海南市新桥路瞿真人路口 575 号，即今蒙自路瞿溪路口。

其余各家族堂号因史料缺少，不再重复罗列。

收字圩的私人业主一一列名如下：

蔡姓业主：蔡阿弟、蔡根发、蔡毛狗、蔡荣华、蔡书林、蔡惜荫、蔡余根、蔡增三、蔡长生。

曹姓业主：曹桂林、曹桂生、曹洪生、曹圣章、曹杏林、曹倚剑、曹荫庭、曹裕卿、曹志芳。

---

1 《花业吉云堂重整行规》，《新闻报》1917 年 3 月 13 日。
2 《申报》1922 年 10 月 10 日。
3 《申报》1932 年 11 月 13 日。

陈姓业主：陈阿会、陈阿毛、陈阿妹、陈阿泉、陈春生、陈德生、陈根宝、陈根泉、陈根山、陈根实、陈根涛、陈桂村、陈桂生、陈国卿、陈国香、陈国兴、陈纪发、陈金山、陈霖生、陈年生、陈秋泉、陈荣生、陈汝霆、陈瑞明、陈善庆、陈受之、陈松山、陈筱坪、陈杏林、陈羊生。

褚姓业主：褚玉麟。

戴姓业主：戴水泳。

单姓业主：单剑声。

范姓业主：范根福、范颐庆。

傅姓业主：傅阿东、傅伯福、傅福金、傅关福、傅关土、傅桂卿、傅利生、傅秋堂、傅顺林、傅云龙、傅张氏。

高姓业主：高仰嵩、高志卿。

顾姓业主：顾阿二、顾阿三、顾锦川、顾菊生、顾润庭、顾文福、顾秀昌、顾月祥、顾长发。

胡姓业主：胡杏林。

黄姓业主：黄宝根、黄龙生、黄瑞生、黄寿昌、黄顺发、黄王氏、黄友生。

贾姓业主：贾季英。

金姓业主：金和尚。

康姓业主：康福根、康长根。

寇姓业主：寇瑞卿。

李姓业主：李阿来、李桂芳、李黄氏、李锦芳、李莲塘、李木全、李睦孙、李荣生、李树龙、李顺清、李杏生、李长福、李长根、李掌生。

林姓业主：林进福、林兰生。

凌姓业主：凌福昌、凌林根、凌全福、凌思根、凌炎宝。

刘姓业主：刘纪生、刘士良、刘竹亭。

陆姓业主：陆阿弟、陆阿林、陆大毛、陆富如、陆根生、陆桂松、陆基生、陆金生、陆锦文、陆全根、陆顺法、陆顺涛、陆文龙、陆掌兴、陆中毛。

马姓业主：马良园。

缪姓业主：缪阿六。

倪姓业主：倪信民。

潘姓业主：潘陈根、潘耕孙、潘锡藩。

钱姓业主：钱海荣、钱益基、钱裕基、钱张氏、钱肇基。

乔姓业主：乔衡发、乔生发、乔增祥。

秦姓业主：秦鹤才。

瞿姓业主：瞿海堂、瞿金祥、瞿锡荣、瞿长贵、瞿子贤。

阮姓业主：阮芝山。

施姓业主：施关幅、施圣发。

宋姓业主：宋金龙。

孙姓业主：孙仁林。

谈姓业主：谈金松、谈淇祥、谈永兴、谈云生。

唐姓业主：唐林宝。

陶姓业主：陶鸿飞。

汪姓业主：汪汉航、汪世基。

王姓业主：王炳生、王朝生、王福生、王甫堂、王富全、王桂棠、王嘉骅、王金宝、王金发、王金桂、王聚德、王乔氏、王天祥、王亦勤、王永顺、王裕良、王豫良、王长根、王佐廷。

吴姓业主：吴计氏、吴莲塘、吴贻善。

奚姓业主：奚尊铭。

徐姓业主：徐德明、徐王氏。

许姓业主：许昌林。

严姓业主：严春园、严荣生。

颜姓业主：颜瑞香。

杨姓业主：杨顺宝。

易姓业主：易泰顺。

俞姓业主：俞钮生、俞荣生、俞少云。

张姓业主：张阿根、张阿金、张阿堂、张炳生、张殿生、张鼎华、张东林、张福根、张福生、张根弟、张根全、张根生、张根新、张桂生、张海根、张金荣、张进发、张毛头、张秋生、张全根、张三弟、张士林、张士镛、张树生、张顺南、张土林、张文才、张文财、张效良、张杏生、张永泉、张聿光。

赵姓业主：赵声威。

钟姓业主：钟新甫。

周姓业主：周国钧、周坤良、周兰荪、周良翰、周尚卿、周尚文、周汀生、周土生、周祥发。

朱姓业主：朱春华、朱鸿山、朱晋福、朱勤忠、朱汝忠、朱桐生、朱锡麟、朱孝仁、朱义星、朱友能、朱掌福。

诸姓业主：诸三鑫。

庄姓业主：庄宝善。

宗姓业主：宗廷山。

与上面其他圩相比，收字圩私人业主明显增多。其中，陈陆王张四姓最多，同样也有少数几位女性业主。

四/冬字圩

▶ 图2-88　冬字圩区域四界

冬字圩东边以鲁班路为界，西至日晖港河道，南以沪杭甬铁路为界，北界则为斜土路，如图2-88所示。冬字圩与收字圩以鲁班路为轴，呈左右对称分布状。冬字圩内景观有草塘桥、北草堂宅、南草堂宅、朱家宅、姚家坟山等，多农田与河道。草塘桥与南北草堂宅一带的田产大多是历史上修筑上海城墙的提议者、明代光禄寺少卿顾从礼家族产业，著名的南溪草堂即在附近。

冬字圩共有11号，各号内坵数不等，见图2-89。梳理各业主后，我们发现属于公家机构、家族堂号及公司行号的有市公地、天主堂、中华职业学校、徽宁思恭堂、潮惠会馆、通如崇海启五县旅沪同乡会、莫厘三善堂、豆米业萃仁堂、旱烟业德馨堂、美生织绸厂、上海炽昌新牛皮胶公司、震升裕恒记木行、穆氏宗祠、陈庆余堂、陈载德堂、范思敬堂、冯信义堂、顾承德堂、康宝善堂、康麟振堂、李慎修堂、林琴水堂、凌展成堂、刘厚德堂、王槐荫堂、杨怀英堂、姚留耕堂、谊园义冢、张善庆堂、朱敦仁堂、朱卧雪堂。

天主堂是1号107坵地块业主，占地面积18.366亩，每亩估价1 300元。关于该天主堂的详细信息无从得知，但此块土地即今天打浦路中华职业学校校址及周边地块。其实，107坵上方即为98坵地块，而98坵的业主恰巧是中华职业学校。1号98坵面积不大，仅1.007亩，每亩估价1 300元，由此可见它仅是中华职业学校的一小部分而已，不是学校主体所在。学校主体在20世纪八九十年代迁到这附近，那已是后话了。中华

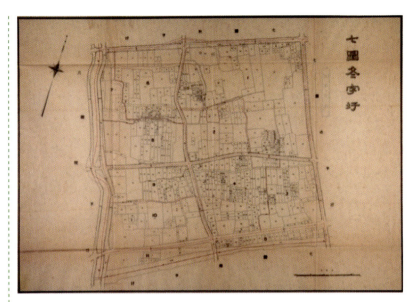
图 2-89　七图冬字圩

职业学校是中华职业教育社的附设机构。中华职业教育社创办于 1917 年 5 月，其发起人为教育界、实业界和金融界的著名人士，包括蔡元培、黄炎培、蒋梦麟、郭秉文、钱永铭、宋汉章、聂云台、穆藕初等，其宗旨为"推广及改进职业教育，改良普通教育为适于生活之准备"。之所以以中华命名，原因在于"一切措施，期适合于中华国情中华民族性，而达到中华民国之自立自强"。[1] 创办之初，由黄炎培主持社务。1918 年，在陆家浜附近购买土地，设置中华职业学校，首任校长为顾树森。中华职业学校负有职业教育社的实验使命，因此先后设有铁工（后改为机械）、木工、珐琅、纽扣、商业、土木等科，并顺应时代需求，曾设有留法勤工俭学和染织师范等科，培养出了张闻天等众多著名人士。

徽宁思恭堂在冬字圩的产业甚小，仅持有 5 号 1 坵和 5 号 4 坵两块细长的土地，合计不足八分。潮惠会馆则仍持有大块土地，其中 1 号 26 坵地块有 20.047 亩之多，1 号 30 坵较小，仅为 1.711 亩。

通如崇海启五县旅沪同乡会是 1 号 43 坵、50 坵两块土地的业主，前者 7.673 亩，每亩估价 2 000 元，后者 1.491 亩，每亩估价 1 300 元。通如崇海启五县旅沪同乡会前身为通如崇海四邑旅沪同乡会，成立于 1920 年 1 月。记者详细记载了该会成立当天的会议情况。1920 年 1 月 18 日午后二时，通如崇海旅沪同乡会"假南市毛家弄纱布公所开成立大会。与会者通州一百九十六人，如皋一百二十人，崇明一百二十八人，海门

---

1 《中华职业教育社概况》，1947 年，第 1 页。

七十五人，统计五百十九人。签名后取选举票一纸，至第三进楼下，每县则将公拟当选人名开列。届时开会，首由张子培详述发起之经过，次由张普全报告筹备情形，及毛凤池、许蓉芳捐助卢家湾河南地皮九亩三分，价值四千四百五十元，急公好义，实为难得。且筹备时所用三百九十余元，悉为许君所筹垫款，凡我乡人与同感佩。当即公推茅汇如为临时主席，详述一切。主席黄任生宣读会章，逐条解释其建设事业大略如下：（建筑）会馆及殡舍病院义冢之类。（教育）创办旅沪义务学校及介绍同乡子弟入学之类。（息争）和解旅沪乡人争议之类。（救济）冤抑受诬、财产损失、失业流落捐助之类。（协助）四邑水旱赈济、时疫医药等，是其会章共计一十四条，为周备。选举揭晓，张季直当选为正会长，副会长每县一人，通为彭桂年，如为祝时纯，崇为黄秀斋，海为郁芑生四君。当选议董每县五人，干事内分工商学三界，每县六人"。[1] 张季直即清末状元、近代著名实业家张謇。几年后启东加入，原四邑同乡会改称为通如崇海启五县旅沪同乡会。

莫厘三善堂持有8号67坵、9号45坵、9号50坵和9号52坵四块土地，占地面积合计为7.512亩，每亩估价均为2 200元。苏州洞庭东山位于太湖中，最高峰称为莫厘峰。洞庭东山乡民素以善贾著称，民间称其为"钻天洞庭"。洞庭东山因毗邻上海，有众多乡民在上海营业谋生，这些旅沪人士建有同乡组织，内部设有三善堂，因此洞庭东山旅沪同乡会也称莫厘三善堂。同乡会成立于民国元年，即1912年，其发起人为张知笙和席锡藩，会址设于上海市"西区斜桥丽园路"，以"团结旅沪同乡，增进乡谊共谋公益为宗旨"。[2] 洞庭东山旅沪同乡会设有义冢，并从事运送同乡灵柩回原籍安葬的业务。同乡会内还设有莫厘中学和医院，从事乡民教育和医疗服务。第一任会长为严孟繁。东山籍的一些著名外商银行买办比如席锡藩虽是该会发起人，但仅充任会计员一职，尽心尽力为同乡服务。

1号44坵的业主为豆米业萃仁堂，占地面积不大，仅1.415亩，每亩估价3 000元。豆米业原是上海开埠前的重要商业，南来北往的上海沙船运输的大宗商品即是大豆、豆饼以及稻米等，因此这一行业既是重要贸易，也关系普通民众的一日三餐，历来受到社会关注。南市经营豆米业的各行号原来分别建有自己的同业组织，米业所建的称为仁谷公所，也称仁谷堂，1870年又称为嘉谷堂。社会上嘉谷堂、仁谷堂不分，经常混用。油豆饼业所建的则称为萃秀堂，成立于1813年，上海县所颁发的米粮豆饼行业使用的公斛保存于该公所。[3] 正因如此，原本分界的两家公所会聚在一起。这是因为米业每逢校

---

[1] 《神州日报》1920年1月19日。
[2] 《洞庭东山旅沪同乡会三十周年纪念特刊》，1942年，第17页。
[3] 上海博物馆图书资料室编：《上海碑刻资料选辑》，第508页。

对量器米斛时，它得借用存放在萃秀堂的县公斛做衡器，校对活动都是在萃秀堂大厅举行，这导致社会一般人士一直以为它们两家是一家。五四运动时期上海商界抵制对日贸易，有些不法米行违法约定而与日商交易，连累萃秀堂收到大量投诉，以致萃秀堂气愤地登报声明两者并不是一家，并且声明不再借大厅给米业校斛时使用。[1] 虽然如此，但遇到重大事情乃至影响到两业切身利益时，它们还是会一起行动，比如1921年8月6日，上海豆米业公所萃秀堂、仁谷堂发表联合声明，对南北市一些私人米商打算发起成立米业五谷交易所大为不满，因为它们两家此时已经组织了上海杂粮油饼交易所，并报政府核准在案，那么打算新成立的这家米业五谷交易所无疑是会损害它们利益的，也就难怪它们火大了。[2] 萃秀堂和仁谷堂后来的确合并成了萃仁堂，但具体时间就不详了。

旱烟业德馨堂是8号1坵土地业主，面积为6.955亩，每亩估价2 000元。旱烟业德馨堂即烟业公所，是沪上从事烤烟烟叶营业的商人团体，成立时间不详。1923年11月28日，该公所在媒体上刊登了先前烟丝涨价的广告说明，广告说："近来烟叶来价日涨，我业受亏非浅。现为保全血本起见，由同业公同议定，自本年夏历十月二十日起，各色烟丝每包出售价目增加大洋三分。"[3] 现在烟草业已被禁止做广告，但民国时期烟草行业大做广告，花样百出，可见时代的差异。1923年，旱烟业德馨堂在日晖港打浦桥附近购买了一块新基地，即8号1坵地块，建筑烟业西公所，至1924年4月建成，烟业公所随即迁入新址办公。[4]

8号64坵占地面积8.481亩，每亩估价2 200元，业主是美生织绸厂。对近代上海工业史有所了解的人可能会知道大名鼎鼎的美亚织绸厂，但一般不会知道美生织绸厂，其实美生织绸厂是美亚的联枝厂，它于1934年3月并入美亚织绸股份有限公司，抗战胜利后又恢复美生的名号。美亚比美生创办时间早，美亚织绸厂创办于1920年春，创始人是著名的实业家莫觞清。总厂设在法租界白莱尼蒙马浪路（即今马当路）徐家汇路口。1924年秋，在闸北交通路开设第二分厂。1925年春在小沙渡路开设第三分厂天纶美记分厂，1926年又于杜神父路（今永年路）设立第四分厂美孚厂，斜土路鲁班路口设第五分厂美成厂，新西区斜土路设天纶美记总厂。1929年，在共和路设立美利厂，在瞿真人路（今瞿溪路）设美生厂，即上面所提到的8号64坵地块。1929年设立的分厂还有徐家汇路的南新厂。1930年又在横浜路设一久纶厂。总计美亚历年分设的联枝织绸厂共计九家，在公共租界、法租界、上海南北市，均有美亚足迹。此外美亚还设有其他印

---

[1]《民国日报》1919年6月16日。
[2]《新闻报》1921年8月6日。
[3]《申报》1923年11月28日。
[4]《时报》1924年4月6日。

染类的工厂多处。1934年春，美亚织绸厂改组为股份有限公司，所有联枝各厂一律改称为美亚分厂。[1]据1936年的统计，美亚织绸厂已有电力织机1 200台，年产绸缎三十万疋，每年营业额高达800万元。短短16年，美亚织绸厂发展成为中国最大的织绸企业，频频被媒体赞许，称其"洵为我国丝织业之巨擘"。[2]

上海炽昌新牛皮胶公司持有3号70坵地块，土地面积2.896亩，每亩估价2 000元。上海炽昌新牛皮胶公司系由汉口炽昌硝碱公司改组扩充而成。1917年，上海著名实业家、著名的"佛手"牌味精也是中国第一家味精厂的创办人吴蕴初在汉口创办了炽昌硝碱公司，收购碎牛皮，以土法制胶，并兼制氯酸钾，行销四川湖北一带。后来由于收购原料和销售产品均以上海更为方便，于是在1921年12月，吴蕴初在日晖港东沿龙华路一带买了3号70坵地皮，建起了厂房堆栈，公司名称定为上海炽昌新牛皮胶公司，资本两万元，董事长为刘念义，聘请施畊尹为总经理。新公司改用机器生产牛皮胶，注册商标为"炽"字牌。1933年公司资本增加到20万元[3]，成为机器制胶领域不可忽视的一支力量。

震升裕恒记木行在10号28坵，占地面积15.884亩，每亩估价2 200元。该木行详细信息不详，成立时间具体业务等都无从得知，不过媒体上曾报道过它的一则官司，只言片语中透出一点资料。1936年2月10日，《时事新报》刊登了官司大概，标题为《震升恒记木行非法出盘案》。这篇报道说："浙江上虞人田宪成君，于去年十月间，查悉乃父田时霖昔日所创震升恒记木行，遭副经理魏善甫君及族人田相儒君田祈原君等非法出盘，更为裕记，心实不甘，乃向地方法院检察处据情告发。略以最近觅得铁证，并经会计师查核计算，被隐匿等损失达廿二万金。若照营业溢利比算，须在二百万两以上。请求提究。法院据状，曾饬传魏善甫、田相儒、田祈原等三君到庭侦讯，谕着一律交保候示在案。兹悉此案业经汤汝修检察官数度详为研讯，因案情复杂，一时难为终结。"[4]震升裕恒记木行是官方文件地籍册的名称，案件显示也确有震升恒记和震升裕记两家存在，那么三者的关系到底是如何演进的，限于史料，目前梳理不清，只好存而不论。令人感兴趣的是，这一非法出盘案件涉案金额二百万两，在当时算是一个大案，可惜的是案件后来如何审判，也限于史料无从得知，只好留待以后继续挖掘了。

其他宗祠与家族堂号等机构团体业主不再一一罗列，而将冬字圩私人业主枚举如下：

---

1 《美亚织绸厂》,《机联会刊》1935年第113期，第11页。
2 《工商必备》1936年第3期，第14页。
3 《和平日报》1946年7月5日。
4 《时事新报》1936年2月10日。

蔡姓业主：蔡惜荫。

曹姓业主：曹北山、曹锦山、曹南山、曹庆昌、曹少眉、曹颂虞、曹张钟喜、曹子俊。

曾姓业主：曾丽园。

陈姓业主：陈根生、陈金元、陈镜平、陈其仁、陈其祥、陈天隐、陈维舟、陈维周、陈云福、陈之兴、陈志新。

程姓业主：程锦德、程义干。

戴姓业主：戴安素。

范姓业主：范鹤系、范兰系。

方姓业主：方乐桂。

冯姓业主：冯南如。

傅姓业主：傅桂卿、傅桂英、傅纪根、傅秋堂、傅树福。

高姓业主：高翰卿、高维庐。

顾姓业主：顾阿娥、顾阿毛、顾宝荣、顾德邻、顾鹤廷、顾基廷、顾纪实、顾金发、顾金泉、顾金祥、顾进根、顾菊生、顾聚源、顾奎廷、顾魁廷、顾坤符、顾林福、顾林生、顾毛狗、顾茂生、顾梅美、顾妙根、顾妙松、顾木根、顾木生、顾娘娘、顾润廷、顾树根、顾双喜、顾土根、顾锡昌、顾兴祥、顾杏芳、顾张生、顾长发、顾长生。

何姓业主：何国秀、何瑞九、何星丰、何裕香、何志良。

胡姓业主：胡阿五、胡富根、胡俊英、胡龙生、胡木根、胡全根、胡生涛、胡杏林、胡应麟、胡永生。

黄姓业主：黄兰根。

金姓业主：金关荣、金乐贤、金明生、金少云。

康姓业主：康耕泉、康锡元。

蒯姓业主：蒯雁宾。

李姓业主：李东生、李海春、李海林、李金发、李晋生、李俊英、李茂福、李万甫、李万青、李杏生、李掌发。

陆姓业主：陆树声。

罗姓业主：罗子震。

吕姓业主：吕金寿。

马姓业主：马余庆。

孟姓业主：孟季楣。

钱姓业主：钱掌宝。

邵姓业主：邵富堂。

沈姓业主：沈若虚、沈裕堂、沈周氏。

宋姓业主：宋质彬、宋质敏。

苏姓业主：苏根宝。

孙姓业主：孙国生、孙金涛、孙智燕。

唐姓业主：唐春生。

汪姓业主：汪根福、汪瑞桃。

王姓业主：王阿顺、王朝松、王定九、王海林、王乔氏、王燕民。

卫姓业主：卫云生。

吴姓业主：吴计氏、吴锦章、吴进生、吴诒善、吴志麟。

谢姓业主：谢福斋。

徐姓业主：徐明照、徐友生。

许姓业主：许锡祥。

杨姓业主：杨阿弟、杨采良、杨丞良、杨富根、杨根福、杨海根、杨杏生。

姚姓业主：姚仲儒。

叶姓业主：叶阿妙、叶文熙。

余姓业主：余言卿。

郁姓业主：郁锡章。

袁姓业主：袁俊成。

张姓业主：张阿根、张阿金、张安祥、张定远、张根林、张根生、张关兴、张国祥、张汉忠、张纪生、张良铨、张林祥、张全根、张润高、张润身、张书、张顺南、张四福、张文祥、张孝佐、张延长、张银根、张永泉、张元振、张源均、张云龙、张云祥、张长福、张长生、张祯祥、张趾麟、张志高、张志祥、张子甘、张子继。

郑姓业主：郑钱余、郑人魁。

周姓业主：周光耀、周国荣、周洪山、周来格、周寿仁、周长麟、周仲华。

朱姓业主：朱阿宝、朱宾生、朱为铎、朱为楷、朱锡忠、朱子谦。

就上述各姓氏分布来看，毫无疑问，顾姓业主是冬字圩人数最多、实力最大的业主，这跟草塘桥及南北草堂宅一带自明代以来就是顾姓田产一脉相承，姓氏居住分布看来是相当稳定的。

五 / 藏字圩

藏字圩是七图最后之圩，也是工业实力最为重要的一个圩，因为江南制造总局就在此圩内。藏字圩北起沪杭甬铁路,南到黄浦江边,东边以制造局路、龙华路、高昌庙街、老广东街和江边路组成的弯弯曲曲的路段为界,西边则以老日晖港河道为界,江南制造总局占据该圩的相当部分。圩内公私机构和景观村落有上海兵工厂、江南造船所、泉漳会馆、张家宅、陆家宅、王家宅、苏家宅、黄家宅、宋家宅等,也有江边码头、船坞码头、西码头、旧西码头、飞机码头和试炮台等设施。详见图2-90。

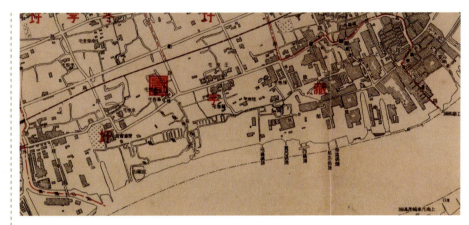

▶ 图2-90 藏字圩区域四界

此外,根据地籍册所示,其他公家机构、公司行号和家族堂号还有市公地、炽昌新制胶号、广艺和记冰厂、龙章造纸厂、上海商业储蓄银行信托部、协泰米号、首善堂、曹春融堂、曹氏墓祠、董集益堂、顾仁裕堂、计凝秀堂、金维善堂、陆三省堂、陆维德堂、钱永庆堂、瞿尚德堂、施傅易堂、苏文远堂、唐昆义堂、王余庆堂、杨范古堂、杨四知堂、寨四知堂、张百忍堂、周怀瑾堂等单位。

藏字圩共有16号,每号坵数不等,其地籍册图分为两部分,见图2-91、图2-92所示。首先要说明的是,尽管自晚清以来江南制造总局在藏字圩购买了大量土地,建造了许多厂房、宿舍等建筑,由江南制造总局演变而来的上海兵工厂和江南造船所继承了相关产权,它们两者始终是该圩的最大业主,但1933年上海市土地局在编制《沪南区地籍册》时,并没有把具体的上海兵工厂和江南造船所所在的地籍号坵列出,而是仅在沪南区地籍总图中做了标识,推测这样做的具体原因可能是这两家机构自民国以来先后从属于军政部、陆军部、海军部统辖,土地产权并不归上海市政府管辖登记,因此也就不必甚至无权列出。相反,如果江南制造总局的厂房建筑所使用的是租来的土地,土地产权仍属上海市登记注册范围,那么在号坵上是必须明确列出该块土地所有权业主的。首善堂自晚清以来就把黄浦江边的大块土地租给江南制造总局使用,但是到了民国年间,两者就因承租问题产生了纠纷。

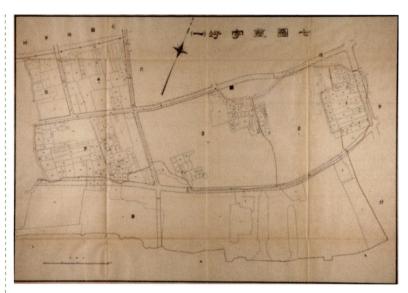

图 2-91 七图藏字圩（一）

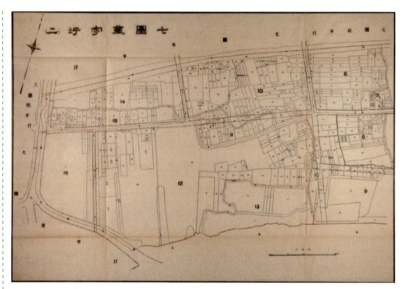

图 2-92 七图藏字圩（二）

首善堂是一家法国教会机构，成立时间不详，有论者认为它是遣使会在上海的账房。[1] 遣使会与耶稣会、方济各会等一样，都是天主教的传教修会组织。1633年，教皇批准设立遣使会，1699年第一批遣使会神父来华从事传教事业。上海开埠后，不同的修会在上海都设有从事房地产经营的机构，遣使会的首善堂是最为著名的。首善堂的成立

---

[1] 政协上海市委员会文史资料委员会、政协上海市卢湾区委员会编：《上海文史资料选辑（卢湾卷）》，上海人民出版社，2004年，第206页。

时间大概与法租界设立的时间相差无几，其最著名的主事者是法国人白嘉禄。白嘉禄，生于 1854 年 9 月 18 日，法名 Charles Barriére，于 1880 年 3 月 22 日抵达上海从事传教事业，属于较早来华的传教士之一。除了热心于传教事业外，白嘉禄还善于理财，特别是购买地产方面眼光独到，为法租界当局和教会方面购买了大量地产，首善堂的一切地产据说均经他亲手购买，他曾任法租界公董局地产委员会委员长。据说首善堂经营房地产常用的办法是：先以贱价买进土地，再把土地租给造房者，期满后地上建筑物无条件归首善堂所有，租期一般以二十年为限。用这一办法，它可以坐享其利，既收了二十年房租，二十年后又白得了房屋，继续出租得益，真是生财有道。[1] 首善堂旧址在今天的重庆南路 139 号，也就是黄浦区人大和政协所在地。1927 年 1 月 11 日，白嘉禄因中风病逝于广慈医院。[2] 白嘉禄为首善堂购买的藏字圩地块为 7 号 64 圩和 9 号 2 圩两块，前者占地面积 11.465 亩，1933 年每亩估价 2 500 元。后者占地面积 17.289 亩，每亩估价 5 000 元，是前者的两倍。9 号 2 圩地块紧贴江边路和江边码头，西边隔着一条小河浜与江南船厂的船坞相邻，也就是俗称的高昌庙江边码头一带沿黄浦江的滩地，因租借给江南制造总局使用，所以估价远高于其他地块。据史料记载，9 号 2 圩地块自光绪二十三年（公元 1897 年）即租给江南制造总局，搭建工匠等用房，议定每年租金 1 000 元，以十五年为期。1905 年，江南船坞改为商办，民国建立后，江南制造总局变更为上海制造局（1917 年改称上海兵工厂）和江南造船所两家机构，这块土地租期也恰好届满。当时的上海镇守使以该处为军事区域，深恐退租之后这块地皮被首善堂转租给其他洋商，给管理带来不便，因此决定继续租借十年到 1923 年 11 月，租金每年增加四千元，即每年租金五千元。1923 年 10 月，此时由上海兵工厂使用的这块土地的十年续租就要期满了，首善堂提出增加租金到每年一万元才能继续续租。上海兵工厂谢邦清总办认为租金太贵，一再与首善堂协商减让，但首善堂不允，纠纷就这样产生了。[3]

自江南制造总局租下首善堂的这块土地后，是自用吗？其实也不是。江南制造总局及后来的上海兵工厂把这块地转租给了附近商民和来自江北的贫民搭建房屋、草棚等，租户每年每方须缴纳地租三角。上海兵工厂此时一看首善堂毫不退让之意，于是决定将"经手转租各业户姓名及地址、亩分、号数、租价等项，一并造册，送交首善堂收归管业"。[4] 首善堂一开始其实并不想接收这一堆资料和麻烦事，因此就由代表清涛向外交部特派江苏交涉公署提请处理。毫无疑问，江苏交涉公署也不想惹这档子事，因此批

---

1 政协上海市委员会文史资料委员会、政协上海市卢湾区委员会编：《上海文史资料选辑（卢湾卷）》，第 207 页。
2 《申报》1927 年 1 月 13 日。
3 《申报》1923 年 10 月 23 日。
4 同上。

示说:"当时租及后来加缴租款,既称均由制造局直接商议,本署均无案可稽。现拟续商展租,亦应仍请兵工厂主持办理。"[1]兵工厂不再续租,交涉公署也不愿受理,首善堂于是决定收回该地块,并提高租金至每年每方三元,这一下使租住的大量江北贫民大为恐慌,联名呈请淞沪护军使何丰林出面协商减租。1924年4月11日,上海县、淞沪警厅、首善堂三方在二区警署座谈,共同商讨减租办法。[2]这次座谈的结果如何,媒体没有进一步报道,也就不得而知。不过,原来的租户特别是江北来的贫民仍继续续租是肯定的。然而,到1925年底,情况又有了变化。该年11月,有媒体报道说:"高昌庙江边码头一带、沿黄浦附近滩地……现因首善堂收回,拟将该处滩地筑造马路,振兴市面。是以须将出租之基地尽行收归,以便改筑。惟租地搭造草房之江北贫民,共有二三千户之多,此次忽然退租,一时无处迁移,且因首善堂定期本月内开工拆卸草房,以致各贫民大起恐慌。前日该堂拟雇工往拆,而各贫民群相反对,继致滋事,并举代表投赴警厅呈诉,谓该滩地系由租户自填,系被首善堂占盗升科,今忽勒令拆房,殊难甘服,要求维持等情。江厅长以所称各节,究竟是何实情,已派侦缉队长前往详查核办矣。"[3]如果贫民的申诉属实,那这块地皮并不是首善堂的产业,首善堂欺人太甚。但贫民们所称的滩地自填,恐怕是紧贴江南造船所的那条小河浜,这河浜原是9号2坵这一地块的西边界线。并且,这河浜不是在此租住的贫民们所填,而是1919年江南造船所填的。在江南造船所的文件中,它曾说:"民国八年本所将东界墙外公用之河沟填平,重砌界墙,放拓地址作为艇坞,以备制造及修理小船之用。"[4]换言之,9号2坵这块地皮的业主的确是首善堂,但江南造船所把原来的界河填平,砌了界墙,贫民们则搭起了草房,就河浜而言它的确不是首善堂的产业。但这窄窄的河浜又能填出几分土地呢?后来这次拆迁事件实情到底如何,草房是否被强拆了?这些都没有后续资料,不过我们可以确定的是1933年上海市土地局在制作沪南区地籍图册时确定无疑地将其业主标明为首善堂,至于那些江北贫民的住处与生活,则无人问津了。

藏字圩内另一家大企业是龙章机器造纸厂。见图2-93。龙章造纸厂紧邻日晖港河道和黄浦江畔,隔着泉漳会馆与江南制造总局的试炮台相望,其地籍册号为16号5坵,占地面积51.87亩,每亩估价为3 000元。龙章造纸厂是晚清造纸工业的代表性企业之一,当时与杨树浦的伦章造纸厂、浦东的华章造纸厂三足鼎立。伦章和华章虽然创办时间早,但先后改制易名为天章西厂和天章东厂,唯有龙章造纸厂始终存在。龙章造纸厂

---

[1] 《时事新报》1924年4月4日。
[2] 《申报》1924年4月11日。
[3] 《时事新报》1925年11月7日。
[4] 《江南造船所纪要》,第52页。

创始于1904年，创办宗旨为"发轫官纸，抵制洋纸"，创始人为南浔巨商庞家的庞莱臣。庞莱臣是南浔"四象"之一庞云曾的次子，名元济，号虚斋，是近代中国著名的绘画收藏家、书画鉴赏家，也是著名的实业家。1904年庞莱臣奉清政府商部指派负责创办机器造纸公司，经过三年多建设后于1907年9月底正式建成。9月30日举行落成典礼，邀请上海道台瑞澂等莅临观览。到场官商嘉宾二百多人，瑞

> 图2-93 龙章机器造纸厂

澂对庞莱臣等创办者的雄心大加赞赏，称赞道："周览既毕，甚叹京卿提倡之热心与贵公司诸公规划之毅力。盛哉！实业将于是期发达焉。"[1]龙章造纸厂有工人六百多人，生产洋连史纸、毛边纸和牛皮纸等各类纸张，以1928年为例，每天平均生产二万八千磅，质量上乘且价格较进口纸便宜四分之一，畅销全国，被媒体称赞为"国货中之佼佼者也"。[2]

炽昌新制胶号即上海炽昌新牛皮胶公司，它持有15号1坵地块，占地面积3.227亩，每亩估价3 000元。广艺和记冰厂持有4号35、36坵和7号3坵三块地块，合计1.164亩，地价每亩约为2 500元。该两公司前已介绍，此处不再赘述。

就拥有土地面积大小而言，泉漳会馆可能是藏字圩仅次于江南制造总局的业主，它拥有11号5坵、12号41坵、12号57坵、12号58坵四个地块，占地面积分布是0.866亩、0.461亩、9.178亩、90.695亩，合计共101.2亩，后两个面积超大的地块每亩估价都是3 000元，就在江南制造总局的西边，紧靠黄浦江畔，属于藏字圩较贵的地块。据文献记载，泉漳会馆创始于乾隆二十二年，即公元1757年，是上海创立较早的同业组织，由泉州、漳州两府从事航运贸易的船户捐资兴建。泉漳会馆最初的建筑是怎样的，已无从查考。根据碑志所载，共计经过三次修建。第一次是在清道光十二年，即1832年。第二次是在清咸丰七年，即1857年。第三次是在清光绪十九年，即1893年。至第三次修建后，已有相当规模了。它的馆址，原来建在南市外咸瓜街，分前后两殿，前殿供妈祖天后，后殿供关帝。在前殿部分，另有一所戏台。在馆的南侧建有厅堂，叫"敦

---

1 《时报》1907年10月1日。
2 《国货评论》1928年第7期，第1页。

叙堂",专供议事等用。此外还有一所别墅,但何年建置,已经不详,可确定的仅仅是这所别墅最初是设在带钩桥畔,后因该处被划入法租界,这才迁设于南市外日晖桥制造局旁,也就是上述12号57圩与58圩所在。考其时间,大概是在同治初年,也就是1863年前后的事。泉漳别墅内建有一殿,供奉观音;殿后则是客座。在殿的前后二面,筑有假山亭池,种植花草树木。西面有一厅房,专门用来奉祀历年有功于馆务的先贤用。左右两侧建有平房,是备客死异地同乡寄柩用的;东面有很大一块空地,辟作义冢。以上是泉漳会馆与其别墅的大致轮廓。因前后变化,在外咸瓜街的会馆原来称作南会馆,在带钩桥的别墅称作北会馆,但是后来别墅迁到江南制造总局西边后,因别墅更在南面,所以把别墅改称为南会馆,原来外咸瓜街的会馆仅称为会馆。除了会馆原址和别墅外,泉漳会馆还在市内购置了多处房产,其目的是将房产的收益充作会馆的经常费用。其房产之多,在上海的会馆中也是颇不多见的。[1]1907年,在别墅内设立了泉漳公学,先办小学,后来又开办中学,专供同乡子弟修业,同时也兼收外乡学生。著名哲学家艾思奇曾任教于泉漳中学。除了教育外,泉漳会馆还创办了一家施救贫病的医院,名为"泉漳医院",院址在南市毛家弄。其他鳏寡救助等慈善事业也是泉漳会馆的业务。抗战期间泉漳会馆和别墅受到很大损失,甚至与相关机构产生了财产纠纷,这是后话了。

上海商业储蓄银行信托部是五里桥街道所在暑字圩、往字圩、收字圩、冬字圩、藏字圩五圩内唯一一家金融机构,可见当时这片区域并不被金融机构看好,或者说直到20世纪30年代,这片区域生活的还主要是工人阶层和贫民群体,大概是没钱存储的。上海商业储蓄银行信托部持有15号3圩、4圩两块土地,合计面积为1.131亩,每亩估价3 000元,具体位置约在今天打浦路和龙华东路的路口。

其他家族堂号不再罗列,而将私人业主详列如下,以备检索和纪念:

包姓业主:包志林。

曹姓业主:曹木根、曹树麟、曹云生。

曾姓业主:曾春生。

陈姓业主:陈阿弟、陈阿虎、陈阿新、陈定元、陈富森、陈根福、陈根全、陈金宝、陈金威、陈木耕、陈培卿、陈培庆、陈瑞龙、陈双喜、陈王氏、陈新宝。

仇姓业主:仇万荣。

单姓业主:单宝铣、单宝先。

范姓业主:范华孙。

---

[1]《泉漳特刊》1946年,第7页。

冯姓业主：冯敬堂、冯志久。

高姓业主：高维庐。

葛姓业主：葛蒋氏、葛砚农。

顾姓业主：顾承书、顾福林、顾奎廷、顾杏林、顾增荣。

韩姓业主：韩昌基。

黄姓业主：黄宝根、黄金福、黄龙生、黄圣奎、黄士林、黄顺发、黄长春。

计姓业主：计安国、计根南、计和郎、计荣铨。

蒋姓业主：蒋文藻、蒋学文。

金姓业主：金阿生、金涤汶、金涤源、金福申、金根生、金乐贤、金林生、金毛毛、金明生、金胜泉、金松顺、金心诚、金秀亭、金云生。

孔姓业主：孔冬生、孔金松、孔荣生。

雷姓业主：雷汲韩。

李姓业主：李阿大、李阿弟、李阿荣、李阿新、李炳生、李富全、李富云、李根根、李关新、李桂生、李海春、李海林、李虎根、李计氏、李晋生、李林生、李龙发、李龙海、李秋全、李秋泉、李全发、李尚义、李土全、李小弟、李新根、李杏生、李张氏、李长发、李掌发、李朱清。

梁姓业主：梁有志。

林姓业主：林阿香、林本禧、林本祥、林本祯、林根发、林进福、林坤泉、林玉彩。

凌姓业主：凌炎宝。

刘姓业主：刘宝仁、刘少溪、刘少竹。

卢姓业主：卢宝生。

陆姓业主：陆根宝、陆根福、陆桂松、陆杨氏。

骆姓业主：骆伯康。

毛姓业主：毛宝华。

钱姓业主：钱福生、钱海荣、钱金祥、钱进根、钱林祥、钱瑞生、钱文潮、钱益基、钱裕基、钱长元、钱肇基。

乔姓业主：乔衡发、乔生发。

沈姓业主：沈富荣、沈静嘉、沈泉水、沈若虚、沈逸农。

施姓业主：施昭荣。

宋姓业主：宋阿余、宋纪生、宋金宝、宋金发、宋隆发、宋殷氏、宋长春。

苏姓业主：苏宝生、苏文德。

孙姓业主：孙俊卿、孙仪福。

唐姓业主：唐友良。

童姓业主：童锡奎。

王姓业主：王朝松、王陈氏、王春山、王继声、王晋卿、王俊生、王毛南、王乔氏、王山海、王松龄、王颂明、王土生、王徐元、王长根、王兆松、王震鸣、王仲贤、王宗承。

魏姓业主：魏达刚。

吴姓业主：吴进卿、吴顾卿、吴山新、吴寿根、吴顺卿、吴文祥、吴章宏。

萧姓业主：萧丽孙。

徐姓业主：徐富贵、徐根生、徐兰英、徐毛囡、徐申翰、徐申敬、徐申慎、徐志诚、徐志新、徐志毅。

许姓业主：许福山。

杨姓业主：杨阿坤、杨宝仁、杨陈氏、杨春荣、杨福全、杨富根、杨根生、杨赓梅、杨海泉、杨金发、杨金根、杨金龙、杨俊生、杨龙生、杨琪珍、杨起鹏、杨庆涛、杨全根、杨世清、杨世泽、杨汤氏、杨长根、杨掌发、杨掌根、杨掌生、杨肇基。

于姓业主：于昌才。

张姓业主：张宝书、张才春、张戈平、张关根、张贵昌、张国实、张翰元、张惠祈、张金生、张俊发、张林生、张培元、张人杰、张松林、张新根、张云根。

周姓业主：周阿六、周阿妹、周阿秋、周阿五、周阿香、周朝魁、周大阿妹、周东生、周根福、周根生、周耕绿、周公基、周计氏、周金囡、周金生、周俊堂、周开基、周坤良、周毛观、周毛毛、周毛头、周明根、周泉福、周泉生、周善甫、周王氏、周文昌、周香霖、周燮魁、周杏霖、周云南、周仲倍、周仲兰。

朱姓业主：朱金华、朱进福、朱锡忠。

庄姓业主：庄永和。

从上可以直观地看到，藏字圩虽有江南制造总局、龙章造纸厂、泉漳会馆等公私单位，但也有众多的私人业主，圩内有大量的便宜的土地，人口并不拥挤，1916年10月西区高等小学组织同学参观龙章造纸厂，同学们在参观记中甚至写道："由斜土路越沪杭铁路，所经多荒僻之地，鲜有居民者"[1]，江南制造总局为何宁愿支付高价来租借首善堂的地皮，惹出一番纠纷来，也不愿在周边低价购买土地来建设厂房宿舍，现在看来是有点令人费解的。

---

[1] 《中华童子界》1917年第36期，第23页。

第三章

中华人民共和国成立后五里桥行政区划的设立与社会经济的新发展、新治理

根据现行权威辞典的解释，行政区划，也称为行政区域，是一个国家的国家政府为了行政上的需要而在其领土境内分划制定的次级区域或政权单位，有时也称行政实体、行政单位等。这些划定的行政区划，通常会设置对应的地域政府从事管理和治理。行政区划对一个地方经济发展的重要性有目共睹，有时甚至起着决定性的作用。五里桥自明代建桥成为一个地理名称以来，始终是传统社会中的一个普通的地理名词，一个桥梁称谓，一个地点称谓。哪怕到清末同治年间因江南制造局迁入高昌庙一带并带动周边经济社会发展时期，五里桥仍然仅是一个方圆十几里范围内居民熟知的地点名称而已，始终未能进入更高一层的政区名称范畴，直到新中国成立以后，这才发生了根本性的变革。1956年，五里桥办事处成立，这标志着五里桥身份的转变，也标志着五里桥区域的经济社会发展进入了一条不同以往的快车道。

第一节 五里桥行政区划的沿革与发展

一、五里桥区域在中华人民共和国成立之前的行政归属

自唐代逐渐成陆至元代上海设县以前，今天上海老城厢西南一带的广袤土地均属华亭县高昌乡管辖。1292年，朝廷将华亭县析出五个乡设立上海县，这是上海正式成为

基层行政实体的开始，标志着上海登上中国政治制度史的舞台。设县以来，五里桥区域在行政治理归属上未有任何改变，仍由高昌乡管辖，只是华亭县变成了上海县而已。自明朝直至清咸丰年间，历代《上海县志》中五里桥周边均属高昌乡二十五保，图籍则为十三、十四、十五图，即图籍上所称的斜桥头、五里桥头、草堂头一带，直到清代咸丰年间这一治理架构才开始有所变化。

咸丰十年（公元1860年），清政府因镇压太平军而饬令遍设团练局，江南各地广设兵营，在今天斜土路和制造局路口即建有兵营一座。这在19世纪六七十年代的老上海地图中清晰可见，详见第一章有关章节，此处不再赘述。遍设团练局后，原卢湾区区境南部即五里桥一带划属江境局，区境西部归法华局，东部包括老城厢部分则属城厢总局统辖。据《卢湾区志》考订，这一格局就成为后来卢湾区设立的渊源与肇端。[1] 光绪三十二年（公元1906年），又依团练局而划设学区，五里桥一带归属于江境区。

宣统元年（公元1909年），清廷为推动宪政体制，鼓吹地方自治，颁布了《城镇乡地方自治章程》，随即多地依规颁布了自己的自治章程。以五里桥区域所在的沪南区而言，光绪三十一年（公元1905年）城厢内外总工程局成立，开始试行地方自治。宣统二年（公元1910年），又将老城厢、老闸、新闸、江境四学区范围统合为上海城，设立城自治公所。一年后，闸北地方自治公所成立。这两者就是除租界外的上海市沪南、沪北两大自治主体。辛亥革命时期它们分别改称为南市市政厅和闸北市政厅。辛亥革命后清廷被推翻，但地方自治仍在推动发展中。1914年，南市市政厅改为上海工巡捐总局，闸北市政厅改为上海工巡捐总局闸北分办处。1918年，又分别改称为沪南工巡捐局、沪北工巡捐局。1924年11月，沪南工巡捐局改为上海市公所。沪北工巡捐局历经多次改名后与吴淞商埠局于1926年合并成淞沪商埠督办公署，这家督办公署没多久又改称最初的沪北工巡捐局。1927年7月，国民政府决定，上海市公所、沪北工巡捐局以及浦东塘工善后局三者管辖区域合并组成上海特别市，由中央直辖管理。

1928年7月，上海特别市的市县分隶，原"上海市"更名为沪南区，五里桥区无疑属沪南区管辖。1930年7月，根据国民政府新颁布的法律，特别市称谓被废止，上海特别市改称为上海市。此后直到抗战期间，汪伪政府为了宣扬自己的正统起见，于1938年再次修改法规，把上海市改回为上海特别市，沪南区也跟着改称南市区。指随意动，五里桥区域追随行政区域眼花缭乱式的变来变去，忽东忽西，此时大部归南市区管理，部分属于特别的第七区。

抗战胜利后，国民政府宣布正式收回所有租界，并以日伪政权所设的保甲区为基础，重新划定行政区。根据1945年底上海市有关部门的报告，沪南区由上海县城厢、南市与

---

1 《卢湾区志（1994—2003）》编纂委员会编：《卢湾区志（1994—2003）》，第79页。

西乡三部分组成。"上海县城厢"即旧城墙内的部分,"南市"是指从十六铺迤南至高昌庙之间的地方,"西乡"则是从高昌庙迤西至龙华徐家汇之间的地方。据此而言,五里桥区域属"南市"和"西乡"交融处。另外,根据市政府民政处的规划,全市设三十一个区公所,各区区长人选由市政府遴选委任,每区除正副区长外,设一总干事,下设民政、户政、警卫、经济、文化五股。这三十一区依次为黄浦、老闸、邑庙、蓬莱、泰山、卢家湾、常熟、徐家汇、长宁、静安、新成、江宁、普陀、闸北、北站、虹口、北四川路、提篮桥、榆林、杨树浦、新市街、江湾、吴淞、大场、新泾、龙华、马桥、塘湾、杨思、洋泾、高桥。第五区泰山区具体范围为:东自新桥街沿民国路(旧路名,今为人民路。其他路名不再一一标注)方浜桥折向西到南洋桥铁门沿至制造局路,南沿黄浦,西自吕班路鲁班路至南黄浦江,北至中正路。区长朱文德,副区长陈养修。区公所地址,蒲柏路(今太仓路)一四五号。第六区卢家湾区范围为:东自黄浦江沿鲁班路灵宝路至直海路,南自鲁班路沿黄浦至日晖路,西自黄浦起沿日晖路咸阳路至洛阳路,北自重庆路沿洛阳路至咸阳路。区长章鹏若,副区长吕觉非。区公所地址,卢家湾警察分局内。[1]

五里桥区域大致以鲁班路为界,东西分属第五区和第六区,治安归上海市警察局泰山路分局和卢家湾分局管辖,图3-1即是合并在一起的泰山路分局和卢家湾分局辖境图。东为制造局路,西是日晖港和日晖东路,南为黄浦江。1947年,泰山区改称嵩山区,但仅是区名称改变而已,没有其他影响。卢家湾区未有改动。所以上述行政格局一直持续到新中国成立初期。

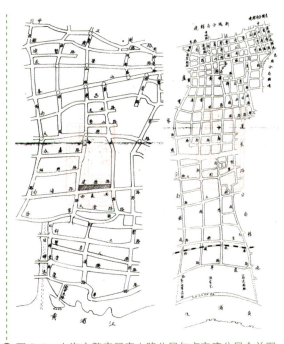

图3-1 上海市警察局泰山路分局与卢家湾分局合并图

二、中华人民共和国成立后五里桥街道办事处的设立与沿革

上海解放后,保甲制度废除,五里桥区域所在的卢家湾区和嵩山区行政规划开始发

---

[1] 上海市警察局警察训练所编:《上海市地理及社会概况》,警察局警察训练所,1945年,第37页。

生大幅度改变。

1949年底，卢家湾、嵩山两区接管委员会，在原有社区保甲形态的基础上，将两区全境划分为若干办事处，卢家湾区为6个办事处，嵩山区为10个办事处，以序号编排。如表3-1所示。[1] 五里桥区域以鲁班路为界，分属两区的第一办事处管理。这和历史上的治理状况一脉相承。1950年7月，卢家湾区改称卢湾区。1953年2月，卢湾区调整为9个办事处。1956年3月，嵩山区撤销，其西部、南部相关的办事处并入卢湾区，卢湾区办事处一下子增为20个，办事处名称由原来的序号排列改为以相关路名命名，分别是中山南一路、打浦路、鲁班路、绍兴路、泰康路、思南路、茂名路、进贤路、淮海中路、长乐路、五里桥路、蒙自路、局门路、丽园路、建国东路、顺昌路、肇周路、合肥路、马当路和淡水路。[2] 这是五里桥第一次以行政区划中的一级单位登上行政制度的舞台，也是五里桥社区发展史上的转折点。不过当时五里桥路办事处管理范围仅为鲁班路、斜土路、蒙自路、五里桥路、制造局路、高雄路、江边路和黄浦江所围起的这片区域，今天五里桥街道所属的日晖港、瞿溪路、鲁班路、黄浦江四至区域在当时属于中山南一路办事处，其他部分则归打浦路办事处管辖。

表3-1　1949年11月卢家湾、嵩山两区各办事处划分情况表

区别	名称	范围	说明
卢家湾区	第一办事处	日晖港、徐家汇路、鲁班路、黄浦江	/
	第二办事处	瑞金二路、建国中路、重庆南路、徐家汇路	1953年2月改为第四办事处
	第三办事处	瑞金二路、淮海中路、重庆南路、建国中路	1953年2月与第五办事处并划为第六、八、九办事处
	第四办事处	陕西南路、淮海中路、瑞金二路、徐家汇路（今肇嘉浜路）	1953年2月初撤
	第五办事处	瑞金一路、延安中路、延安东路、重庆南路、淮海中路	1953年2月与第三办事处并划为第六、八、九办事处
	第六办事处	陕西南路、延安中路、瑞金一路、淮海中路	1953年2月改称第七办事处
嵩山区	第一办事处	鲁班路、徐家汇路、制造局路、高雄路、江边路	/
	第二办事处	重庆南路、复兴中路、黄陂南路、徐家汇路	/
	第三办事处	黄陂南路、复兴中路、顺昌路、合肥路、顺昌路、肇周路、徐家汇路	/

---

1 《卢湾区志（1994—2003）》编纂委员会编：《卢湾区志（1994—2003）》，第80—81页。
2 同上书，第81页。

（续表）

区别	名称	范围	说明
嵩山区	第四办事处	顺昌路、自忠路、西藏南路、肇周路、合肥路	/
	第五办事处	重庆南路、兴业路、顺昌路、复兴中路	/
	第六办事处	重庆南路、淮海中路、普安路、崇德路、吉安路、自忠路、顺昌路、兴业路	/
	第七办事处	普安路、崇德路、吉安路、桃源路、人民路、方浜西路、自忠路	部分属今区境
	第八办事处	重庆中路、延安东路、普安路、淮海中路	部分属今区境
	第九办事处	普安路、延安东路、西藏南路、淮海中路	部分属今区境
	第十办事处	西藏南路、延安东路、浙江南路、人民路	不属今区境

1960年4月，卢湾区将中山南一路办事处和五里桥路办事处合并为中山五里街道办事处，同时将原打浦桥街道办事处斜土路以南部分划入中山五里街道管辖，此后斜土路即成为街道的北界。同年6月，中山五里街道办事处改称五里桥街道办事处，此后未再变更，一直沿用至今。从明代嘉靖年间顾从礼义举建桥，到1956年3月初登上海市行政制度的舞台，再到1960年6月行政格局完全定型，历经四百年左右，五里桥完成了由桥到行政单位的转变。

根据1993年的统计，五里桥街道辖区面积3.03平方公里，有居民27 394户，一共80 586人，设有34个居民委员会，街道办事处设在蒙自路594号。[1] 此后稍有调整，辖区面积增加为3.09平方公里。其辖区范围如图3-2中2003年卢湾区行政区划图所示。2011年卢湾区与黄浦区合并，五

图 3-2　2003 年卢湾区行政区划图

---

1 《卢湾区志（1994—2003）》编纂委员会编：《卢湾区志（1994—2003）》，第83页。

里桥街道仍保持不变。

三、居委会的发展

上海解放前夕，基层行政区划为保甲制度，全市共有 30 个区，区下设有 293 保、28 553 甲。当时五里桥区域属嵩山区和卢家湾区管辖，境内设有多个保甲单位，但当时斜土路以南区域，除高昌庙和江南造船厂一带外，人口并不密集，整体上属于嵩山区和卢家湾区人口密度较小的区域。新中国成立后，经过短暂的过渡，1950 年 7 月 1 日上海正式废除保甲制度。到 1951 年底，全市共设有 2 083 个居民委员会，自治管理居民约 239 万人。[1] 五里桥街道办事处设立后，随着辖区内经济与社会的发展，居民委员会也逐步增多。1985 年底，街道下辖 26 个居民委员会，人口 7.45 万，1993 年调整为 34 个，人口增长为 8 万多人。

由于统计数据不全，并且居委会调整较为频繁，以下仅以 1985 年为例，概述五里桥街道各居委会自改革开放以来社区发展的基本情况，数据均以 1985 年统计为标准。[2]

五里桥路第一居民委员会。位于街道北部，居委会设在蒙自路 291 弄 12 号，有 22 个居民小组，819 户约 3 000 人，面积 132.97 亩。原为五里桥路第二居委会，1966 年从五里桥路第二居委会划出北段部分设立五里桥路第一居委会。居民住宅多是简陋棚户。境内曾有上海第十五羊毛衫厂和四师附小等单位。

五里桥路第二居民委员会。位于街道北部，居委会设在斜土路 294 弄 4 号。有 41 个居民小组，1 138 户共 4 450 人，面积 59.4 亩。1954 年由原来的局门路 242 弄与 250 弄、斜土路 266 弄与 294 弄、蒙自路 305 弄五个居委会合并设立五里桥路第二居委会。中华人民共和国成立前，境内多会馆义冢、荒地和简陋的棚户区，1977 年至 1984 年间，陆续兴建了工房 20 余幢，俗称桥二新村。

局门路第一居民委员会。位于街道东部，居民委员会设在铁道路 268 号。有 14 个居民小组，540 户共 1 800 人，面积 103.2 亩。1959 年由制造局路第三、第四、第五共三个居民委员会合并成立局门路居民委员会。1962 年由局门路居民委员会划出部分设立局门路第一居民委员会。辖区内中小型工厂密集，大型企业即为历史悠久的江南造船厂。高昌庙遗址即在境内。居民住宅大多数是棚户。

局门路第二居民委员会。位于街道东北端，居民委员会设在瞿溪路 635 弄 29 号。

---

[1] 杨丽萍：《从废除保甲制度到建立居民委员会：以新中国成立前后的上海为例》，《党的文献》2010 年第 5 期，第 90 页。
[2] 卢湾区人民政府编：《上海市卢湾区地名志》，第 49—54 页。

有28个居民小组，845户共3 180人，面积91.8亩。1962年由局门路居民委员会划出部分设立局门路第二居民委员会。居民住宅大多是简易房屋。

局门路第三居民委员会。位于街道东南部，居委会设在局门路646弄5号。有18个居民小组，578户约2 600人，面积89.1亩。1984年9月自局门路第一居委会划出部分，设立局门路第三居民委员会。境内居民住宅，大多数是简易房屋。境内有上海市第四师范学校。

中山南一路第一居民委员会。位于街道中部，居委会设在中山南一路633弄7号。有24个居民小组，950户共3 450人，面积187.65亩。1958年由龙华、铁道、解放、瞿四共四个居委会合并成立中山南一路第一居委会。居民住宅多数是简屋。境内有卢湾工人体育场、上海第五丝织厂及汇明电池厂。汇明电池厂在历史上相当著名，见前面章节。

中山南一路第二居民委员会。位于街道中部，居民委员会设在打浦路447弄85号。有19个居民小组，612户共2 220人，面积63.60亩。居委会成立于1958年，原由打四居委会、中东居委会、瞿一居委会合并而成。1980年划分重建为中山南一路第二居民委员会。境内住宅多简易棚屋，间有高层建筑。

中山南一路第三居民委员会。位于街道西部，居委会设在中山南一路1043弄2号。有21个居民小组，470户约1 500人，面积27亩。1955年由中一、中山居委会合并为中山居委会，1983年改为瞿西居委会，1985年4月再次划分设立中山南一路第三居委会。居民住宅大多是棚户。南部有商场等网点。

瞿溪路东段居民委员会。位于街道北部，居委会设在瞿溪路937弄8号。有21个居民小组，626户2 240人，面积19.2亩。1958年由斜新、蒙自、瞿二，合并为斜新居委会，1979年设瞿东居委会，1985年又重新设立瞿溪路东段居民委员会。境内原来也是义冢和棚户较多，自1974年后陆续拆迁，兴建为新工房。

瞿溪路南段居民委员会。位于街道中部，居民委员会设在瞿溪路1102弄79号。1980年由中山南一路第二居民委员会划出设立瞿溪路南段居委会。有24个居民小组，769户共2 750人，面积53.4亩。居民住宅多为简易房屋，1978年东部建有新工房，境内有小型工厂、仓库、商店及农副产品贸易市场。

瞿溪路中段居民委员会。位于街道北部，居民委员会设在打浦路345号。1980年从打浦居委会划出设立瞿溪路中段居民委员会。有38个居民小组，1 160户共4 550人，面积64.8亩。居民住宅大多是棚户。境内有江南造船厂职工宿舍及招待所、上海电阻厂、上海体育用品四厂等。上海电阻厂为上海市著名企业，今已不存。

瞿溪路西段居民委员会。位于街道西部，居委会设在瞿溪路1240弄8号。1983年划出瞿溪路西段设立瞿溪路西段居民委员会。有16个居民小组，658户共2 400人，面积54亩。居民住宅多为简易平房。境内商业网点较少，有第二十三漂染厂、上海第一缝纫机厂车间及仓库等。

平民新村居民委员会。位于街道北部，1979年成立，居委会设在斜土路628弄63号。有31个居民小组，99户共3 880人，面积51.6亩。居民住宅大多是简易房屋。境内设有百货、医药等商店与卢湾电影院。

斜土路居民委员会。位于街道西北部，1960年设立，居委会设在打浦路240弄9号。有38个居民小组，1 152户约4 500人，面积172.8亩。居民住宅大多数是简易平房。境内工厂有中国飞轮制线厂、上海化工机械厂、上海市第十六制药厂等。飞轮制线厂曾是亚洲最大的制线企业，今亦不存。

斜土新村居民委员会。位于街道北部，1979年成立，居委会设在斜土路486弄7号。有15个居民小组，824户共2 940人，占地面积60亩。居民住宅大多是简易棚户。境内有第二十四漂染厂、上海电器化研究所等。

铁道路居民委员会。位于街道西南部，居委会设在铁道路652号。1957年设立。有24个居民小组，846户共3 240人，占地面积46.8亩。铁道路来自沪杭甬铁路旧址，铁路早已拆除不存，仅有部分地名显示沪杭甬铁路在历史上的惊鸿一瞥。

铁道路第一居民委员会。位于街道南部，1958年设立中山南一路居委会，1981年划出部分成立铁道路第一居委会，居委会设在中山南一路680号。有15个居民小组，540户2 401人，面积为291.6亩。

开平路居民委员会。位于街道南部，1958年成立，1966年与龙华路居民委员会合并为龙开居民委员会，1983年又划出，仍为开平路居委会。居民委员会设在龙华东路845号。有16个居民小组，745户共2 851人，面积286.20亩。

龙华路居民委员会。位于街道西南部，1966年与开平居委会合并为龙开居委会，1983年划出设立龙华路居委会。居委会设在中山南一路1012弄甲号。有24个居民小组，718户2 899人，面积123.6亩。

鲁班路南段居民委员会。位于街道西北部，1979年由平民新村居委会划出部分设立，居民委员会设在鲁班路400弄6号。有29个居民小组，775户共3 071人。面积64.8亩。居民住宅区有六层楼房7幢，已具有现代城市社区的风貌。

鲁班路东段居民委员会。位于街道东部，1985年4月由瞿溪路东段居民委员会划出设立，居委会设在瞿溪路1003弄2号。有16个居民小组，467户约1 700人，面积64.8亩。居民住宅建有三层、六层新工房10余幢。境内有上海第一缝纫机厂、上海无线电三十五厂、日晖中学等。

雪龙新村居民委员会。位于街道西南部，1985年1月由铁道路居委会划出设立，居委会设在铁道路652弄110号。有居民小组20个，624户共2 650人，面积268.8亩。居民住宅大多数仍是简屋。

打浦路居民委员会。位于街道西北部，1964年从平民居委会划出成立，居民委员会设在打浦路271弄42号。有34个居民小组，1 100户共3 980人，面积99.9亩。中华人民共和国成立前境内多是农田坟山，间或有简屋及棚户。1963年后逐渐建成新工房10幢，俗称打浦新村。境内有上海科技大学分校、上海化工学院分部、打浦中学等。

打浦路第一居民委员会。位于街道西南部，1984年7月由中山南一路第二居委会划出设立，居委会设在打浦路447弄85号。有18个居民小组，658户约2 400人，面积43.2亩。居民住宅大多数为简易房屋。境内工厂不多。

蒙自路居民委员会。位于街道东部，1985年4月由瞿东居委会划出设立，居委会设在瞿溪路840弄。有21个居民小组，619户共1 150人，面积63.45亩。居民住宅多属棚户简屋，1984年至1985年间经城市旧房改造，逐步建成新工房6幢。

市民新村居民委员会。位于街道西部，1958年1月由中山南一路第三居委会划出设立，居民委员会设在瞿溪路1200弄13号。有36个居民小组，867户共2 760人，面积54亩。居民住宅建有三层新工房14幢。境内东端有远近闻名的瞿溪菜场。

至2003年底，五里桥街道户籍总户数为25 615户，户籍总人口70 901人。人口密度每平方公里23 094人。共有居民小区77个，设居委会19个。[1]

第二节　江南造船厂在新时代的辉煌发展与改制创新

一　新生

1949年5月27日，上海解放。第二天，上海市军事管制委员会主任陈毅、副主任粟裕签发管字第一号令，宣布接管国民党海军江南造船所，由上海市军管会海军部副部长张元培及王季芬作为正副军代表接管，江南造船所自此迎来了新生。图3-3即为接管令图影，图片来源于黄浦区档案馆。

---

[1]《卢湾区志（1994—2003）》编纂委员会编：《卢湾区志（1994—2003）》，第917页。

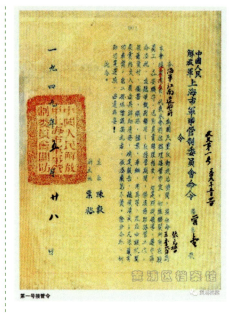

图 3-3　江南造船所接管令

接管初期的江南造船所，历经战争破坏和创伤，已经满目疮痍，但仍保留下来三座船坞、七个船台和五个码头，其他设备和船体厂、锅炉厂、内燃机厂等还大致完整。江南造船厂的全体职工满怀着建设新中国的激情和热情，边抢修、边生产，仅用不足两个月时间就修复好了三座船坞的闸门。7月23日，江南造船所召开庆功大会，表彰在护厂、抢修和献交器材中的有功人员，上海市市长陈毅，副市长曾山，华东军区副司令员、华东海军司令员张爱萍，上海总工会主席刘长胜等出席庆功大会。陈毅市长号召全厂职工，加紧学习技术，学习政治，做建设新中国的主人翁。抢修船坞中立了大功的金龙山名列一等功臣榜榜首，与其他133名功臣一起受到隆重表彰。[1] 1950年金龙山被评为全国劳模，赴京参加全国工农兵劳动模范会议，受到毛泽东主席以及其他各位领导人的亲切接见。

为了尽快解放沿海岛屿，1950年9月，解放军海军司令部向江南造船厂下达了建造一批小炮艇的任务。1952年初，正式委托江南造船所建造，共20艘，所以这批炮艇被命名为52甲型。一年后又委托江南造船厂建造装有扫雷设备火力更猛的改进型炮艇36艘，称为53甲型炮艇。这两批炮艇在解放崇明岛、大小鹿山岛、一江山岛等战斗中发挥了重要作用。

1952年底，江南造船所由海军管理改为由国家第一机械工业部船舶工业管理局领导，从而结束了自1905年局坞分家以来归属海军管辖的隶属关系。1953年2月20日，江南造船所正式改名为"江南造船厂"。

二、辉煌发展

改隶一机部管理后的江南造船厂仍继续为新中国的海军建设服务。

1953年6月4日，中苏双方在莫斯科签署了《关于供应海军装备及在军舰制造方面对中国给予技术援助的协议》，史称"六四"协定。按照协定，苏联保证在1953年至

---

[1] 叶宝园：《自强之路：从江南造船厂看中国造船业百年历程》，中央文献出版社，2008年，第172页。

第三章　中华人民共和国成立后五里桥行政区划的设立与社会经济的新发展、新治理

1955年内，交付中国各类舰艇、飞机、火炮以及各类配套设备器材等，各类成套造舰材料将由中国船厂装制舰艇49艘，苏联无偿转让制造舰艇的技术图表和工作图表，以及生产水雷、安装火炮等技术文件，并派遣不少于150名专家来华，给予中国工厂以技术援助。[1]

1954年，经苏联专家考察认可，江南造船厂承接了建造新中国第一批由苏联引进技术的"03"型潜艇的任务。1954—1955年，江南造船厂先后选派28名科技人员和技师赴苏联学习。1955年1月，苏联派出的第一批专家抵达上海。一切准备工作就绪后，1955年4月14日，中国第一艘潜艇正式在江南造船厂开工建造。工程进展极为迅速，仅用五个月时间，在当年国庆前潜艇合龙工程完成，标志着第一个大工艺阶段工程完工，进入耐压壳体试水工艺测试。耐压试水合格，大家欢欣鼓舞，激动万分，建造工程也进入第二阶段。1956年1月10日下午，毛泽东主席在陈毅市长的陪同下，来到"03"潜艇建造工地，视察了正在建造中的中国第一艘潜艇。这是毛泽东主席第一次视察潜艇，也是他一生中唯一一次视察潜艇。两个多月后，1956年3月26日，潜艇顺利下水。经过先后18次出海试航后，1957年10月27日上海举行庆祝十月革命40周年大会。同一天，江南造船厂为中国第一艘潜艇举行了隆重而盛大的交船仪式。经相关部门验收后，该艇正式入列服役，被命名为"新中国15号"。1969年1月10日，为庆祝毛泽东主席视察"新中国15号"潜艇十三周年，海军特授予该艇"56110"荣誉舰号。这是中国海军历史上唯一一艘授予荣誉舰号的潜艇，也是中国唯一一艘舰号为5位数的海军舰艇。[2]

1960年7月，苏联突然照会中国，单方面宣布撤回在华全部专家，中苏之间的合作项目结束。面对国际形势的突变，江南造船厂开始自力更生建造船舰，自行研制出了新中国第一艘现代护卫舰。1964年8月1日，"65"型新式护卫舰在江南造船厂开始铺设龙骨，12月正式下水。1965年8月8日，签字交船。"65"型护卫舰的武器装备和动力系统不算先进，但在后来的作战实践中，证明该舰结构稳健，能承受十二级台风的考验，动力系统和操控系统也非常可靠。[3]并且"65"型护卫舰是新中国首次自行设计建造的当时最为复杂的战斗舰船，完全依靠自己的科技力量，因此在新中国造船史上具有标志性的意义。西方国家把"65"型护卫舰俗称为"江南"级，可以说是对江南造船厂造船能力的极大认可。

在建造军舰为海军现代化建设服务的同时，江南造船厂在民用船舶建造上也捷报频

---

[1] 叶宝园：《自强之路：从江南造船厂看中国造船业百年历程》，第181页。
[2] 同上书，第188页。
[3] 同上书，第195页。

传。第一艘中国自主设计、自己建造的万吨级远洋货轮"东风"号就是代表。

江南造船厂在历史上曾有过建造万吨巨轮的辉煌成绩,第一章中有专节叙述,值得指出的是,那四艘巨轮并不是江南造船厂自己设计的,除了主机等少数设备外,绝大多数都是进口设备,细节部分可以参考第一章,此处不再赘述。新中国成立后建造的第一艘万吨远洋货轮是"跃进"号,由大连造船厂建造,但也是使用了苏联的成套设计图纸和材料。因此,当1959年1月交通部与一机部签署协议,由江南造船厂自行设计、自行建造、采用国产设备承造万吨远洋货轮"东风"号,消息传来,江南造船厂全厂沸腾。

接受造船任务后,江南造船厂成立了500多个科研小组,进行科技攻关,同时扩建2号船台。1960年1月,"东风"轮正式投料开工。八十八天后,4月15日,"东风"轮下水,这个时间创造了从开工到下水的万吨轮建造新纪录。下水当天,上海市委书记陈丕显、副市长曹荻秋等出席了典礼。《人民日报》也以《我国第一艘远洋货轮下水》为题做了报道,一时盛况空前。图3-4为"东风"号缓缓下水的盛况。不过众所周知,轮船下水不等于建造完成,"东风"号下水后由于各种原因,设备购买和安装工作一直到1965年10月才基本完成。1965年11月5日,"东风"号终于竣工,开始试航。12月31日交船。"东风"号是一个大协作的产物,整个建造过程中有很多的自主创新研发,有两个最值得一提的"第一"。第一个"第一"是船舶的"心脏"——中国第一台8820匹船用低速重型柴油机,它填补了我国船用柴油机的空白。第二个"第一"是船舶必不可少的精密导航设备——中国第一套船用电罗经。1966年5月6日,周恩来总理陪同外宾参观了"东风"号。美国黑人领袖罗伯特·威廉参观后激动地说:"这艘中国自己造的船,不仅是一个巨大的物质成就,而且通过它还可以看到中国人民的创造精神和能力。"[1] "东风"号的建造成功推动了我国万吨级远洋轮船业的发展。1964年,"建设"号远洋轮下水。到20世纪70年代,江南造船厂已经能批量生产

▶图3-4 "东风"号下水盛况

---

1 转引自叶宝园:《自强之路:从江南造船厂看中国造船业百年历程》,第206页。

第三章 中华人民共和国成立后五里桥行政区划的设立与社会经济的新发展、新治理

一万六千吨的煤矿轮了。

1962年,万吨水压机的建成是江南造船厂在60年代所取得的另一项重大成就,它与1964年新中国首枚原子弹爆炸成功成为当时震动全国的两件大事,一个民用,一个军事,均影响深远。万吨水压机的提议始于1958年5月,时任煤炭工业部副部长沈鸿在给毛泽东主席的一封信中提出了水压机问题,此信得到批示,随即中央决定研制,任务交给上海。在上海考察各造船厂后,沈鸿决定由江南造船厂负责具体设计和建造。

万吨水压机共有四万多个零件,既笨重又精密。笨重是因为有大件十三个,即三根大横梁、四根大立柱和六个工作缸。四根立柱每根重80吨,固定立柱的螺帽一个就五六吨重,三根横梁也都是数百吨的大家伙。精密是说共有12台高压水泵、16个高压容器和100多个高低压阀门联动控制,所有大大小小部件在锻造、挤压、拉伸、打包等复杂的作业中必须保证精密性、密封性、准确性和灵活性。[1]这给了江南造船厂极大的挑战。经过反复试验后,1959年设计方案基本确定,随即开始制造。经过两年数不清的攻坚拼搏后,1961年12月中旬,进入总装阶段。1962年6月22日,万吨水压机正式投产,经过两年的锻打实践,质量完全合格。图3-5即为正在锻造生产中的中国首台万吨水压机。

1965年1月22日,《人民日报》发表了中国共产党江南造船厂委员会的署名文章《一万二千吨水压机是怎样制造出来的》,文章说:"我国第一台一万二千吨锻造水压机,是在党和政府的亲切关怀、各兄弟单位的协助下,以上海江南造船厂为主进行制造,安装在上海重型机器厂的。这台水压机于一九六二年六月试车完毕后投入试生产。从决定建造之日算起,到投入试生产为止,一共经历了四个年头。在这四年中,我们用了一年半时间进行调查研究、设计和试验,并制成了一台一千二百吨试验水压机。这一年半主要是打了一场科

图3-5 中国首台万吨水压机

---

1 叶宝园:《自强之路:从江南造船厂看中国造船业百年历程》,第217页。

学实验仗。接着是两年加工制造,半年安装试车。从两年多的试生产情况来看,这台完全由我们自己搞的万吨级锻造水压机的设计制造和建设安装是成功的,它的建造速度并不慢,工程质量并不低,设备成本并不高。这种万吨级锻造水压机能够锻造二三百吨重的特大钢锭,能够解决国民经济各部门,特别是发电、冶金、化学、机械和国防等工业部门所需的特大锻件。它是重型机器制造厂的关键核心设备,标志着一个国家重型机器制造业的发展水平。我国是一个拥有人类四分之一人口的大国,我们要迅速改变我国工业落后面貌,就非得装备几台这样大设备不可。过去由于我国锻造工业落后,机械制造工业所需的大锻件都要依赖进口;人家给我们多少锻件,我们才能制造多少机器。这怎么能够建立独立自主的国民经济呢?因此,自己动手制造大水压机,这是亿万人民的心愿,特别是重型机械工人的迫切心愿。"文章开头,《人民日报》特意加了编者按,说道:"中国人民有志气,有能力,一定要在一个不太长的历史时期内,把我国建设成为一个社会主义的现代化的强国。难道这做不到吗?是吹牛皮、放大炮吗?不,是做得到的。今天本报发表的《一万二千吨水压机是怎样制造出来的》这篇总结性的文章,就以生动有力的事实,证明了这一点。任何反动势力都不可能阻挡我们的前进。"[1]《一万二千吨水压机是怎样制造出来的》全文正好一万二千字。文章一出,万吨水压机轰动全国。毛泽东主席看到报纸后,特意派薄一波赴上海传达了他的看法,称赞万吨水压机是中国人民自力更生、艰苦奋斗的产物。

在制造万吨水压机的过程中,江南造船厂涌现出了许多技术能手和劳动模范,其中以"电焊大王"唐应斌最为著名。唐应斌,1918年生,川沙人,17岁进马勒船厂当电焊工。新中国成立后任江南造船厂焊接车间副主任,是著名的技术能手,他在江南造船厂承造的我国第一艘潜艇和第一艘护卫舰的焊接工作中屡建奇功。万吨水压机的焊接工作即由他负责,更是创下了"电渣焊"的焊接奇迹。作为全国劳模,他不仅应邀去法国巴黎参加第十八届国际焊接年会做学术报告,还先后受到毛泽东主席和周恩来总理的亲切接见。图3-6为《人民画报》1965年第6期上刊登的唐应斌工作照。1964年9月,沈鸿在评论万吨水压机制造成功的一篇短文《总路线

▶ 图3-6 唐应斌工作照

---

1 《一万二千吨水压机是怎样制造出来的》,《人民日报》1965年1月22日。

的产物》中说道:"现在,机器已经制造出来了,而专家因此成长起来了。既有了成果,也有了人才。这是千真万确的真理。"[1]确为的评。

"远望"号航天测量船是江南造船厂的又一杰作。1967年7月18日,国防科委向中央上报了建立远洋测量船队的研制计划,一年后计划获批,代号"七一八工程"。由于正值"文革"动荡时期,工程进展缓慢。1974年,国务院确定江南造船厂为该工程主力,承担三型五船的建造任务,即航天测量船"远望1"号、"远望2"号、远洋调查船"向阳红10"号以及打捞救生船"J302"、"J121"。相关图纸送到江南造船厂后,由于时局原因,仍未立刻启动,直至"文革"结束后,才真正开工建造。

1976年,江南造船厂将2号船台接长的水平段加建成斜坡段,为"远望"号主测量船建造创造了条件。1977年8月31日,中国第一代综合性航天远洋测量船"远望1"号在江南造船厂建成下水。该船全长191米,宽22.6米,高38米,吃水深度9米,满载排水量高达2.1万吨。图3-7即为"远望1"号雄姿。"远望1"号曾44次远征,足迹遍布三大洋逾44万海里,完成

▶ 图3-7 "远望1"号

57次重大科研试验任务。"远望2"号紧随"远望1"号之后,于1977年10月建成下水,两船规格相同,都是中国第一代综合性航天远洋测量船。[2] 从1975年至1980年,江南造船厂成功研制建造了以"远望"号为主的远洋综合测量船、远洋调查船和远洋打捞救生船等特种工程船舶。这些船舶都装备有现代化的技术设备,圆满完成了配合远程运载火箭全程试验以及我国第一颗通信卫星发射的测试任务。其中"向阳红10"号远洋调查船和"J121"号远洋打捞救生船,还胜利完成了我国首次考察南极的光荣使命。

三 / 改制创新

改革开放后,江南造船厂面临着新形势,从管理体制到造船业务都逐步与国际造船

---

[1] 《总路线的产物》一文原载1964年9月27日的《解放日报》,后收入《一万二千吨水压机是怎样制造出来的》,机械工业出版社,1965年,第28页。
[2] 《上海船舶工业志》,上海社会科学院出版社1999年版。见电子资源,网址 shtong.gov.cn。

市场接轨。

1984年11月，江南造船厂作为中国船舶工业总公司改革试点单位，在全国率先实行厂长负责制。1985年1月24日，江南造船厂召开工作会议，宣布聘任15名车间主任，这是改革开放以来国有企业中首次实行中层干部聘任制。随后又聘任33名正副科长。干部聘任制的实行，打破了干部任职终身制，使干部有了聘期，有了经济责任，更有了经济指标的压力。[1]

管理体制的改革带动了造船业务的进一步提升。1980年江南造船厂就率先以批量承建出口船舶而成功进入国际市场，先为罗马尼亚建造了4艘起重船，又为意大利等地建造了5艘27 000吨的远洋货轮，为新加坡建造了2艘12 800吨机舱无人控制集装箱船。另外，江南造船厂再次获得"江南型"船舶的美誉，其批量建造的65 000吨散装货船，成为中国唯一列入伦敦租船市场标价系列的国际船型，被称为"中国江南型"。1988年10月和1989年2月又分别为德国船东交付了"沃尔夫斯堡"号和"汉诺威"号两艘汽车滚装船，获得苛刻的德国媒体好评，赞叹为"中国的造船工业异军突起"，"开始迈入最先进的世界造船技术领域"。1989年，江南造船厂与广东石化物资供销公司正式签订了建造中国第一艘3 000立方米全压式液化气船"鲲鹏"号的合同，从而实现了中国LPG船建造零的突破。这艘"鲲鹏"号LPG船，获得上海市重大科技成果一等奖和国家金奖。自1995年下半年起，江南造船厂相继承接建造了70 800吨巴拿马型自卸式散货船、13 700吨化学品/成品油船、1236TEU高速无舱口盖集装箱船、22 000立方米半冷半压式乙烯液化气船，共四型18艘，全部是中国造船史上没有建造过的高新技术船舶产品。[2]

根据历史资料统计，自清同治年间江南制造局建厂至1949年上海解放的84年中，江南造船厂一共建造了各种舰船837艘，总吨位为31.6万吨。1949年上海解放至1995年底的46年中，江南造船厂共建造各类船舶1 100艘，合计340万吨，是解放前84年造船总吨位的11倍。其中，1980年至1995年的16年中，造船就达137艘，总吨位达254.3万吨，是中华人民共和国成立以来1949至1979年造船吨位的3.1倍，改革开放后所取得的成绩更为辉煌。[3]

为了应对国际船舶制造业的激烈竞争，1995年，经国务院批准，江南造船厂被列为国家100家实行现代企业制度试点单位之一，1996年正式改制成立江南造船（集团）有限责任公司。陈金海任首任董事长兼总经理，谢中全任党委书记。1997年6月，江南造

---

[1] 叶宝园：《自强之路：从江南造船厂看中国造船业百年历程》，第292页。
[2] 同上书，第298—301页。
[3] 《上海船舶工业志》，见电子资源，网址 shtong.gov.cn。

船集团有限公司作为独家发起人,成立江南重工股份公司并在上海证交所上市,进一步深化了现代企业制度试点工作。1999年7月,经国家批准,中国船舶工业体制进一步改革,原中国船舶工业总公司改组南北两大船舶集团,即中国船舶工业集团公司(CSSC)和中国船舶重工集团公司(CSIC)。江南造船厂是中国船舶工业集团公司旗下的骨干企业。

2005年6月3日,江南造船厂长兴岛造船基地一期工程开工,2007年12月28日,高昌庙江南造船厂最后一艘新造巨轮76 000吨散货船(H2370)下水,2008年6月全厂整体搬迁到长兴岛,一百零二年来高昌庙黄浦江边持续不断的机器轰鸣声至此逐步让位给新时代中国上海世界博览会的猎猎彩旗声。

第三节　五里桥街道内其他工商企业的新发展与新变迁

新中国成立不久,国家开始调整经济政策,在取消帝国主义在华经济特权的同时,对旧时代发展而来的资本主义民族工商业实行了社会主义改造,新的社会主义成分的公有制和集体所有制工厂、企业也在诞生中,新旧融合中整个国家经济体制逐步走上了社会主义公有制的道路。改革开放后,经济体制逐步发展并确立为以社会主义公有制为主体、多种经济成分并存的格局,并逐步走向市场经济体制。在国家经济体制发展变迁的历史洪流中,五里桥区域原有的工商业和新生的工商业,均面对新形势,迎来了新发展。

一、原有企业的公私合营及改革开放以来的新发展

上海解放后,五里桥区域诞生于民国年间的几家资本主义民族工商业迎来了新生。它们与上海以及全国各城市的工商企业一样,逐步走上了公私合营之路。1956年初,上海市掀起公私合营高潮,卢湾区内包括五里桥街道内的共1 391家私营工厂悉数通过赎买形式转化为国有企业。改革开放后,私营工厂企业回归市场。而早已属于国有企业性质的五里桥街道内的原私营工厂企业,在新形势下也走上了新的发展历程。需要说明的是,限于史料情况,以下仅就部分企业以成立时间先后为序做一概述或简介,并且由于各企业史料详略不一,无法做到平衡,但环肥燕瘦,各美其美,均值得记述。

上海缝纫机一厂，这是一家老牌缝纫机企业，创始于1924年，原名阮耀记缝衣机器无限公司，也叫阮耀记制造缝纫机器厂、阮耀记缝纫机器公司。本书第一章中曾做介绍。新中国成立后，阮耀记缝纫机器公司走上了公私合营的道路。1954年由政府接管，改名为地方国营上海第一缝纫机器制造厂，1964年又改为地方国营上海第一缝纫机厂，1972年改名为上海缝纫机一厂，成为专门生产缝纫机的全民所有制大型企业，隶属于上海市轻工业局。该厂厂址也由原来的延安东路搬迁到鲁班路499号，占地面积为46 786平方米，建筑面积46 324平方米。全厂设有生产、技术等14个科室、翻砂、机壳、零件等7个车间以及1个研究所。另附设有图书馆、俱乐部、职工学校和技术学校，同时还设有一个分厂、零件二十一厂及缝纫机铸造厂。依然生产"飞人"牌JA型、FB型、JH型、GP型和GN型5个系列12个品种的家用和工业缝纫机，年产能力90万台左右。产品远销70个国家和地区。[1]1985年该厂总产值为8 393.9万元，利润1 988.6万元。全厂职工3 350人。[2]1987年，全厂固定资产总值3 714.34万元，总产值增长为8 650.3万元，实现税利2 770.74万元，出口创汇500万美元。1987年全厂职工3 377人，1989年增长到超过3 900人。[3]

上海缝纫机一厂工艺先进，设备精良，拥有150吨到800吨的压铸机组、微震自动造型及无箱挤压造型机组、无切削冷挤压机、电镀一步法自动线、底板金加工和机壳漆后金加工自动线等各种专用、高效设备约1 500台。同时，缝纫机一厂还与日本胜家日钢公司合作设计、生产具有20世纪80年代国际水平的电子多功能缝纫机。1989年被评为首批国家一级企业，并获国家质量管理奖称号。"飞人"牌缝纫机多次被国家经委、上海市和轻工业局评为优良或优质产品，其中JH8-1型荣获国家银质奖。1992年上海缝纫机一厂与上海缝纫机三厂合并为新的上海缝纫机一厂，是远东地区专业生产缝纫设备的最大企业。1993年8月改制组建为上海飞人机械总公司。

上海汇明电池厂是五里桥街道内赫赫有名的另一家老牌、名牌电池企业，该厂生产的电池妇孺皆知，那就是有"国货之光"赞誉的"白象"牌和"大无畏"牌电池。上海汇明电池厂成立于1925年9月，原名上海汇明电筒电池制造厂，生产电池、碳棒和电筒等系列产品，创办人是近代著名的企业家丁熊照。该厂生产的"大无畏"牌电筒、电池家喻户晓，畅销国内外。1956年，汇明电筒电池厂公私合营，同时并入永固电池厂和建华电池厂两家小厂。1958年，华明电池厂也并入了公私合营汇明电筒电池厂。1962

---

1 卢湾区人民政府编：《上海市卢湾区地名志》，第265页。
2 上海市档案馆馆藏档案，档案号B72-2-169。
3 《上海工业年鉴（1988）》，上海辞书出版社，1988年，第202—203页；上海市卢湾区志编纂委员会编：《卢湾区志》，第186—187页。

第三章 中华人民共和国成立后五里桥行政区划的设立与社会经济的新发展、新治理

年1月奉上海市轻工业局文教用品工业公司批准，原电池车间划出，单独成立了上海汇明电池厂。1967年后曾改称长征电池厂，1972年改为上海电池二厂。[1] 根据汇明电池厂1963年9月向上海市工商企业管理当局报告登记的材料记录，该厂除厂址设在局门路550号外，尚有瞿真人路（现在瞿溪路）655弄13号、蒙自东路150号、中华路1292号以及马路桥北街54号等共四处仓库，1963年该厂资金为863 086.29元，厂长杨谋臣，共有职工569人，其中在职的资产阶级工商业者29人。[2] 1972年全厂职工增加到711人，其中女工339人。[3]

改革开放后，上海电池二厂为了拓展海内外业务起见，曾于1982年和1983年两次向上级呈文申请恢复原厂名，但未果。1984年3月，上海电池二厂第三次向主管机构市日用化学工业公司打报告，申请恢复原厂名，报告说："汇明电池厂创办已有半个多世纪，是一家经营名牌大无畏电池的老厂，并在国内外素享盛名。汇明电池厂原投资人现在国外也经营一部分电池产品的业务，因此国际上对汇明电池厂的厂名也较熟悉，恢复'汇明'为进一步打开国外销路，扩大影响，增加外销产品提供了客观条件。"[4] 经市日用化学工业公司向市轻工业局请示，1984年5月7日，市轻工业局终于批复称：为有利于企业的经营管理，同意将"上海电池二厂"的厂名，恢复为"上海汇明电池厂"。[5]

作为一家著名的老牌企业，汇明电池厂效益良好。产品远销世界40多个国家和地区。1985年总产量达到17 558万只，总产值3 089万元，利润349万元。1986年汇明电池厂被国务院列为外贸扩权企业。根据1988年《上海工业年鉴》记载，此时全厂共有职工930人，在当时属于一个中型工厂，厂长刘造一。汇明电池厂生产的"白象"牌和"大无畏"牌电池，作为名优产品，屡获奖项，比如：白象牌R6电池自1979年以来，多次名列全国质量评比第一名，并被上海市和轻工业部评为优质产品。汇明电池厂早已改制为他厂，也早已搬离了五里桥街道。

中国飞轮制线厂创办于1929年，创始人为杭州人罗立群。厂址原在老城厢内九亩地，后来迁到陕西南路步高里。1945年在今斜土路810号扩建新厂，占地面积二十多亩。1947年后改组为股份有限公司，在南京东路设有总管理处，并在南京、天津、汉口、长沙、昆明、重庆、广州、杭州、台北、香港等地设立发行所，当时号称为远东最大的制线企业。1950年初，受形势影响，飞轮制线厂资金周转失灵，一度停工。当年6月，在上海市政府扶持下，飞轮制线厂逐渐恢复了生产。1956年飞轮制线厂与其他私营

---

[1] 上海市档案馆馆藏档案，档案号B219-1-386-71。
[2] 上海市档案馆馆藏档案，档案号B163-2-1534-10。
[3] 上海市档案馆馆藏档案，档案号B219-2-264-28。
[4] 上海市档案馆馆藏档案，档案号B219-1-527-44。
[5] 上海市档案馆馆藏档案，档案号B163-3-826-34。

企业一道，走上了公私合营的道路。1966年转变为全民所有制企业，同年改名为上海红旗线厂。改革开放后，于1978年恢复原厂名中国飞轮制线厂，隶属于上海市纺织工业局。该厂主要生产飞轮牌各类棉宝塔线、纸芯线、线球以及涤纶宝塔线、涤纶线圈等。[1] 该厂属出口外贸专厂，1985年全厂总产值为7 840万元，利润619万元，创汇697万美元。1988年底全厂职工1 331人，厂长王钦德。1997年，中国飞轮制线厂在福建石狮市投资建立了石狮市飞轮制线联营厂，此后生产制造基地逐渐转移出上海。

上海哈尔滨食品厂。哈尔滨食品厂是上海以俄式食品著称的企业，前身为前店后场式的创办于1936年的福利面包公司，以生产各类面包特别是俄式面包为主。创办初期，店址在霞飞路（即今淮海中路），当时规模甚小，仅有一间门面和七八位职工而已。此后经营逐步扩大，1949年更名为哈尔滨食品厂。1956年该厂走上了公私合营之路。公私合营后，生产规模不断发展，厂房翻建，设备更新，原来的手工操作逐步过渡为现代机械化生产。该厂生产的白巧克力糖和蛋白蛋糕分别于1979年和1980年获上海市第二商业局优质产品奖。1982年在瞿溪路1198号新建了厂房，淮海中路改为门市部。[2] 根据1993年统计，该厂共有职工280人，固定资产原值221万元，工业总产值298.9万元，利税57.4万元。[3] 至今上海哈尔滨食品厂仍在瞿溪路1198号，已是五里桥区域内为数不多的老企业了。

红光造纸厂。该厂原名勤工造纸厂，创办于1942年，厂址为斜土路160号，是一家全民所有制的从事机制纸及纸板制造业的中型企业。1954年与大康、德孚纸号合并，1955年10月公私合营。此后又并入多家小型工厂，1966年改名为红光造纸厂。1981年，该厂与金山县吕巷乡工业公司联合组建了联营公司吕巷造纸厂。根据1988年的统计资料，该厂职工总数为629人，厂长徐俊福。主要产品为书写纸、白版纸、空气滤纸、隔热纸等。[4] 1993年该厂拆除。[5]

上海第五丝织厂。该厂是一家创办于1944年的丝织企业，原名九昌织造厂股份有限公司。[6] 1956年公私合营，同时并入13家小厂，改名为九昌丝织厂。1965年与福田丝织厂合并，改制为全民所有制企业，定名为上海第五丝织厂，全厂职工1 200余人，有织机345台。该厂规模不算小，盈利能力较强。1966年前就被评为五好企业，主要产品"有光纺"曾被行业誉为"万能坯绸"。根据1984年的统计，全厂职工有1 600多人，厂

---

1 卢湾区人民政府编：《上海市卢湾区地名志》，第280页。
2 同上书，第258页。
3 上海市卢湾区志编纂委员会编：《卢湾区志》，第215页。
4 卢湾区人民政府编：《上海市卢湾区地名志》，第268页。
5 上海市卢湾区志编纂委员会编：《卢湾区志》，第173页。
6 上海市档案馆馆藏档案，档案号B72-2-73-1。

长樊天宾,厂址在鲁班路611号。主要生产各类高档全真丝绸类、绸缎类、交织提花类等各种花素织物,是上海丝绸行业重点出口专厂,有较强的产品专业设计和试制能力。1985年产量370万米,总产值2 334万元,利润203.6万元。[1]上级主管部门为上海市纺织工业局丝绸工业公司。原厂现已不存。

中国轴承厂。该厂原名荣泰新机器厂,建于1945年8月。1955年公私合营,随后并入勤丰等15家工厂,定名为中国滚珠轴承厂,生产"象"牌滚动轴承。1966年曾改名为东方红轴承厂,1972年改名为中国轴承厂,注册商标改为"行星"牌。该厂隶属于上海市机电工业管理局上海轴承公司。[2]厂址位于蒙自路778号。占地面积18 100平方米,建筑面积22 000平方米。设有17个科室、8个生产车间以及1所技工学校。1989年全厂职工为1 368人,其中工程技术人员66人。该厂是机械工业部重点企业及国家军工、电机轴承定点生产厂之一,也是上海市骨干企业之一。1985年该厂轴承年产量为240万套,总产值为1 631万元,创利润433万元。产品用于汽车、拖拉机、飞机、航天、航海、航空、电机、水泵、农机、机床和专用任务等,多款产品获国家级科技进步特等奖、一机部科技二等奖、航天工业部二等奖、一机部和上海市优质产品等称号。[3]

此外,五里桥街道内还产生过一些不太知名的工厂企业,虽然它们影响力小,更少为人知,但也是这块土地上的奋斗者之一,比如上海力车厂。上海力车厂是一家主要生产手推胶轮车配件和零件的企业,创办于1918年7月,地址在五里桥路50号,1956年1月1日改组为公私合营企业,重新开业。根据1963年11月底的企业登记资料,该厂当时资金额为158.2万元,全厂职工共453人,其中资产阶级工商业者为43人,厂长吴福祥。上级主管部门为上海市第一机电工业局,由上海市农机机械制造公司直接主管。[4]上海力车厂后来的发展情况如何,又是何时结束的,这些都不得而知。

二/新工厂的创建与发展变迁

中华人民共和国成立之前,从江南造船厂到肇嘉浜之间的区域是沪南工业带的核心区域,分布着许多家大大小小的工厂,但真正在后来五里桥街道空间范围内的工厂除了巨无霸"中国第一厂"江南造船厂外,其他中小型工厂在数量上约为十多家而已,上节所叙述的工厂几乎就是整体了。所以文献中对解放前的五里桥区域的描述,关键词多是

---

[1] 卢湾区人民政府编:《上海市卢湾区地名志》,第278页。
[2] 上海市档案馆馆藏档案,档案号B72-2-115-37。
[3] 卢湾区人民政府编:《上海市卢湾区地名志》,第283页。
[4] 上海市档案馆馆藏档案,档案号B116-1-159-53。

荒地、坟地、棚户等。新中国成立后，经过对私营工业的社会主义改造、裁撤和合并，一大批新式骨干企业诞生。就卢湾区而言，1962年经过调整重组后共有工厂210家，其中纺织业56家，轻工业86家，重工业68家，职工51 990人。这些工业主要以中小型为主，多分布于徐家汇路以南，也就是以打浦桥和五里桥为主。[1] 具体到五里桥街道而言，街道一方面继承了几十年来的工业历史文化基因，另方面在新形势下呈现出新工业的蓬勃发展态势，随着经济社会的发展以及市属、区属工厂、街道工厂等各类全民所有制和集体所有制企业的兴起，五里桥街道内涌现出数十家工厂，1993年就有街道工厂5家[2]，并且随着市政建设的展开，五里桥街道已从解放前的城郊工业地带转变成中华人民共和国成立后特别是改革开放以来的现代工厂型城市社区。这数十家工厂企业既有钢铁类重工业，也有新兴的高科技类电子工业，还有传统的民生类轻工业，这些工业企业无一例外都经历了产生与发展壮大的过程，成为新中国经济建设与社会发展的重要基地。

需要再次强调指出的是，20世纪90年代以来随着上海经济体制的改革，这些企业除极少数几家外，大多数经过或兼并或改制的阶段后而湮灭不存。笔者曾就当年的企业改制情况与相关厂长做过口述访谈，得知在改制发展过程中，工厂档案材料大多已散失。因此已很难按照时间脉络来叙述这些工厂在中华人民共和国成立初期特别是改革开放以前的发展情况。现在留存下来的史料均为横断面式的记述，记述相关工厂某一年的基本情况，这类史料以《卢湾区志》《卢湾区地名志》和1988年《上海工业年鉴》为代表。另外的一份重要资料是保存在上海市档案馆的上海市以及全国工业普查资料，主要是1985年相关工厂所填写的工业普查表格。这些表格其实也仅能反映各工厂在1985年的情况，无法得知各工厂以前的历史与此后的发展。本着存史留待后人继续研究的目的，本节与上节一样，对这些工厂企业仅做卡片式的记述。

（一）钢铁、机械等重工业

五里桥街道内除了无人不晓的江南造船厂外，其实还有几家在新中国上海工业发展史上举足轻重的工厂，上海异型钢管厂和上海无线电十四厂就是其中的钢铁和电子行业代表。

上海异型钢管厂创办于1950年[3]，当时名为永鑫五金制造厂，厂址位于西康路药水

---

1 上海市卢湾区志编纂委员会编：《卢湾区志》，第184页。
2 这五家街道工厂是五岭电器厂、春蕾袜厂、春绿服装厂、明光眼镜厂、峰华变压器厂，分别成立于1984—1990年。上海市卢湾区志编纂委员会编：《卢湾区志》，第221页。
3 关于上海异型钢管厂的成立时间目前有三种说法：上海市档案馆馆藏档案中上海异型钢管厂所填表格为1950年；《卢湾区志》中为1951年；《上海市卢湾区地名志》中为1953年。本文以上海市档案馆馆藏档案中的时间为准，具体见档案号B72-2-532-1。

弄。1956年工厂公私合营，同时并入镛昌管子厂等四家小厂。1958年改名为永鑫无缝钢管厂，1961年又与新华五金制管厂合并，随即工厂整体搬迁到龙华东路839号。1966年，更名为上海异型钢管厂。该厂规模不算很大，根据1985年全市企业普查资料，上海异型钢管厂是一家中型全民所有制重工业类轧钢企业，全厂职工1 068人，主要从事钢压延加工业，代表性产品为冷拔冷轧各种无缝钢管、冷拔挤压各种断面形状异型钢管、螺旋圆翼片管、装配波纹管、双金属异型管材及其他特殊要求的异型管等，品种规格累计达4 851种，其中异型钢管及异型材2 778种。该厂规模虽不大，但却属于上海市属企业，也是国务院冶金工业部系统管理企业，由上海市冶金工业局直接管理。1991年被评为国家二级企业，1992年3月改制为上海异型钢管股份有限公司，下设3个专业生产厂、4个合资公司和异形钢管研究所，随即成功在上海证券交易所上市，股票代码600608，这是国内冶金系统第一家上市股份制企业。1993年产品销售收入9 197万元，位列上海市工业五百强。[1]1994年因市政建设需要，工厂整体迁往浦东曹化路2号。[2]

上海异型钢管厂在新中国的钢铁工业历史上非常著名。1958年，它的前身永鑫五金制造厂的潘阿耀师傅经多次试验后创造奇迹，成功造出了我国第一根小口径热轧无缝钢管，并投入批量生产。周恩来总理参观后，盛赞为"草窝里飞出了金凤凰"。此后，永鑫厂被评为上海工业战线的八面红旗之一。潘阿耀也被评为全国劳模，1959年赴北京参加国庆十周年观礼。关于潘阿耀的事迹，后面章节再细述，此处暂略。1962年，工厂又进一步试制成功我国第一批异型钢管。

改革开放以来，上海异型钢管厂的异型钢管产量占全国60%。大型产品直径最大达到4.06米，单件最重达7吨，最长60米。[3]小型产品直径只有5.5毫米，但却长50米，用在原子能反应堆上。[4]异型钢管厂的产品广泛用于空间技术、国防工业、航空、原子能等尖端领域，曾为中国第一颗通信卫星提供波纹管。产品更是多次填补中国钢铁领域的制造空白。1979年，上海异型钢管厂综合试制车间（原波纹管车间）被评为上海市模范集体，具体事迹也见后面章节。

上海互感器厂是一家小厂，创办于1949年上海解放前后，是一家全民所有制的小型电器设备元件制造厂，工厂位于局门路427号。主要产品是各类互感器和扩大量限装置。[5]该厂虽小，1988年底全厂职工约为600人，但属于市属企业，并且改革开放以来始终为盈利企业。1993年改为合资企业，与德国MWB互感器有限公司合资组建为上海

---

1 上海市卢湾区志编纂委员会编：《卢湾区志》，第187—188页。
2 同上书，第195页。
3 卢湾区人民政府编：《上海市卢湾区地名志》，第285页。
4 上海市档案馆馆藏档案，档案号B112-3-152-11。
5 上海市档案馆馆藏档案，档案号B72-2-604。

MWB 互感器有限公司，规模更小，职工仅有 328 人。[1] 后搬到闵行。

上海电阻厂创办于 1950 年[2]，厂址为瞿溪路 1151 号，也是一家市属的全民所有制的小型制造业，主要制造整流器，主要产品有可控硅自动控制高压硅整流设备以及各类工业电阻器、变阻器，广泛应用于发电站、船舶、电机、工业电器设备等。1984 年底全厂职工 730 人，厂长王石逵。1993 年全厂职工 728 人。[3] 后搬离五里桥，具体去向不明。

今天龙华东路 810 号的绿地滨江小区原先是上海沪江机械厂的厂址。上海沪江机械厂是一家创办于 1956 年的市属中型锅炉制造企业[4]，其前身是上海沪江船舶修造厂，1966 年改称上海沪江机械厂。专门生产各类工业用锅炉，主要产品有一七、二七和四七锅炉三类。厂内设有技校一座，1975 年有学生 40 人，分别是 22 名车工和 18 名钳工。令人惊奇的是，其中有女生 18 人，分别是 12 名车工和 6 名钳工。[5] 1985 年底，全厂职工 1 065 人，全部职工全年工资为 137 万余元。[6]

历史上曾有过一段特殊的时期，中国与有"欧洲社会主义明灯"之称的阿尔巴尼亚关系非常良好，有过非常多的支援阿尔巴尼亚的建设项目，称为"援阿项目"。沪江机械厂在历史上就曾承担过一些援阿项目建设。1974 年 3 月 9 日，市第一机电工业局革委会就沪江机械厂援阿一期工程任务关键加工零件问题在该厂召集江南造船厂、沪东造船厂、东风机器厂、重机公司、电机公司、造船公司、东海船厂、化工机械厂、群英机械厂、压缩机厂、柴油机厂、探矿机械厂等十几家企业协作研究。会议由第一机电工业局生产组召开，局领导梅瑞兴在讲话中指出：

> 援阿工程意义重大，中央领导同志对此极为关心。上海市委领导同志也十分重视，马老亲自作过多次批示，黄涛同志及市工交组、外经组负责同志要求我们天天汇报进展情况，局党委有关领导同志最近也几次到沪江厂抓援阿任务，沪江厂承担援阿一期工程项目共为 55 项，已完成 33 项，还有 22 项未完成……形势是好的，但由于设备条件等影响，在三月底全部完成还有较大差距，根据局领导指示，要求迅速组织扩散，因此与会各兄弟厂要发扬共产主义风格和无产阶级国际主义精神，克服困难，承担这一光荣任务……阿方已确定要在明年国庆前正式投产，其中

1　上海市卢湾区志编纂委员会编：《卢湾区志》，第 194 页。
2　《卢湾区志》第 194 页中记载的时间是 1957 年，上海市档案馆藏档案则是 1950 年，今以档案时间为准，档案号 B72-2-604。
3　上海市卢湾区志编纂委员会编：《卢湾区志》，第 194 页。
4　《卢湾区志》第 194 页认为是 1955 年，《上海市卢湾区地名志》第 281 页也认为是 1955 年，现根据档案修改为 1956 年。
5　上海市档案馆馆藏档案，档案号 B105-4-1519。
6　上海市档案馆馆藏档案，档案号 B72-2-114。

第三章 中华人民共和国成立后五里桥行政区划的设立与社会经济的新发展、新治理

300 m² 高炉工程更要提前于明年五月出铁水,因此我们承担的主机设备一定要在今年一季度基本完成,四月份扫尾,根据这一进度要求,问题不少,为此市工交组领导同志指出,当前是关键时刻,一定要抓紧有利时机,充分发动群众克服困难,把援阿任务当作政治任务来抓,通过抓援阿任务来促使其他任务的完成。[1]

经过各兄弟厂的大力协助,沪江机械厂承担的援阿工程最后圆满完成。

根据1993年的统计,沪江机械厂共有职工988人,工业总产值4 367万元。[2]此后搬离五里桥街道。

瞿溪路上的上海化工机械厂是五里桥在新中国时期出现的第二家市属机械制造企业。上海化工机械厂创始于1958年,由上海市劳动局第四技工学校和公私合营亚工铁工厂合并组成,为国内较早的分离机械专业制造厂。工厂位于瞿溪路1237号,设有4个车间。主要生产离心机、压滤机、过滤机及轻工机械。此外,化工机械厂也生产食品饮料类的机械设备,还参与了我国首次发射试验通信卫星系统工程,受到上海市政府嘉奖。1989年全厂职工1 525人,其中工程技术人员125人。[3]并附设有1所技工学校。1993年,职工人数减少为1 270人。[4]此后该厂搬到浦东,至今仍是国内领先的工业分离机械制造商。

鲁班路上的上海工业锅炉厂前身是创始于1931年的四方机电工程公司。原址在昆明路,后迁到乌鲁木齐北路,1955年公私合营后改称中建锅炉厂。1956年迁到鲁班路789号,后于1972年改名为上海工业锅炉厂。[5]该厂是国内领先的专业生产工业锅炉和压力容器的市属企业。1957年首创了锅炉制造以焊代铆新工艺,1964年试制成国内第一台卧式水火管快装锅炉。1978年设计制造的沸腾炉荣获国家科技奖。1989年4吨Ⅱ型卧式快装链条炉排锅炉获国家优质产品银奖。1988年被评为国家二级企业。1989年获得美国机械工程师学会及压力容器委员会颁发的ASME生产许可证和相应的"S"钢印。1993年全厂职工1469年,产品销售收入18 834万元,是全市工业500强之一。[6]该厂隔壁鲁班路659号尚有一家它的附件厂,名为上海工业锅炉附件厂,配套生产各类工业锅炉附件及成品铸件,1988年有职工288人。此两厂后来均搬离五里桥,演变为上海四方锅炉厂。

---

1 上海市档案馆馆藏档案,档案号B146-2-1027。
2 上海市卢湾区志编纂委员会编:《卢湾区志》,第194页。
3 卢湾区人民政府编:《上海市卢湾区地名志》,第282页。
4 上海市卢湾区志编纂委员会编:《卢湾区志》,第194页。
5 卢湾区人民政府编:《上海市卢湾区地名志》,第284页。
6 上海市卢湾区志编纂委员会编:《卢湾区志》,第187页。

制造局路上的上海异型铆钉厂与工业锅炉厂的历史有点类似，也是成立时间较早的市属企业。它的前身为张源兴五金制造厂，创建于1938年。1957年张源兴五金厂、谊华烘漆厂等17家公私合营企业合并组建为上海插销厂，并迁到制造局路804号。1984年改名为上海异型铆钉厂。[1]该厂的核心产品为抽芯铝铆钉，于1976年试制成功，填补了当时国内铆钉领域的空白。产品注册商标为"安字"牌，分15大类600多种规格，年产10亿件，位居行业之首。[2]1987年该厂与上海及江苏、四川等9家单位，组成跨省市的经济联合体上海安字异型铆钉联合（集团）公司。[3]1988年被评为国家二级企业。1993年全厂职工644人。后来也离开五里桥街道，搬迁到周边城区。

五里桥街道社区文化活动中心是全市社区文化活动中心中成立较早也很有特色的一家，位于龙华东路600号，这里原是上海有色金属压延厂的厂址。

上海有色金属压延厂的前身为艺光钢精厂，创始于1940年，原址在淮安路864弄。解放前职工很少，仅有十多名，生产家用铝锅、铝壶等日用品。新中国成立后发展迅速，职工已超过百人。1952年8月龙华东路的新厂房建成，该厂整体迁入，生产也转向铜材加工。[4]1954年10月该厂公私合营，1956年1月将五福、建大等六家小厂并入，仍称为艺光钢精厂，由市有色金属公司直接管理。1958年2月，经市有色金属公司申请，市机电工业局同意将"艺光钢精厂"改名为"有色金属压延厂"。[5]1962年底，全厂职工420人，是独立核算的公私合营企业。[6]1961年研制成功铍青铜，荣获国家科技新品一等奖，此后又开发出镍铍、镍铍钴、银镁镍等多种合金及印刷用照相铜版，填补了国内材料工业的空白。1981年研制成功塑封晶体管用异型铜带。[7]1989年已有职工1 374人，是隶属于中国有色金属总公司的一家中大型企业。根据1993年底统计，职工人数此时减少到1 246人，工业总产值1.51亿元，利税1 149万元。[8]后整体搬迁到浦东。

上海内燃机油泵厂位于安静的五里桥路50号。该厂创办于1962年，是一家全民所有制的市属小型内燃机配件制造业。主要产品为分配式喷油泵、喷油器总成、油嘴偶件等。另外，该厂也生产各类摩托车机油泵总成以及轿车空调装置。[9]1984年全厂职工863人。后搬离五里桥。

---

1 卢湾区人民政府编：《上海市卢湾区地名志》，第270页。
2 上海市卢湾区志编纂委员会编：《卢湾区志》，第188页。
3 《上海工业年鉴（1988年）》，第230页。
4 卢湾区人民政府编：《上海市卢湾区地名志》，第286页。
5 上海市档案馆馆藏档案，档案号B17-1-42-9。
6 上海市档案馆馆藏档案，档案号B17-2-109-119。
7 上海市卢湾区志编纂委员会编：《卢湾区志》，第188页。
8 同上书，第195页。
9 上海市档案馆馆藏档案，档案号B72-2-588。

第三章 中华人民共和国成立后五里桥行政区划的设立与社会经济的新发展、新治理

五里桥街道内最后一家机械制造类企业是卢湾客车厂。这是一家集体所有制性质的从事特种车辆制造及改装汽车的制造厂，创办于1972年8月，工厂位于鲁班路720号。主要生产各类变型车、箱型车、工程救护车，代表性产品为银燕牌SL635型旅行车。该厂规模不大，1993年底全厂职工186人。[1]1985年卢湾客车厂尚能盈利，[2]但到1993年就亏损23.3万元了。2015年左右退出汽车制造领域。

（二）电子工业

曾位于龙华东路795号的上海无线电十四厂，不仅是一家大型市属企业，更是一家有举足轻重地位的高科技企业，它是新中国成立以来五里桥街道电子工业发展的代表，是上海市半导体器件和无线电整机制造的标杆性企业，特别是在CMOS电子元件制造领域，曾独步全国。

上海无线电十四厂，简称上无十四厂。该厂前身是创办于1952年7月的交直电工厂，1960年8月交直电工厂与一亚电工厂、延安电器厂合并，以交直电工厂为主体组成上海无线电十四厂，一亚电工厂创办于1949年，延安电器厂创办于1958年，这就导致不同文献对上无十四厂的创办时间有1949、1952、1960年的不同记载，本文以1963年11月该厂向上海市工商企业登记时填写的申请表为准，表内创始时间为1952年7月。[3]

根据1963年11月申请表中的资料，当时上无十四厂资本额为250.2万元，有职工456人，其中资产阶级工商业者27人，厂长周风金。1964年该厂人员小幅增长到472人，其中生产工人297人，技术管理人员106人，学徒30名，其他服务人员39人。1963年底，该厂硒片元件生产已达到4 807.27 m^2，总产值575.43万元。[4]1964年，上无十四厂开始生产半导体晶体管整流器件。1965年12月，上无十四厂试制成功上海第一个氧化物-半导体（MOS）场效应管。1968年开始研制MOS集成电路，当年制成国内第一块PMOS小规模集成电路。图3-8即为上无十四厂当年领先的半导体产品MOS电路。该厂所生产的CMOS模拟门电路和专用电路为

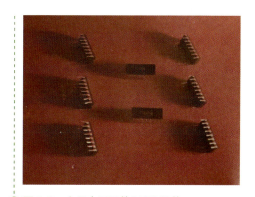

图3-8 上无十四厂的MOS元件

---

1 上海市卢湾区志编纂委员会编：《卢湾区志》，第217页。
2 上海市档案馆馆藏档案，档案号B72-3-49。
3 上海市档案馆馆藏档案，档案号B103-1-173-78。
4 上海市档案馆馆藏档案，档案号B103-1-172-32。

图 3-9　1989 年，上海无线电四厂生产 mos 集成电路

1970 年发射的中国第一颗人造卫星所采用，从而为中国卫星和航天事业做出了突出贡献。1973 年该厂又制成 CMOS 手表电路和计算机用集成电路。1979 年制成国内首台大规模集成电路微处理器。[1]

作为半导体和芯片领域的高科技企业，上无十四厂人数并不算很多。1980 年全厂职工 530 人，1985 年增长到 622 人。[2] 随后快速增长，1987 年职工达到 1 181 人，固定资产 2 500 余万元。[3] 为适应电子工业发展需要，上无十四厂在改革开放后积极引进现代化的工艺设备和技术，1988 年建设了一条上海最先进的 MOS 大规模集成电路生产线（图 3-9），从而拥有 CMOS 大规模集成电路生产技术，能够生产 CMOS 单片 4 位、8 位微型计算机系列电路、CMOS 门阵列系列电路等领先产品。1988 年 9 月，上无十四厂又与上海贝尔电话设备制造有限公司合资创办了中外合资上海贝岭微电子制造有限公司，上无十四厂投资占总额的 60%。1993 年上无十四厂职工人数回落到 853 人。[4]

作为上海市半导体制造领域的龙头企业，该厂历史上经济效益一直良好，盈利能力强。1961 年上半年发送定额股息 2 344.2 元。[5] 改革开放后经济效益曾经一度更好，1985 年总产值高达 4 500 余万元，实现利税 1 300 余万元。在 20 世纪 80 年代，上无十四厂的 MOS 场效应管产量约占全国市场的三分之一，CMOS 电路更是占到全国市场的一半。[6] 可谓是无出其右者。但是随着市场竞争的加剧，该厂效益开始下滑，1993 年总产值大幅下降为 1 204 万元，利税仅为 118 万元。[7] 失去了往日的辉煌和领先地位。

除了大起大落的上无十四厂外，五里桥街道内还有多家小型半导体类企业，分别是上海无线电三十五厂、上海半导体器件八厂、上海电子元件十五厂、春光电子元件厂等。略作介绍如下：

上海无线电三十五厂成立于 1958 年[8]，由原上海长空无线电厂和原上海沪新电讯器材

1　上海市卢湾区志编纂委员会编：《卢湾区志》，第 196 页。
2　上海市档案馆馆藏档案，档案号 B72-2-152-1。
3　《上海工业年鉴（1988 年）》，第 188 页。
4　上海市卢湾区志编纂委员会编：《卢湾区志》，第 194 页。
5　上海市档案馆馆藏档案，档案号 B103-1-83-36。
6　卢湾区人民政府编：《上海市卢湾区地名志》，第 285 页。
7　上海市卢湾区志编纂委员会编：《卢湾区志》，第 194 页。
8　《卢湾区志》第 194 页认为该厂成立时间是 1980 年，今根据档案记载修正。具体见上海市档案馆馆藏档案，档案号 B72-3-113-63。

厂合并而成，是一家市属大型电子工业厂，以生产广播电视设备、音响设备和收音机、录音机著称，在20世纪八九十年代享有盛誉。其代表性产品为世界牌（原海鸥牌）各类收音机，曾先后多次获得全国收音机评比一等奖。厂址位于斜土路630号，1985年全厂职工1 257人，其中女工755人。[1] 1993年该厂职工1 216人，与1985年相比基本保持稳定，工业产值高达5 898余万元，利税311余万。[2] 此后随着信息时代的发展，该厂逐渐没落，也搬离五里桥街道，去向不明。

上海半导体器件八厂位于鲁班路664号，也是一家市属半导体制造企业，创办于1969年，主要生产"永光牌"晶体管，其中硅高频小功率三极管曾获1982年电子工业部全国质量评比第三名（二等奖）。1993年全厂职工504人，工业产值592万元，利税仅3万元。[3]

位于龙华东路860弄34号的上海电子元件十五厂是一家老厂，创办于1958年，主要生产熔丝管、保险丝以及保险器盒等，职工不多，是一家市属小厂，1993年统计有286人，[4] 此后也搬迁他处。

春光电子元件厂位于瞿溪路866号，是一家生产硅堆为主的半导体企业，职工人数不多，1988年仅有275人，但产品很重要，主要产品为硅高压整流器和高压硅堆，广泛适用于雷达、X光机、静电加速器、高速歼击机、机载舰载雷达及脉冲示波器等方面。该企业的发展情况及结局不详。

（三）日用工业与轻工业

纺织工业是上海传统的工业门类，更是上海解放前主要的工业门类。中华人民共和国成立后，上海纺织工业继续发展。90年代后，随着经济体制改革和经济结构调整，上海纺织工业迎来了巨大变革，众多工厂或者关停或者转变经营体制。与时代并行，五里桥街道内的纺织工厂也经历了经济结构调整所带来的阵痛和机遇，有得有失。

上海针织二十厂位于制造局路584号，是五里桥街道内规模数一数二的隶属于上海市纺织工业局的大型纺织企业。该厂是一家老牌工业企业，其前身之一是创办于1921年的鸿兴织造厂，厂址最初在文庙路。此后多次搬迁，中华人民共和国成立后搬迁到制造局路，并于1954年改为公私合营鸿兴织造厂，此后又与多家袜厂合并，1967年改名为上海织袜十厂，1972年转变为针织服装厂。[5] 1977年底全厂职工为487人，其中女工

---

1 上海市档案馆馆藏档案，档案号B72-3-113-63。
2 上海市卢湾区志编纂委员会编：《卢湾区志》第194页。
3 同上。
4 同上。
5 卢湾区人民政府编：《上海市卢湾区地名志》，第277页。

295人，占全厂60.57%。[1]

改革开放后，随着贸易的发展，特别是外贸业务的推动，1978年3月30日，上海市纺织工业局上报市计划委员会，认为"目前针织外衣内外贸都需要发展，但染整能力不够，现二个厂都要增加染整设备，扩大染整能力，如仍分二个厂二套设备生产浪费极大"。[2]故此申请将上海针织十厂和上海针织二十厂合并。7月，报告得到上海市计委批准同意。7月27日，市纺织工业局致函针织公司，函中说："同意上海针织十厂和上海针织二十厂合并，定名为上海针织二十厂。"[3]两厂合并后实力大增，上海针织二十厂一跃成为上海大型棉针织品企业，业务发展更为迅速。根据相关统计，1980年全厂职工1 655人，1985年增加到2 029人。[4]1987年全厂职工2 006人，与1985年相比，基本保持稳定。1987年，上海针织二十厂完成总产值6 824万元，实现利税945万元，创汇1 526万美元。[5]赢利创汇能力极为优秀。该厂产品分为涤盖棉运动衫裤、T恤衫、针织内外衣等5大系列，年产各种针织内外衣1 200万件，其中80%以上产品出口外销。但随着纺织行业的整体发展趋势以及国际竞争的加剧，1993年该厂效益大幅下滑。1993年全厂职工减少为1 445人，利税总额193万元，[6]与六年前相比，已有云泥之别了。

其他纺织企业还有上海第十五羊毛衫厂、上海第五丝织厂、上海第二十九织布厂、上海东方印花手帕厂、上海护身用品制造厂等多家。上海第十五羊毛衫厂成立于1957年，位于瞿溪路801号，是一家市属外贸出口专业厂，主要生产"乐久"牌羊毛衫和各种坯布，就职工人数而言是一家大厂。该厂1980年有职工1 685人，1985年略有减少，为1 491人。[7]其他各厂不再一一列举。

除了纺织企业外，轻工机械业也是五里桥街道的工业类别之一。这方面具代表性的工厂是上海缝纫机四厂。该厂原为上海自行车锁厂，厂址在中华路61号，1956年由永利五金厂、泰昌五金厂等数家小厂公私合营而组建。1974年5月，上海自行车锁厂的车锁产品划给前进农场生产，上海缝纫机一厂的工业机车间划入上海自行车锁厂，有鉴于此，当年6月上海自行车锁厂就申请改名为上海缝纫机四厂，申请得到上海市轻工业局批准。[8]在此前后，工厂也搬迁到龙华路573号（即今龙华东路573号），成为轻工业部

---

[1] 上海市档案馆馆藏档案，档案号B200-3-972-7。
[2] 上海市档案馆馆藏档案，档案号B134-3-1289。
[3] 上海市档案馆馆藏档案，档案号B134-3-1289。
[4] 上海市档案馆馆藏档案，档案号B72-2-72-64。
[5] 《上海工业年鉴（1988年）》，第200页。
[6] 上海市卢湾区志编纂委员会编：《卢湾区志》，191页。
[7] 上海市档案馆馆藏档案，档案号B72-2-478。
[8] 上海市档案馆馆藏档案，档案号B155-1-259-25。

定点生产"双工"牌各种工业用缝纫机设备的专业工厂。[1] 根据1985年的全国工业普查资料，该厂是一家市属中型工业专用设备制造厂，1980年全厂职工1 293人，1985年增加到1 605人，厂长蒋开贵。[2] 此外，该厂附设有技校一所，名为上海缝纫机四厂技校，校址在文庙路304号，校舍面积约220 m²。根据1975年的统计资料，该技校在校学生人数为52人，其中女生16人。[3] 该厂及技校现已不存。

局门路436号的上海复印机厂由上海照相器材厂演变而来。1956年，公私合营后的新光五金厂、久光厂、孔雀厂等几家小厂合并为孔雀照相器材厂，生产简易照相机、幻灯机等产品。厂址原来设在长宁区江苏路791弄47号。1960年10月，随着照相器材的发展和需要，孔雀照相器材厂、中国切纸文具厂、沪江玩具厂三厂合并成立上海照相器材厂，专业生产放大机、上光机、印相机、冲洗机、切拍机、幻灯机、花边切刀等七十余种照相器材品种，其中包括军工产品十多种，厂址也迁至原中国切纸文具厂所在地，即局门路436号。随着复印事业的日益发展和需要，该厂在1964年试制并生产出国产第一台64型银盐复印机，投入批量生产供科技、国防各工厂等单位使用。1965年继续试制氧化锌静电复印机，也投入批量生产。1966年，在一机部的指示下，试制成功大型Se-4型硒静电复印机，1968年投入批量生产，对国防、科研、大专院校、设计单位以及工矿企业提供高级复制手段，对大型工程用纸，节约人力物力等提供了可靠基础，也为国家复制行业填补了多项空白。"文革"结束后，伴随着现代化建设的发展和需要，1977年该厂又试制成功Se-5型硒静电复印机。改革开放以来，该厂继续生产各类型号的复印机，满足全国的需要。根据1984年前后的调查资料，该厂共有职工433人，其中工人305名，厂长张云霞。其主要产品分为复印机械和军工照相机械两大类。[4] 该厂现已不存，局门路436号也已变为八号桥创意园区了。

上海光明皮鞋厂是一家小型全民所有制皮鞋制造企业，厂址是制造局路692号。根据1984年全市工业企业基本情况普查，该厂共有职工509人，厂长朱万瑞。该厂生产的红蕾牌胶粘儿童皮鞋曾荣获1983年全国儿童用品优秀产品奖，金马牌各式模压儿童皮鞋更是国内首创，是老牌产品。1984年该厂全年利税总额为127.5万元，属于效益良好的企业。[5] 该厂后来搬离五里桥街道。

1　卢湾区人民政府编：《上海市卢湾区地名志》，第265页。
2　上海市档案馆馆藏档案，档案号B72-2-170-1。
3　上海市档案馆馆藏档案，档案号B105-4-1514-33。
4　上海市档案馆馆藏档案，档案号B144-2-191-96。
5　上海市档案馆馆藏档案，档案号B72-1-99-37。

（四）医药工业

五里桥街道内曾有一家略有神秘感的制药企业，即上海第十六制药厂。该厂创办于1951年，原名上海中央汽水厂。1953年与万代药厂合并，改为医药制造专业厂，1956年公私合营，先后并入仁民、杰士、培尔和纳尔生四家药厂。为解决国家对制药原料的急需，1958年改为专门生产化学有机合成原料药厂。1965年改名为沪南药厂，1967年改名为上海第十六制药厂。该厂厂址为瞿溪路1199号。第十六制药厂规模不大，是上海市化学工业局和医药工业公司管辖的小型全民所有制企业，但该厂生产的药品比较特殊，主要产品是咖啡因、氨茶碱、酮替芬，像咖啡因具有兴奋作用，其他两种在当时都是国内首创新药，因此该厂是市场中一家颇受瞩目的医药企业。根据1970年该厂填报的统计资料，全厂职工为207人，全厂占地面积6 168 m^2，建筑面积3 305 m^2，固定资产总值113.4万元，[1] 由此来看规模的确不是很大。

1973年，第十六制药厂请示主管机关市化学工业局和医药工业公司，决定将苯甲酸和苯甲酸钠两种产品的生产线转移给上海日化厂和奉贤星火农场生产，自己厂则专注于咖啡因和氨茶碱的生产。这一建议得到了主管机构的批准。[2] 生产咖啡因需要解决氰化反应所产生的剧毒安全问题，特别是工厂设在闹市区，安全问题格外重要。第十六制药厂经过多次反复试验，做出了符合国家安全的标准数据，从而为咖啡因生产立足市区创造了先例。同时由于改进工艺设备，咖啡因出厂价由1959年的每公斤900元降到1983年的24元，荣获1978年全国科学大奖和1980年全国医药总局优质产品奖。[3] 根据1977年的统计报告，该厂全年咖啡因产量为111 800公斤、氨茶碱为62 200公斤，可见咖啡因在该厂产品中所占的地位。[4] 80年代以来，该厂也生产新药马酸亚铁，是当时国内最新型的补血药，曾被卫生部和国家医药管理总局列为1983年十种儿童紧缺商品之一。该厂早已不存，厂址也已改建为居民社区。

除了上述工厂外，还有上海万里塑料制品厂、上海延安塑料制品厂、上海塑料制品十八厂、上海体育器材四厂、上海人民工具三厂、上海玩具十七厂、上海活性炭厂、上海塑料机修厂、上海建材机械厂、上海石油加工厂等工厂，在改革开放以来先后在五里桥街道内建立、发展、搬迁、结束，不再一一叙述。

最后提及的是，1969年曾在日晖东路606号产生过一家市属企业——上海五里智能

---

1 上海市档案馆馆藏档案，档案号 B76-4-583-176。
2 上海市档案馆馆藏档案，档案号 B76-4-812-8。
3 卢湾区人民政府编：《上海市卢湾区地名志》，第291页。
4 上海市档案馆馆藏档案，档案号 B76-4-1013-33。

技术器具厂，该厂1993年时仍有职工210人，占地面积2 608平方米。[1] 它后来情况如何，我们不得而知，但"五里智能"这个名称令人印象深刻。

第四节　社会经济生活的发展与社区创新治理

一、人口增长

同治年间江南制造局迁入高昌庙黄浦江边一带后，随即带动周边村落逐步向城市化过渡，但在上海解放前，从高昌庙到五里桥一带在人口总量上而言，仍比它所在的泰山区（嵩山区）和卢家湾区两区北部的法租界区域人口要少很多。并且除了数量外，还呈现另一个特点，即自肇嘉浜路往南区域多体力劳动者，往北区域多脑力劳动者，文化程度差异是北高南低。这些特点甚至一直持续到改革开放后。

根据截至1946年12月底的统计数据，泰山区共有95保，2 049甲，65 496户，共计336 762人，其中男性186 288人，女性150 474人。这是当时上海三十个区中的第一大人口区，占全市总人口3 830 039人的8.79%。与第一大人口区泰山区相比，卢家湾区属中等规模，共有40保，895甲，26 509户，共计146 019人，其中男性78 075人，女性67 944人。[2] 以人口密度（每平方公里平均人口数）而言，泰山区为83 782人，卢家湾区为39 824人[3]，泰山区明显更拥挤。

上海解放后，上海市政府于1950年1月15日就全市户数做了分析，这时嵩山区（即泰山区，1947年改称）共有75 014户，分为住户65 797户，工厂户432户，手工业作坊户2 549户，商业金融交通运输业户5 950户，机关学校医院人民团体及其他户286户，总人口377 541人。在全市三十个区中排在第二位，第一位让位给蓬莱区，蓬莱区为384 939人。至于卢湾区，则有33 891户，其中住户31 467户，工厂户237户，手工业作坊户547户，商业金融交通运输业户1 479户，机关学校医院人民团体及其他户161户，总人口为180 373人。[4] 与1946年相比，嵩山区和卢湾区人口都有较大程度增长。但这时仍为区内人口统计，五里桥街道尚未设立，也就没有专门的人口

1　上海市卢湾区志编纂委员会编：《卢湾区志》，第195页。
2　《上海市统计总报告》，1946年，第三类人口，第3页。
3　同上书，第6页。
4　《一九四九年上海市综合统计》，人口类，第1、7页。

记录。

解放后，随着社会安定和经济发展，上海全市的流入人口和出生人口不断增加。1953 年，新中国举办了第一次全国人口普查，这时嵩山区已经增长到 427 362 人，卢湾区也有 207 404 人。1956 年 3 月嵩山区撤销。调整区划后，1956 年卢湾区人口总数为 410 442 人。1961 年增长到 542 565 人，比 1956 年增长 24.35%，这是卢湾区人口总量的历史高峰。改革开放以来，特别是随着计划生育和控制外来人口以及 90 年代以来的城区改造大批居民动迁等因素，1993 年卢湾区总人口为 419 945 人，回落到 1956 年的水平。[1] 伴随着中华人民共和国成立后卢湾区人口的发展脉络，五里桥街道设立以来，也逐渐开始有相关的人口统计数据。

由于 1953 年第一次全国人口普查时五里桥街道尚未设立，因此五里桥街道内第一次有比较准确的人口统计数据，是在 1964 年的第二次全国人口普查。根据第二次全国人口普查资料，五里桥街道人口数为 75 818 人，占卢湾区的 13.98%，仅次于济南路街道。此后 1982 年和 1990 年，又有全国第三次和第四次人口普查，根据这两次普查数据，1982 年五里桥街道人口总数为 74 363 人，占卢湾区的 14.9%，已是全区人数第一位；1990 年人口总数增长到 85 778 人，占 18.03%，仍是卢湾区人口第一位的街道。表 3-2 是根据第二、第三和第四次全国人口普查资料而制作的五里桥街道在全区街道人口分布中的情况表，可资参考。1990 年以来，受地铁施工、南北高架工程、道路扩宽以及旧区改造等影响，卢湾区有相当数量居民外迁。就五里桥街道而言，1993 年移入户数 713 户，但移出则为 843 户，整体减少 130 户，移入 3 217 人，但移出 4 426 人，整体减少 1 209 人。[2] 这导致该年五里桥街道人口总数下降到 80 586 人，不过总量仍占卢湾区第一位，占比为 19.19%。[3]

表 3-2　1964 年、1982 年、1990 年卢湾区各街道人口分布情况表

街道	1964 年		1982 年		1990 年	
	人口数	占区总人口（%）	人口数	占区总人口（%）	人口数	占区总人口（%）
合计	542 098	100	499 136	100	475 796	100
五里桥	75 818	13.98	74 363	14.90	85 778	18.03
打浦桥	56 108	10.35	47 538	9.52	46 277	9.73

1　上海市卢湾区志编纂委员会编：《卢湾区志》，第 97 页。
2　同上书，第 106 页。
3　同上书，第 99 页。

（续表）

街道	1964 年		1982 年		1990 年	
	人口数	占区总人口（%）	人口数	占区总人口（%）	人口数	占区总人口（%）
丽园路	52 666	9.72	43 813	8.78	46 053	9.68
顺昌路	61 212	11.29	54 150	10.85	48 881	10.27
嵩山路	72 191	13.31	52 177	10.45	58 286	12.25
吉安路			43 275	8.67		
济南路	84 559	15.60	40 586	8.13	60 395	12.69
淮海中路	73 482	13.56	72 002	14.43	65 190	13.70
瑞金二路	66 062	12.19	71 232	14.27	64 936	13.65

说明：1. 本表据1964年、1982年、1990年全国第二、三、四次人口普查资料。
2. 1964年、1990年无吉安路街道设置。

自江南制造局迁入开始，五里桥区域就成为以体力劳动者为主的地带，反映在人口的社会构成上就是文化程度相对低一点。据1964年至1990年三次全国人口普查显示，卢湾区中瑞金二路街道内大学程度的人口最多，丽园路街道和五里桥街道最低。高中和初中文化程度的人口，20世纪五六十年代，也以徐家汇路以北的各街道为多。但进入70年代特别是改革开放以来，初高中文化程度人口分布渐渐趋于平衡，南北差异已不大。具体以1990年的数据而言，该年普查显示，五里桥街道内总人口为85 778人，6岁以上人口为78 206人，这些人中具有大学本科文化程度的为2 304人，占比29.46‰，专科为3 797人，占比48.55‰，中专4 082人，占比52.2‰，高中17 520人，占比224.02‰，初中27 070人，占比346.14‰，小学14 235人，占比182.02‰，文盲半文盲9 198人，占比117.61‰。[1] 除初高中数据相当平衡外，与其他街道相比，五里桥街道人口文化程度结构中专以上偏低，文盲、半文盲程度偏高，这一特征有很强的历史延续性。表3-3即为1990年五里桥街道与其他街道人口的文化程度构成总表，可资参考。[2]

---

[1] 上海市卢湾区志编纂委员会编：《卢湾区志》，第111—112页。
[2] 同上书，第111—112页。

表 3-3　1990 年卢湾区各街道人口文化程度构成情况表

单位：人

街道	合计	6 岁及以上人口总数	大学本科 总数	大学本科 ‰	大学专科 总数	大学专科 ‰	中专 总数	中专 ‰
总计	475 796	437 553	24 035	54.93	26 347	60.21	26 236	59.96
五里桥	85 778	78 206	2 304	29.46	3 797	48.55	4 082	52.20
打浦桥	46 277	42 205	1 209	28.65	1 874	44.40	2 064	48.90
丽园路	46 053	41 871	847	20.23	1 738	41.51	2 136	51.01
顺昌路	48 881	45 222	3 857	85.29	2 350	51.97	2 510	55.50
嵩山路	58 286	53 898	2 506	46.50	3 439	63.81	3 474	64.46
济南路	60 395	55 657	1 744	31.33	2 713	48.74	3 079	55.32
淮海中路	65 190	60 344	5 243	86.89	5 102	84.55	4 148	68.74
瑞金二路	64 936	60 150	6 325	105.15	5 334	88.68	4 743	78.85

街道	高中 总数	高中 ‰	初中 总数	初中 ‰	小学 总数	小学 ‰	文盲、半文盲 总数	文盲、半文盲 ‰
总计	99 880	228.27	141 179	322.66	78 576	179.58	41 300	94.39
五里桥	17 520	224.02	27 070	346.14	14 235	182.02	9 198	117.61
打浦桥	9 397	222.65	14 763	349.79	8 209	194.50	4 689	111.00
丽园路	9 680	231.19	14 121	337.25	8 105	193.57	5 244	125.24
顺昌路	9 354	206.85	14 764	326.48	8 318	183.94	4 069	89.98
嵩山路	12 296	228.13	17 520	325.06	10 223	189.67	4 440	82.38
济南路	12 528	225.09	19 392	348.42	10 264	184.41	5 937	106.67
淮海中路	14 410	238.80	17 374	287.92	10 122	167.74	3 945	65.38
瑞金二路	14 695	244.31	16 175	268.91	9 100	151.29	3 778	62.81

就业人口则以五里桥街道最多，1990 年统计显示，五里桥街道在业人口为 49 189 人，占卢湾区全部在业人口的 19.5%。在业人口中男性 28 485 人，女性 20 704 人，男女性别比为 138∶100，[1] 排在各街道首位，男性产业工人为代表的就业人口特征仍很明显。

1993 年以来，五里桥街道人口逐年减少。1993 年为 80 586 人，1996 年已经减少到

1　上海市卢湾区志编纂委员会编：《卢湾区志》，第 113—114 页。

78 641 人，2003 年更是减少到 70 901 人，具体见表 3-4 所示。[1]

表 3-4 1996—2003 年五里桥街道人口数

1996 年	78 641	2000 年	74 253
1997 年	76 712	2001 年	71 901
1998 年	75 371	2002 年	70 868
1999 年	75 453	2003 年	70 901

二 / 立体交通格局的建立

自江南制造局迁址高昌庙黄浦江边后，五里桥区域内最先辟筑的道路是斜桥南路，也就是制造局路。此后又修了龙华路，也就是现在的龙华东路。晚清时期还修筑了江边路。进入民国后，相继辟筑了高雄路、局门路、新桥路（今蒙自路）、鲁班路、打浦路、日晖路（今日晖东路）、龙章路（今开平路）、斜土路、瞿真人路（今瞿溪路）、康瞿路（今中山南一路）、南塘浜路、五里桥路、斜土支路、局门支路、局门后路、汝南街等，从而构成了区境内的马路交通网络。这一格局一直延续至今，变化并不大。图 3-10 是 1968 年五里桥街道内的马路交通图，和解放前相比几乎没有改变。1992 年，市政府决定填没污染严重的日晖港河道，和原有的日晖东路合并，辟为新的日晖东路，这可能是五里桥街道自中华人民共和国成立以来马路交通最重要的改变之一。当然，五里桥街道

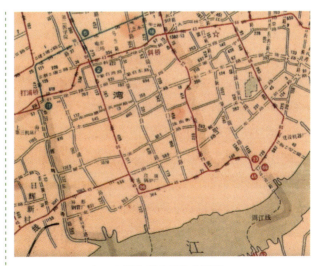

▶ 图 3-10 1968 年五里桥街道内马路交通图

---

1 《卢湾区志（1994—2003）》编纂委员会编：《卢湾区志（1994—2003）》，第 48 页。

交通网络在新中国时期特别是改革开放以来变化不大的仅仅是马路交通而已，此外则有翻天覆地的变化，它的辖区内不仅有中国第一条过江隧道，也拥有了高架道路与地铁，从而形成了立体交通格局，体现出新时代经济发展对市政建设的要求与推动。

（一）中国第一条过江隧道的选址与修建

打浦路隧道是中国第一条越江隧道，也是五里桥街道内的地标工程和文化符号之一，但一开始隧道选址其实并不在五里桥街道内，而是董家渡。

早在1949年前，上海市政府就曾有过修建黄浦江大桥或隧道沟通浦东浦西的设想及规划。1946年3月，上海市多名临时参议员提请市政府"规建浦江隧道以利浦江两岸交通"，理由是"查抗战之前传市府曾有启建黄浦大桥以便两岸居民之往返，确为迫切之要务。唯以现在目光观之，似以开凿隧道为宜。盖在平时，既不妨碍舟轮之往返，在战时亦无炸毁之虞"。[1] 6月，市政府回复称，经过议决"组织本市越江工程委员会。现已聘定委员，开会成立，并拨发筹备费，着手进行勘测钻探工作"。[2] 1948年3月，越江工程委员会最后商决，选定越江工程以建造隧道最为允当，并经工务局提出上报市府市政会议原则通过。越江隧道地点决定在中正东路黄浦江边，为避免进出口处拥挤起见，浦西方面决定两处入口："一在中正东路，一在中山东路（黄浦江外滩）。"此工程被视为"上海历史上所未有之伟大工程"。此项工程建筑费来源，经有关当局详加商讨后，认为以取偿于地价增值税之收入以及征收通行费较为合理。[3] 但限于当时上海市日益窘迫的财政收入和国民党集中力量打内战的大政方针，该计划未能实施，也就没了下文。

上海解放后，社会经济慢慢恢复平稳，工业增长很快，但市区由于自然条件的限制，发展局限于浦西。而浦东因一江之隔发展较慢。当时的矛盾主要体现在浦西工业和居民用地很紧张，有些工厂因地位所限扩建很困难。此外，许多物资储备在浦东，消费却在浦西，导致必须多经两次起卸驳运。以煤而言，上海当时每年消耗500万吨，其中80%系水运，煤栈在浦东，而煤的消费基本上是在浦西，所以越江工程日感需要。并且就上海市的发展来看，越江工程对合理布局和调动浦东工地，为全市工业建设和经济文化建设服务具有很大的作用。于是，修建跨江隧道一事再次被有识之士提起。

1956年6月，上海市市政建设交通办公室组织上海市规划建筑设计院、上海市政工程设计院和同济大学等单位，开展越江工程方案的调查研究。8月，在上海市第一届人民代表大会第四次会议上，有代表提出发展浦东、兴建黄浦江越江工程的提案。上海市

1　上海市档案馆馆藏档案，档案号Q109-1-1998-17。
2　上海市档案馆馆藏档案，档案号Q109-1-1997-53。
3　上海市地方志编纂委员会编：《上海市志·黄浦江分志》，第484页。

规划建筑设计院则结合上海总体规划中的工业布局和主干道路网，提出8处越江工程位置。[1] 1957年5月22日至25日召开的政协上海市第一届委员会第四次全体会议上，启东首任县长、有"挑粪县长"之称的上海市文史馆馆员袁希洛提案，即"在本市黄浦江上建设一座大桥或在黄浦江地下开建一个隧道，以为往来浦东西的交通要道"，在理由中他认为建桥不如挖隧道，因为"在风势最大时桥上的人车往来又有为风力卷落江心的危险，故不若在浦江底下开建一隧道，以通往来为安全。又美帝国主义为争夺世界的霸权，大资本家为少数人发财计，每每冲昏了头脑。现在主张和平的势力虽然强大，人们不能不防他们突然发动侵略世界的大战，此战是原子战争，我们必须作地下交通。故浦东西的隧道更为必要，最好上海市内还要建设地下的电车道路，以策安全"。[2] 他的提议受到重视。1958年8月，根据上海市委指示，市建委先后成立了越江研究所和地下铁道筹建处，正式启动了越江隧道的规划建设。

当时考虑过的越江工程的可能地点有七个，即宁国路、江浦路、公平路、延安东路、复兴东路、董家渡、江边路。隧道工程局经过初步研究后认为：从交通运输方面来看，公路隧道过于接近中区，会吸收大量车辆交通汇集中区，使原已拥挤的中区道路更增负担，而且隧道的引道建筑须大量拆迁，在建筑物比较密集的中区也是不适宜的，其中宁国路及董家渡两处不在中区交通频繁地带，但距离中区又不甚远，对交通运输方面比较适合，江边空地也多，即有房屋亦较简陋，故比较适合于修建过江隧道。换言之，宁国路、董家渡、江边路是三个最好的可选地点。经多次论证后，选定董家渡为越江地点。[3]

1960年2月，上海市副市长牛树才指出：越江隧道是土建工程中的高精尖项目，要在年底之前开始施工。同月，上海市委决定在越江研究所和地下铁道筹建处两个单位的基础上，成立集建设、设计、施工为一体的上海市隧道工程局，具体负责筹建和试验研究。8月，市隧道工程局编报了越江隧道设计任务书，随即由上海市人民委员会上报国家计委申请立项。后因国家三年经济困难时期的影响，以及在技术上尚无把握而未实施。1962年2月，根据国家提出贯彻"调整、巩固、充实、提高"八字方针的要求，市隧道工程局并入市城建局，称为市城建局隧道处，原市隧道工程局的1490名员工，经几度精简后，仅保留专业骨干292人，继续从事隧道工程的试验研究。此后除了少量试验外，工程几乎没有进展。

1965年初，上海市委贯彻中共中央关于加强战备的指示，决定抓紧建设黄浦江越

---

[1] 上海市地方志编纂委员会编：《上海市志·黄浦江分志》，第484—485页。
[2] 上海市档案馆馆藏档案，档案号 L1-1-116-16。
[3] 上海市档案馆馆藏档案，档案号 A54-2-483-7。

江隧道，列为战备重点工程。4月，选定地址已经更改到浦西打浦路和浦东耀华路一线。打浦路方案由原来的备选一跃成为第一建设方案。5月，市城建局上报《上海市打浦路越江隧道设计任务书》。6月，经上海市委向中央申请立项后，以扩大试验工程名义组织开工，代号"651"工程。12月，国务院总理周恩来指派专家小组审查设计文件。1966年3月8日，国家计委批准打浦路越江隧道设计任务书，列入国家第三个五年计划重点建设项目。图3-11即为当时的打浦路隧道规划设计图。该工程浦西1号竖井以扩大试验工程名义于1965年6月先期开工，抽调了大量军人参与建设，至1967年初，隧道建设进入紧张施工时，遭到"文革"干扰，一些重要设计要求未能落实，工程质量受到一定程度影响。但广大工人、技术人员和干部克服困难，顽强努力，上海市第一条黄浦江越江隧道也是中国第一条越江隧道——打浦路隧道于1970年10月建成。[1] 打浦路隧道全长2761米，其中隧道主体长1332米，江中段江底直线长600余米，单管双向2车道，车道宽7.07米，净高4.1米，从1958年开始规划，到1970年底基本建成，这条前所未有的国内首条城市跨江大型隧道建设前后历时12年。

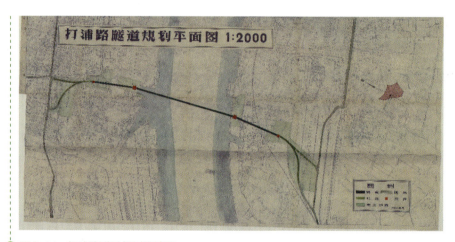

图3-11 打浦路隧道规划设计图

受当时的形势影响，刚建成后的打浦路隧道管理非常严格，且以军用优先，首先确保军事使用，部队军用车辆及首长乘用车辆全日通行，其余车辆的开放时间为每天上午七时至下午七时。隧道通行车辆范围是：部队使用的各种机动车辆及装备、需要过江的工农业生产运输机动车辆、执行任务的消防救护警备等特种车辆以及打算开辟的越江公

---

[1] 上海市地方志编纂委员会编：《上海市志·黄浦江分志》，第485—486页。该书认为打浦路隧道于1970年6月建成通车，这是不准确的。打浦路隧道于1970年10月才基本建成，到12月仍未开放通车，尚处在补漏整修的过程中。见上海市档案馆馆藏档案，档案号B246-1-344-103。

共汽车和其他单位因工作需要须经常通行或临时通行的车辆。除部队车辆及执行任务的特种车辆外，其他车辆均按系统提出申请，由隧道管理部门核发通行执照，使用单位并按季交付一定的养护管理费。隧道两端与外界临接处设有围墙，实行军民联防，墙内则有解放军设置岗哨守卫。[1]1971年6月，《黄浦江越江隧道试行通车暂行办法（草案）》公布，此后，使用范围逐步扩大到社会各单位。[2]到1985年通行车辆已经高达283万辆次。[3]

作为上海土建工程中的"高精尖项目"，打浦路隧道的建成通车无疑成了新中国时期上海经济社会发展的标志工程，颇受外界关注。1971年6月初，罗马尼亚党政代表团访问上海，重要的活动之一就是参观刚建成通车不久的打浦路隧道，上海市有关方面做了精细的安保安排。[4]刚送走罗马尼亚客人，又来了越南轻工技术考察团。该团四月十日即抵沪，参观考察了两个月后，于6月底他们提出了参观越江隧道的要求，上海接待单位市轻工业局为此请示市革委会外事组，希望能满足他们的参观要求。[5]

打浦路隧道不仅深受外宾关注，也成了当时上海旅游宣传片中的亮点要素之一。1978年8月，为了推动上海旅游事业的发展，经上海市委批准，上海科学教育电影制片厂准备筹拍两部旅游宣传片《上海风光》和《上海沧桑》，根据影片要求，需要拍摄一些市区全貌的航空镜头以及反映上海新建设的一些代表性成就，其中就需要"拍摄一组隧道镜头"，为此上海市电影局特意请示市委宣传部和外办，并抄送驻沪空军和隧道公司，希望批准。[6]

1984年12月18日，黄浦江上的第二条过江隧道延安东路隧道开工建设，1988年12月全线贯通。截至2010年底，黄浦江上的越江隧道已经有12条，大家已经司空见惯，但打浦路隧道仍以独特的魅力写在了新中国越江隧道的建设历史上，其开创性独一无二，永远不会被替代。

（二）高架道路[7]

中华人民共和国成立后，上海市政府于50年代末提出了立体交通规划，但当时以地铁建设为主，着眼于交通"入地"，未做"上天"的准备。1992年，基于改革开放以来，特别是浦东开发所带来的上海社会经济的快速发展，市政府正式启动内环线高架道路和南北高架道路的建设。

内环线高架路连接南浦大桥和杨浦大桥，从而将浦东、浦西联成一体。浦西高架

1　上海市档案馆馆藏档案，档案号B246-1-344-103。
2　上海市档案馆馆藏档案，档案号B123-8-545-48。
3　上海市卢湾市志编纂委员会编：《卢湾区志》，第261页。
4　上海市档案馆馆藏档案，档案号B74-1-1260-81。
5　上海市档案馆馆藏档案，档案号B163-4-306-13。
6　上海市档案馆馆藏档案，档案号B177-4-680-5。
7　上海市卢湾市志编纂委员会编：《卢湾区志》，第259—260页。

路长 29.2 公里，于 1992 年 5 月 8 日批准兴建。设计车速 80 公里 / 小时，路面标准宽 18 米。五里桥街道区域内的内环高架路东起制造局路，西至日晖东路康衢桥，全长 1 676.4 米，由高架路、地面中山南一路以及鲁班路立交桥组成，共有桥墩 78 座。地面道路快慢车行道各宽 15 米，人行道各 4 米。

除了内环线高架路外，五里桥街道还曾是南北高架路的起点。南北高架路曾名成都路高架路，1993 年由市计划委员会批准建设。该高架路南起五里桥街道内的中山南一路和鲁班路口，沿鲁班路、重庆南路、折西北穿淮海中路、延安中路，沿成都北路，跨过苏州河，穿天目中路，跨铁路，连共和新路至老沪太路止，全长 8.45 公里，是南北贯穿市中心区的一条交通干道。南北高架路于 1993 年 9 月启动动迁，工程由高架道和地面道路组成。高架道为 6 车道的高架框架结构，路面标准宽 18 米，地面道路宽 50 米。沿线建有中山南一路鲁班路口、成都路延安中路口等 4 座立交桥。

中山南一路鲁班路立交桥，是内环线高架路与南北高架路在五里桥街道内的连接点，是一座含地面便道、内环高架路、定向匝道和南北高架路共 4 层的大型立交桥，高 20 多米，桥面标准宽度 18 米，匝道附近桥面最大宽度 37.5 米。该立交桥工程于 1992 年 11 月 16 日启动建设，共动迁居民 658 户，动迁单位 57 家。

（三）地铁[1]

上海关于地铁建设的规划起于 1953 年。1953 年，苏联专家来沪指导编制城市总体规划期间，提出建设南北和东西两条地铁线。南北线自徐家汇经北火车站至吴淞，东西线自杨树浦经静安寺至中山公园，两线在人民广场交会。这个设想向市政府做了汇报。此后直至 80 年代，修建地铁的方案不时根据形势的发展或提出或平息。

1956 年 8 月，中央指示要加强战备，防止帝国主义的突然袭击，上海于是提出了修建地下铁道的计划。同年 8 月 23 日，市政建设交通办公室编制了《上海市地下铁道初步规划（草案）》，同时成立上海市地下铁道筹建处。1959 年 8 月，上海警备区又提出：上海地下铁道应以"平战结合、以战为主"的指导思想规划建设，须从加强军事防御体系、解决机关和人民防空安全及城市交通等三方面结合，并应首先根据上海所处的战略地位，从巩固国防建设的原则出发。要求地铁与兵力集结点、空军机场、海军码头、战略物资屯放地以及军事要塞、要地、作战依托的山区和后方基地联通。根据上海所处的战略地位和核武器一般使用与战略目标的观点，深度应能抵御原子弹和氢弹的破坏能力，尽可能埋入基岩内，但在对深埋方案探索后认为：如将地铁置于地下 300—350 米

---

[1] 本节资料来源于《上海市级专志·上海申通地铁集团有限公司志》（shtong.gov.cn）

第三章　中华人民共和国成立后五里桥行政区划的设立与社会经济的新发展、新治理

的基岩层，对功能要求、工程技术和建设经济均不合理。市地铁筹建处组织相关设计科研单位，对上海地下铁道的埋设深度作浅（覆土 10 米左右）、中（40—60 米）、深（60 米以下至基岩层）3 种方案的研究。从 1958 年起，地下铁道筹建处编制了三线一环、四线一环、四线二环等一系列深、浅埋比较方案及相关图纸。1964 年、1965 年、1973 年和 1975 年对地下铁道路网进行了局部调整。但均是纸上谈兵。

改革开放以来，根据国务院 1986 年 10 月 13 日关于《上海市城市总体规划方案》的批复，上海地铁建设终于开始落地。在国务院批准《上海市城市总体规划方案》之前，1986 年 7 月 4 日时任上海市市长江泽民签发呈文，向国务院呈报了《上海市关于建设新龙华至新客站地下铁道工程项目建议书》。8 月 14 日，得到国务院的同意批复。这就是上海地铁 1 号线。

1987 年施工前期准备工作全面开工，包括拆除各种房屋，搬迁各种管道和电力电缆等，至 1988 年分段按期完成。此时，有关 1 号线的审批工作也已逐步完成。1988 年 2 月 2 日，国家计划委员会发文通知上海市计委：国务院批准《上海市新龙华至新客站地下铁道工程可行性研究报告》。随即，1 号线进入施工阶段，1995 年 4 月 10 日正式建成并试运营。这是上海首条地下快速有轨系统，其建设也是上海首次成功运用国际融资方式进行建设的重大市政项目，共利用了外国政府提供优惠贷款 4.6 亿马克和政府贷款 4 450 万美元。

五里桥街道内的第一条地铁是 4 号线。2000 年 10 月 24 日，国家发展计划委员会批复上海市轨道交通明珠线二期（即 4 号线）工程项目建议书。2002 年 9 月 28 日，国家发展计划委员会批复上海市轨道交通明珠线二期可行性研究报告。2005 年 11 月 9 日，上海市建设和交通委员会批复工程初步设计，4 号线建设开始动工，全线于 2007 年 12 月 29 日建成开通。

五里桥街道内的第二条地铁是 13 号线的二期工程中的南京西路站至世博会博物馆站，于 2015 年 12 月 19 日开通运营。

三　污染治理

五里桥街道内的污染治理主要是指日晖港整治。抗战胜利后，上海市政府曾有过把日晖港建设成为上海深水港的规划。解放后，上海市港务局曾一度旧事重提，于 1959 年 7 月制定了关于日晖港扩大工程的初步方案，呈报上海市基本建设委员会审批。[1] 但后

---

[1] 上海市档案馆馆藏档案，档案号 A54-2-752-9。

来也没了下文。特别是随着上海经济工业的发展所带来的日晖港污染问题日趋严重,深水港规划最终不了了之。

20世纪70年代中期,市政府实行调控排放,从而使日晖港河水一度变清。但80年代以来,随着经济快速发展,两岸工厂增多,入港废水骤增,港水很快就变黑发臭了。据1983年统计,日晖港西徐汇区共有34家工厂,日排废水22 760吨,占徐汇区工业废水排放总量50%;日晖港东卢湾区则有30家工厂,日排废水量35 550吨,占卢湾区内工业废水排放总量的51%。又据1984年卢湾工务所统计,卢湾区内排废水入日晖港的工厂中,纺织系统占18.7%,日排量39 970吨,占40.9%;机电系统占14.8%,占日排总量8.9%。1985年至1990年,市环保监测数据表明,日晖港自水质至底泥,连泥带水,主要污染物全部超标,其中氨氮超标18.8倍,油超标5.5倍,水质污染为六级,居黄浦江十大支流污染之首。

1992年初,市规划局提出了《日晖港综合治理规划》方案,同年2月市建设委员会批复同意,当年10月日晖港综合治理即启动,开始填没康衢桥南侧以北段河道,污水用地下钢筋混凝土浇制的双涵箱排放。1993年12月填浜竣工,下水道涵箱同时通水。[1]日晖港填平后,与日晖东路合并,仍称日晖东路。

四 / 旧区改造[2]

在历史上,五里桥街道是工业区,多厂房,也多棚户区,这些因素使其成为中心城区内建设相对老旧的街道。自20世纪30年代起来自苏北、皖北等地的破产农民在日晖东路、鲁班路、斜土路、瞿溪路、局门路、制造局路周边,特别是鲁班路的斜徐路和丽园路地段一带建起了密集的棚户和简屋。棚户一般建于泥地上,内外高下相等,以竿为柱,编竹为壁,上覆稻草,大多无窗牖,闭门即暗不见物,冬日壁间缝隙中冷风砭骨,雨天潦水挟污物入棚成泽。简屋稍好,但也非常不宜居住。这一状况一直持续到1949年。

1953年4月,日晖港区榻车外港工作组营建了搬运一村,标志着住宅改造和住宅建设的启动。搬运一村是五里桥街道内第一处新建住宅基地,位于原中山南一路1138弄,即今春江大楼所在地。由日晖港区榻车外港工作组,参照曹杨新村模式辟建,1953年4月6日竣工,有砖木结构两层简易住宅楼共62幢,建筑面积0.42万平方米,由两户合用厨房。在当时是很新式的工人新村。

---

[1] 上海市卢湾区志编纂委员会编:《卢湾区志》,第318页。
[2] 本节资料均来源于《卢湾区志》及《卢湾区志(1994—2003)》相关章节。

1965年，卢湾区人民政府成立棚户改造工作组，以"自建公助"方式筹集资金，将斜土路628弄213—219号原址拆建为两层简易住宅楼1幢，1965年12月25日完工。这是卢湾区拆落地改造棚户的第一个试点基地。随后又于1968年改造了鲁班路354弄1—16号，拆除棚户270余间以及简瓦房10间，建造了砖木结构3层简易住宅楼8幢。这是卢湾区内第一个以国家财政投资零星拆落地改造棚简危房的基地。不过由于当时国家财力紧缺，五六十年代主要是零星拆建而已。70年代后期，才开始成片改建。五里桥街道内成片改建的路段主要有瞿溪路段、斜土路段、蒙自路段、打浦路段和中山南一路段。以瞿溪路段为例，该路段改造范围东起蒙自路，西至日晖东路。共有904弄、937弄、1012至1060弄、1053弄、1062弄、1079弄、1145弄与1254弄8个基地，建筑面积8万平方米。经改造后，建成混合结构5至7层住宅楼64幢；24至29层高层住宅楼8幢。其中南园新村，即瞿溪路1062弄，系卢湾区内最大的棚简危房改造基地，拆除棚简危房4万平方米，1987至1993年，建成24层至29层高层楼8幢，6层住宅8幢，多层住宅891套。此路段同时还配建了区级综合医院1所，床位200张；商业用房2处，合计建筑面积1万平方米。绿化面积1万平方米。瞿溪路段改造是上海市"七五"规划中23片旧区改造重点之一，改造工程圆满完工。

80年代起，全市范围内的旧区改造步伐加快，建设资金也从单一财政拨款，转为企业联建、系统开发等多种渠道。此时棚简屋改造和住宅建设，都逐渐与市政建设、经济综合开发相结合。根据相关资料统计，自1953年至1993年，卢湾区内新建住宅建筑面积共达190.84万平方米。这些新建的住宅中，主要位于打浦路街道、丽园路街道和五里桥街道等南部区域，总建筑面积达139.94万平方米，占全部建筑面积的73%。换言之，20世纪80年代以来，在建设新住宅的同时，改造旧区、改造棚户简屋成为五里桥街道建设现代城区的重要内容。这时建起的著名新社区是丽园新村一期工程。至1993年，瞿溪路、斜土路、蒙自路、打浦路、中山南一路、丽园路等两侧，成片棚简危房大多已改造。此外，还新建了康衢大楼、南园新村、丽园新村等一大批多层和高层住宅楼，新式住房建筑群替代了昔日的棚户。至此，历史遗留下来的南北住房质量差距已经大大缩小。

1994至2003年，卢湾区内的旧区改造深入推进。这其中最著名的即是实施"33.78万平方米危棚简屋改造"工程，该工程属上海市"365万平方米成片危房、棚户、简屋改造工程"，市政府要求2000年前全面完成。所谓"365万平方米危棚简屋改造工程"，是指由历史原因所形成的旧式里弄、棚户简屋及危房改造项目。根据统计，1990年底上海市区还有1 500多万平方米二级旧式里弄以下的旧住房，其中成片危棚、简屋总计达365万平方米，人均居住面积4平方米以下的困难户30余万户。1992年召开的中共上海市第六次党代会确立到 20 世纪末上海的居住目标是市区人均居住面积达到 10 平方米，住房成套率达到 70%，完成人均居住面积 4 平方米以下困难户的解困和"365 万平方米成片危棚简屋"的改造。卢湾区作为中心城区之一，列入"365 万平方米危棚简屋改造"范围的有 33.78 万平方米。这 33.78 万平方米中又有相当一部分在五里桥街道内。表 3-5 即是卢湾区"33.78 万平方米危棚简屋改造"中的五里桥街道地块情况表。[1]

表 3-5　五里桥街道危棚简屋改造情况表

年份	地块名称	危棚简屋面积（平方米）	危棚简屋户数（户）
1992	瞿溪路 800 号	3 493	222
	汝南街 35 号	2 850	176
1993	斜土路 780 号	714	30
	蒙自路 640—668 号	4 024	193
	中山南一路 964 号（1 期）	2 248	100
	南塘鲁班	1 895	66
	铁道路制造局路	1 444	55
	铁道路 306 号	5 381	44
1994	成都高架南节点	4 235	34
	开平路 1—67 号	1 110	73
	龙华路 129—139 号	910	41
	开平路 71 号	1 410	49
1995	中山南路 964 号（2 期）	4 502	200
	斜土路 486 号	2 800	81
	龙华路 897 号	3 900	159
	龙华路南块	2 667	134
	斜桥 73、74 号五爱中学	12 960	760
1996	龙华路 391 号	1 189	85
	南塘鲁班	9 055	314
	瞿溪路 1270 号	1 052	51
	打浦路 271 号（2 期）	3 600	580

---

1 《卢湾区志（1994—2003）》编纂委员会编：《卢湾区志（1994—2003）》，第 107—109 页。

（续表）

年份	地块名称	危棚简屋面积（平方米）	危棚简屋户数（户）
1996	局门路 53 号（2 期）	15 230	686
	局门路 595 号	11 169	455
	鲁班路 657 号	3 597	165
1997	高雄肇周	3 450	164
	瞿溪路 944 号	615	63
	斜土路 678 号	4 160	991
	五里桥路 50 号	2 824	124
	龙华路 69 号	1 260	65
	龙华路 906 号（2 期）	6 223	346
	瞿溪路 733 号	2 385	105
	龙华路 860 号	1 189	85
	开平路 71 号（西）	2 200	85
2000—2003	制造局路职校学舍	240	6
	龙华东路 250 号	376	6
	斜土路 816 号（2）	0	96
	卢浦大桥	5 289	829
	斜土路 628 号	15 286	927
	南塘浜路拓路	591	26
	蒙自路 369 号	611	23

1992 年，卢湾区"33.78 万平方米危棚简屋改造"工程开始实施。经过六年努力，耗资 70 多亿元，实际拆迁 337 736 平方米，动迁危棚简屋居民 16 530 户。1997 年 11 月 13 日，卢湾区副区长沈骏在五里桥街道主持召开了旧区改造专题会议，他着重指出：五里桥街道是卢湾区危棚简屋较集中的地区之一，加快五里桥街道的改造进度，对年内完成卢湾区全区 33.78 万平方米危棚简屋拆除任务起着决定性作用。[1] 此后经过多方努力，1997 年 12 月 18 日上午，在打浦路 53 弄基地上举行了全部拆除成片棚户简屋庆典仪式，提前 3 年完成了市委、市政府确定的在二十世纪末完成成片危棚简屋拆除的任务。

---

1 杨建荣主编：《五里桥：一个发展中的新型城市社区》，学林出版社，1998 年，第 276 页。

此后经过新一轮的旧区改造，至 2003 年底，卢湾区旧里弄以下住宅只剩下 74.21 万平方米。经过自 1994 年以来的工厂大批搬迁和棚户逐片改造，五里桥街道内一个个现代化住宅小区拔地而起，五里桥街道也由原来的"下只角"变身为宜居乐业的现代化城市社区。

五 / 社区治理的典范：第三级管理体制建构与"三会"制度创新

改革开放以来，特别是经过 90 年代的旧区改造后，五里桥街道已经由一个近代型的城郊工业地带转变为现代化的新型城市社区。虽然人口在 90 年代后有所减少，但仍是城市中心密集型的区域。在新形势下，街道应如何转变治理模式？在上海市政府"两级政府、三级管理"的制度设想与架构下，五里桥街道作为首批试点单位之一，开始了城市社区行政体制改革下的第三级管理制度创新，开创了"三会"制度，提供了城市社区治理的五里桥街道经验，取得了上海城市社区行政体制改革的标杆性成果，被坊间称为现代中国城市治理的"五里桥模式"。那么，第三级管理体制是怎么来的？具体到五里桥街道该管什么？它又是如何管的呢？2023 年 2 月的一天，笔者曾与五里桥街道当年参与第三级管理制度改革试点的亲历者、原街道办事处杨建荣主任有过一个口述访谈，以下论述主要依据于这次口述访谈以及 1998 年杨建荣主编出版的《五里桥：一个发展中的新型城市社区》一书。

（一）五里桥街道实行第三级管理体制改革的由来

就理论上而言，上海的街道社区行政是 20 世纪 90 年代以来市场体制改革过程中所出现的新的行政管理模式。在这之前，我国的城市基层组织体制基本承袭了传统的计划经济下的体制模式，即街道办事处作为区政府的派出机构，主要是上传下达，执行区政府各职能部门向街道布置的任务，同时对街道内的居委会和其他社会组织进行指导、协调和督促，其组织管理是国家作为社会管理的唯一主体，通过高度集权的行政管理体制和直接的行政干预对经济、社会实行全方位的统辖和管理。街道办事处作为行政权力体系的末梢，同时又作为直接面对居民需要的政府，担当着执行行政命令和进行社会组织动员的双重角色。由于这样的双重角色，街道办事处"政企合一"的组织结构具有全能型组织特征，反映了计划经济体制下我国社会的基本结构。自 40 年代末至 80 年代初的单位制管理模式中，街道办事处的地位和作用并没有引起人们的重视，这一方面是由于计划体制下，权力大多集中在单位，街道权力很小，另一方面也是因为许多社会职能由单位承担，街道的社区功能并不明显。但进入 80 年代以来，城市经济与社会体制乃至社会发展观念都开始发生巨大变化,社会管理中的"小政府、大社会"的态势逐渐成形,这就使得城市社区建设与发展的问题被迅速提上了议事日程。[1]

首先是经济体制方面的压力。在传统的计划经济体制下,政府主要依靠高度集权的行政管理体制实现对社会生活的统一管理。随着改革的不断深化,这种管理体制的负面影响日益显现。为了适应社会主义市场经济体制,从政府层面来看,政府必须加快转变政府职能,改革管理机构,改进管理方式,按照政企分开、政社分开和精简、统一效能的原则,实施对社会的有效管理。从企业层面来看,在传统的计划经济体制下,企事业的功能也是全面的,对职工的生老病死提供各种服务和保障。这种企事业办社会的状况严重妨碍了企事业本身职能的行使和目的的实现。在市场经济体制下,企业要成为自主经营、自负盈亏、自我发展、自我约束的法人实体和市场竞争主体,必然要把传统计划经济体制下企业办社会的职能分离出来,交给社会。同样,教育、科研、文化、医疗等事业单位也要逐渐分离出它们在计划经济体制下承担的大量不合理的社会职能。随着"单位人"变成"社会人",这些分离出来的社会职能都开始流向街道一级社区组织。

其次是社会管理体制的挑战。面对越来越复杂的社会事务和不断增长的城市社会问题,许多城市管理职能的重心在逐步下移,使街道组织和社会面临一系列新的问题和挑战。对于上海而言,90年代以来城市管理面临着一系列新情况和新特点。一是随着大规模的城市建设与发展,大量外省市经济组织和乡村农民不断涌入上海,城市管理功能急剧增加。二是在城市内部管理上,市场化管理、法治化管理、行政性管理,以及更为复杂的社会生活管理等,使上海的城市管理功能纷繁复杂。三是功能分化超前于结构分化,新功能与旧体制长期摩擦,不断积累并产生新的社会矛盾。四是面临管理功能不断增加的沉重负担,城市管理的重心逐渐下移,各类组织在计划经济体制下的社会管理功能已大量地转移到街道一级组织。[2]

上述经济体制与社会结构的变迁促使上海市政府思考城市社区管理体制的变革。1995年下半年开始,上海市委、市政府领导分成五路,深入14个区20多个街道和居委会进行调研,获得了翔实的资料。在总结先行试点街道的经验基础上,并经详细分析和慎重研究后,1996年3月,上海市召开了有史以来的第一次城区工作会议,时任市委书记黄菊在会上正式提出了"两级政府、三级管理"的体制构想。同月,市委市政府关于加强街道、居委会建设和社区管理的有关政策意见出台,给街道和居委会界定了新功能,形成了社区管理建设的新体制。五里桥街道和其他试点街道的不少经验都写进了文

---

1 杨建荣主编:《五里桥:一个发展中的新型城市社区》,第147—148页。
2 杨建荣主编:《五里桥:一个发展中的新型城市社区》,第150页。

件。[1] 那么，五里桥街道是如何做的呢？

（二）多元互动的第三级管理内容

1995年11月15日，卢湾区召开"两级政府、三级管理"工作动员大会，制定通过了《关于在五里桥街道实施"两级政府、三级管理"工作试点的意见》，五里桥街道的第三级管理试点与创新之路正式启动。根据新体制设想，五里桥街道建立了组织系统多元、管理机制互动、管理模式动态、三会制度创新的社区管理新架构，从而强有力地推动了社区发展和基层政权建设。

组织系统多元是指五里桥街道从社区不同的行政事务和目标出发，建立了3个层面的组织管理系统，即行政领导（决策）系统、行政执行系统、行政支持（反馈、监督）系统。这3个系统分别履行制定政策、执行政策、支持和反馈监督政策等功能，由此形成了社区管理的组织结构新体制。

其一，社区行政领导与决策系统由街道办事处及城区管理委员组成。两者相互协调，共同完成对社区日常行政事务的领导，组织社区服务与社区建设。城区管委会由街道办事处、派出所、房管所、环卫所、工商所、街道医院、房管办、市容监察队等单位组成，目的是有效地克服条块分割，理顺条块管理体制的需要。城区管委会定期召开例会，商量、协调、督查城区管理的各种事项，制定城区发展新规划。

其二，社区行政执行系统分为四个工作委员会，即市政管理委员会、社区发展委员会、社会治安综合治理委员会、财政经济委员会，具体承担社区管理、精神文明建设、社区治安和街道经济等工作，使街道工作得到延伸和拓展。

其三，社区行政支持与反馈监督系统主要由社区内企事业单位、人民团体、居民群众及其自治性组织构成。它们通过一定的组织形式如社区事务协商组织以及各居委会组织发挥作用。社区事务协商组织是社区社会化的议事组织，主要负责议事、协调、监督和咨询，相当于社区内的"议事机构"。在此基础上，五里桥街道还建立了社区事务协商制度。街道定期召开社会事务协商会议，对社区内的重大工作进行通报。居委会则是这一网络中最基本的组织单位。

管理机制互动包括三个方面的内容。第一是纵向层层授权的原则。根据中国的现行法规，街道是行政区划之一，街道办事处在新时期承担的社会行政职能也越来越多。但街道办事处本身不是一级政府，它仅是政府的派出机构，其行使的管理权力主要来源于上级政府的授权。根据上海市委、市政府《关于加强街道居委会的建设和社区管理的

---

1 伴公汀："上海探索超大城市社会治理新路，从这场改革起步"，上观新闻2018年12月11日。

政策意见》，卢湾区委、区政府赋予五里桥街道一系列管理权限，从而使街道具有部分总体规划参与权、分级管理权、综合协调权和属地管理权。第二是"条包块管，以块为主，条块结合"的管理制度。条块问题是社区行政管理中必须处理好的一个核心问题。在社区体制建设中，五里桥街道形成了一套"条包块管，以块为主，条块结合"的管理制度。第三则是动员社会多元力量，参与到社区管理中。社会多元力量包括企事业单位、居民委员会等，它们既是社区管理的对象，又是社区建设的主体。五里桥街道创立了社区事务协商调解新制度。

管理模式动态是指在社区管理中，五里桥街道十分注重发挥政府法人、企事业法人和社团法人的多角色作用，强调发挥政府法人的引导和协调作用，企事业法人的资源作用，社团法人的中介作用以及人民群众的基础作用，从而形成合力机制，共同推进社区发展。"爱心工程"的实施，与社区内各名牌企业联营等项目都是动态管理模式的体现。充分发挥社区监督员的作用，也是五里桥街道动态管理模式的一个方面。社区监督员一般由社区内德高望重，热心公益事业的人士担任。社区监督员的主要功能是监督、检查社区各项工作，及时反馈社区民情民意，在城区管理委员会与政府之间搭起一座桥梁。社区监督员可对社区事务提出意见和咨询，并可直接反映给有关部门，对社区内各重大决策提出建议和意见，协调居民间的关系。[1]

在上述组织制度保障下，五里桥街道在短短两年内就将一系列管理改革设想付诸实施，获得了多方的支持和赞誉。

1995年11月15日，五里桥街道开始试点"两级政府、三级管理"行政管理体制改革。11月28日，中山南一路第二居委会和瞿溪路南段居委会即在街道党工委指导下合署办公，成立新的党支部，开始了新体制实施后的居委会改革。1996年1月10日，五里桥街道成立居委三产管理小组，隶属于街道五洲工贸公司，此后居委三产与居委工作正式脱钩，这一新举措进一步推动了居委会的改革。

1995年12月14日，社区行政领导系统中枢之一的五里桥街道城区管理委员会在丽园老年活动中心五楼举行挂牌仪式。区委、区政府领导张学兵等参加了揭牌仪式。这是五里桥街道在第三级管理新体制探索上的一个重要成果，也是后续管理工作的制度保障。

1996年1月5日，五里桥街道社区市民会馆正式对外开放。

短短两个多月，五里桥街道的改革取得引人瞩目的成绩。1996年2月23日，时任市委书记黄菊来到五里桥街道视察了实施"两级政府、三级管理"试点工作情况。街道

---

1 杨建荣主编：《五里桥：一个发展中的新型城市社区》，第151—156页。

办事处主任杨建荣、党工委书记吴胜娣分别汇报了试点运作情况，居委代表袁金芳、魏桂花、路根娣参加了座谈。黄菊先后到社区市民会馆、南园小区进行视察，对五里桥街道开展社区建设、加强社区服务等方面工作给予了充分肯定，同时要求卢湾区和五里桥街道好好总结经验，为中心城区的社区管理和基层政权建设探索出一条新路子。[1]此后，五里桥街道的改革继续推进。1997年9月27日五里桥街道社会保障事务所成立，10月8日五里桥街道涉老维权受诉站也揭牌成立。

1998年2月12日，五里桥社区行政事务受理中心正式成立，这是社区行政事务"一门式"受理机构，受理中心的受理内容主要有工商登记、征税管理、申报户口、粮籍关系、房屋租赁、社会保障、市政管理、司法服务、信访接待、消防审证、外来人口身份登记等20多个项目。可以说是上海最早的"一网通办"式行政服务机构。

自五里桥街道积极推进以社区管理与建设为导向的组织体制改革以来，社区建设有了飞跃式发展。1998年4月，受五里桥街道委托，复旦大学"五里桥社区发展"课题组就"五里桥社区发展"做了居民民意调查。其目的在于，通过民意调查，以五里桥普通居民的视角，客观为三年来五里桥街道实施第三级管理改革，推动社区发展等一系列工作作出评价，并为五里桥社区下一步发展提供相应的决策依据。调查结果显示，对五里桥街道"社区横向相对发展速度的评价，89.9%的受访居民认为，五里桥街道与上海其他街道相比，近几年发展得很快或较快，7.5%的受访者认为五里桥和其他街道相比差不多，仅2.6%的受访居民认为五里桥街道的发展是较慢或落后的。从纵向上看，仅1.5%的受访者认为和以前相比'五里桥这几年没什么变化'，而认为'较之以前，五里桥有很大变化'的受访者比例高达80.5%，另有17.3%的受访居民认为'变化虽有但并不显著'，没有受访者认为'五里桥的发展不如以前了'。总体上看，82.5%的受访者对目前生活在五里桥街道感到满意（包括满意和比较满意），有15.5%的受访居民对生活在五里桥街道'感觉一般'，对生活在五里桥街道表示不满的受访者仅占2%。从以上简单列举的一系列数字可以看出，绝大多数居民对近几年五里桥街道的社区发展持积极肯定态度。社区发展给五里桥居民带来了巨大的实惠。调查显示，居民感受最为深刻的主要包括社区环境、社区服务、社区文化生活、社区秩序安全、社区人际关系和社区管理等六项内容"。[2]这六项内容中，满意和比较满意合计占比大都超过70%，其中"社区管理"一项满意和比较满意合计占80.3%。详见表3-6。另外的调查数据也显示，经过几年改革，五里桥街道居民的社区意识和社区认同已经明显提高。

---

[1] 杨建荣主编：《五里桥：一个发展中的新型城市社区》，第270—274页。
[2] 杨建荣主编：《五里桥：一个发展中的新型城市社区》，第128页。

表 3-6　五里桥街道居民的社区发展满意度

调查内容	满意	比较满意	一般	不太满意	不满意
社区环境	34.80%	39.00%	16.80%	6.00%	3.50%
社区服务	44.30%	33.80%	18.50%	2.30%	1.30%
社区文化生活	37.00%	32.00%	26.00%	4.00%	1.00%
社区秩序安全	39.30%	39.80%	14.80%	4.80%	1.50%
社区人际关系	43.50%	39.30%	16.50%	0.50%	0.30%
社区管理	44.00%	36.30%	16.50%	2.50%	0.80%

（三）"三会"制度创新

在五里桥街道进行第三级管理体制改革的过程中，还有一项创造性的制度发明，这就是三会制度。

如前所述，五里桥街道在20世纪80年代以前，棚户简屋连片，90年代后，随着内环高架、南北高架路、日晖港填浜等重大市政工程的建设，带动街道社区环境开始了大规模的改造，卢湾区委、区政府也非常明确要把五里桥社区建设成为现代化的生活园区。至2000年左右，经过旧区改造后，五里桥街道内90%以上的居民住宅都已是新公房，还形成了桑城、紫荆、瑞南、郁金香、怡绿等新型的生活小区。随着社区住宅环境的改善，新迁居民越来越多，使社区居民的层次结构出现了新的变化。但是，由于历史文化背景和区域特点的缘故，五里桥街道社区矛盾仍比较集中地反映在建设工地与居民的矛盾、下岗待业与就业安置的矛盾、生活困难与帮困救济的矛盾等方面。在社区发展中如何协调各方面的矛盾和利益，根据五里桥街道第三级管理体制改革所确立的社区事务协商制度，桑城居民社区率先摸索试点了"三会"制度，即听证会、协调会和评议会。换言之，社区事务协商制度与"三会"制度，互为表里。

试点"两级政府、三级管理"制度以来，五里桥街道就开展了社区民主管理的尝试，机制性标志就是"议事机构"社区事务协商组织的成立，该组织具有议事、协调、监督和咨询等功能。五里桥街道的具体做法是：定期召开社区事务协商会议，对社区内的重大工作进行通报，充分发挥社团法人、企事业法人对街道行政行为实施前的支持和实施后的反馈作用，以及对社区事务多角色、全方位的积极参与，妥善解决社区内重大事项。

社区事务协商制度需要依托居委会进行。五里桥街道指导辖区内各居委会，在居委会内实行议事决策和操作的适当分离。党的十五大报告中明确指出应积极推进基层民主化建设，居委会对社区事务的参与应从民主政治的高度来建设。居委会作为城市居民实现民主自治的机构，议事和操作的适当分开，可以有利于居委会充分代表居民意志，充分发挥居委会自我组织、自我教育和自我管理的功能，体现其基层自治的特征。同时，适当分离的做法，可以通过工作人员的年轻化，提高办事效率，使居委会的民主化决策收到实效。在具体操作中，五里桥街道积累了一套行之有效的工作经验：首先，街道以居委会为组织载体，逐步完善居委会所属区域内治保、调解、帮困、服务等网络，不仅承担了上级政府和街道分离出来的社会职能，还在社区内开展创建文明小区、文明弄、文明楼和五好家庭等活动，既对街道工作形成了有效的支持，同时也加强了居委会的力量，使其在市民心目中的地位得到提升。其次，五里桥街道的做法是，建立和完善了居委会议事制度，定期召开由社区内企事业单位、各社会团体以及居民代表组成的例会，通报社区情况，共同协商解决社区内的疑难问题，并负责向街道及时汇报情况。最后，街道还完善了居委会的监督体制，街道的信访网络延伸至居委会，建立市民信访前站，及时有效地解决和反映基层出现的问题。

  社区事务协商制度还有赖于建立公开的办事制度和信访制度。五里桥街道办事处将街道工作的各项内容和程序张榜公布。同时还向社区公开政务监察及投诉电话号码；实行街道负责人接待日制度，及时解决社区出现的问题。信访工作的加强，沟通了社区内民情民意的上行渠道，十分有利于社区社会稳定的维持。1997年度，五里桥街道共办理了结群众各类信访200余件，通过信访制度，街道妥善处理了一些突发事件，如江南855基地等建筑工地与社区居民的矛盾，在街道的及时主动介入之下，得到了顺利解决，为稳定社会起到了积极作用。

  社区事务协商制度得以顺利运行的另一保障是健全和完善居民代表会议制度。五里桥街道积极探索完善居民代表会议制度的方式，努力将市民的消极被动参与变为积极主动参与，使会议制度成为市民参与、监督基层政治的重要载体。一是建立定期代表会议制度。居民代表会议每年召开一次，代表由市民通过民主选举的方式直接产生。五里桥街道对会议的内容不断拓宽，介绍社区各项事业的发展状况，广泛听取居民代表对社区各项工作的反馈意见和建设性建议，协商解决社区内的有关工作等等。二是建立会议代表的常任制度。为了发挥居民代表的日常性参政议政作用，街道除了经常就社区内重大事务邀请社区内居民代表商议外，还仿照人大代表的制度，建立居民代表常任制，给予居民代表一定的"特权"，以避免居民代表只不过是一年起一次作用的弊端。三是建立社区内居民的日常监督制度。街道为了发挥非居民代表的居民日常性的参政、议政作用，建立了日常监督制度，欢迎社区内居民在任何时候、任何地点对街道的各项管理工作提出批评、提供建议，并完善各类配套制度，以保证这一制度能够得到全面落实。同时，街道还邀请社区内有名望的市民担任社区政务监督员。通过以上这些措施的实施，使居民代表会议制度真正成为连接政府机构和基层社会的桥梁，较好地协调了政府与基层社会之间的张力，推动了城市基层社会的民主化进程，使社区稳定与发展获得社会的强有力支持。[1]

正是有了社区事务协商制度，在居委会的社区日常管理中出现了由先听证、再协调和后评议三者组成的"三会"制度。这一制度也作为协调社区居民矛盾，激发社区居民民主参与意识，从而实现居民自治、推进基层民主法治建设的重要抓手和有效途径，得到了广泛认可。随着"三会"制度的创立与发展，协商民主被广泛应用于基层治理实践。结合实践中遇到的新问题、新困惑，五里桥街道还进一步创新发展了与"三会"制度配套的"三制"，即听证会配套公示制、协调会配套责任制、评议会配套承诺制，以及包括议题征询会、民主恳谈会、监督合议会在内的新"三会"制度。2016年，上海市出台了《中共上海市委上海市人民政府关于进一步创新社会治理加强基层建设的意见》和6个配套文件，将基层作为社会治理的主阵地，强调中心下移、资源下沉和权力下放。在此契机下，五里桥街道进一步深化了"三会"制度，增加了议题征询、民主恳谈、监督合议三个前置环节，形成了以听证会为核心的议题形成体系、以协调会为核心的矛盾协调体系、以评议会为核心的监督评价体系三个子系统。至此，"三会"制度历经实践探索实现了持续性完善，有效提升了居民自治水平，保障了居民自治实效。[2]

---

[1] 杨建荣主编：《五里桥：一个发展中的新型城市社区》，第60—62页。
[2] 五里桥街道办事处、华东理工大学社会科学高等研究院编：《"三会"制度：基层协商民主的本土实践——基于上海市黄浦区五里桥街道的案例研究》，华东理工大学出版社，2022年，第二章。

第四章

五里桥百年史中的红色印记与文化特点

第一节 播火者李中：中国共产党第一个工人党员的早年经历

李中，原名李声澥，字印霞，1897年9月出生于湖南省湘乡县石牛山清水塘一个书香世家。他是中国共产党第一位工人党员，建党初期就在上海参加和领导了工人运动，发表过中国早期工人运动史上的著名文章《一个工人的宣言》，也发起组织了上海机器工会，宣传工人团结和工会运动理论，为中共领导的早期工人运动的发展做出了重要贡献。

1913年秋，李中考进湖南省立第一师范学校。在湖南一师期间，李中与蔡和森、毛泽东、罗学瓒等结成同窗好友。1916年，他加入湖南一师学友会，曾任学友会文学部图书组组长等职。1917年11月初，湖南一师学友会在毛泽东主持下，于附近的国民学校内举办了工人夜校，报名人数曾达百余人。11月9日，夜校开学，分为甲、乙两班，甲班每周一三五上课，乙班二四六上课，毛泽东教甲班历史，李中负责乙班的学习管理。[1]这是李中接触产业工人，并在工人中进行活动的开端。

自湖南一师毕业后，李中曾任小学教师，不久后即来上海进入工厂做工。最新研究指出，李中到上海后，受工读主义思想的影响，于1920年6月和四五个湖南学生联合发起组织了"沪滨工读互助团"，实行半工半读的新生活。[2]该互助团简章中规定：以

---

[1] 中共中央文献研究室等编：《毛泽东早期文稿》，湖南人民出版社，2013年，第76页。
[2] 李永春、孙欢：《李中与中共创建时期的工人运动》，《中共创建史研究》，上海人民出版社，2018年，第79页。

"实行工读互助改造社会为宗旨""以洗衣校对为暂定工作,每日以五时为限,其余为读书时间"。并且"以工作所得的工资为衣食住和书籍学费的需用,工作消耗一律平等。惟不正当的用项则为本团所否认。"互助团追求"以良心为轨道,以人格为权衡,实行平等"。[1] 其成员日常除了洗衣及为报馆做校对工作外,还得到南洋医学专门学校顾南钧校长和复旦大学李登辉校长的支持,准许一些团员可以入校旁听,其他团员也多在法华教育会、外国语学社等学习法文、俄文等课程。[2] 互助团通讯地址为上海法租界贝勒路吴兴里十六号,也就是后来李中负责的上海机器工会事务所所在地。组织沪滨工读互助团,对李中开展下一步的工人运动积累了经验。不过可惜的是,沪滨工读互助团因经济困难于1921年2月初解散。[3]

大概就是在参与组织沪滨工读互助团前后,李中与陈独秀及早期党组织建立起密切的联系,他多次去环龙路老渔阳里《新青年》编辑部拜访陈独秀,并且在陈独秀的鼓励支持下,脱下长衫,以李中为名进入江南造船厂做工,成为一名工人,一面打铁,一面在工人中宣传马克思主义。

李中进江南造船厂当打铁工人这件事,曾深深触动了当年的毛泽东。1920年11月26日,毛泽东在致罗学瓒的信中说:"我现在很想作工,在上海,李声澥君劝我入工厂,我颇心动。我现在颇感觉专门用口用脑的生活是苦极了的生活,我想我总要有一个时期专用体力去作工就好。李君声澥以一师范学生在江南造船厂打铁,居然一两个月后,打铁的工作样样如意。由没有工钱以渐得到每月工钱十二元。他现寓上海法界渔阳里二号,帮助陈仲甫先生等组织机器工会,你可以和他通信。"[4]

1920年8月,中国共产党发起组在上海成立,正式名称为"中国共产党",陈独秀担任书记,这是中国第一个共产党组织。在中国共产党发起组的领导下,1920年8月22日在新渔阳里6号成立了上海社会主义青年团,俞秀松任书记,李中与任弼时、罗亦农、李启汉等成为第一批加入上海社会主义青年团的成员。1921年7月,中国共产党成立后,李中转为中国共产党党员,由此他成为最早的工人党员,也是当时上海党组织中唯一在工厂做工的成员。

加入上海社会主义青年团后,做工之余李中积极配合陈独秀、俞秀松等人工作,为中国共产党发起组所创办的工人刊物《劳动界》撰稿,1920年9月发表了《一个工人的宣言》,署名"海军船工李中"。这是工人运动史上的名篇,全文不长,征引如下:

---

1 《时事新报》1920年7月3日。
2 《民国日报》1920年10月11日。
3 《民国日报》1921年2月3日。
4 中共中央文献研究室等编:《毛泽东早期文稿》,湖南出版社,1990年,第562页。

一个工人的宣言[1]

（1920 年 9 月 26 日）

我们少数同声同类的工人，再联络多数同声同类的工人，成一个大团体。由我们大团体，再联络他一大团体，以成中国一大团体。由中国的大团体，再联络他国的大团体，以成世界一大团体。世界团体呀！中国团体呀！我们团体呀！发端就在我们少数工人呢。但是我们少数工人，也有三个要件。

第一要认定我们的地位。我可爱可亲的工人呀！到了这个时候，甚么昏雾黑霾都要开了，甚么地狱监牢都要破了，甚么阶级束缚都要除了。这个潮流，比天上流来的黄河水，还要利害，还要迅速。任他甚么人，不会能撑住这个黄河水，不会能塞住他，使他从地下倒流上天去。工人的运动，就是比黄河水还利害还迅速的一种潮流。将来的社会，要使他变个工人的社会；将来的中国，要使他变个工人的中国；将来的世界，要使他变个工人的世界。不是工人，就不能站在工人的社会里–工人中国里–工人的世界里。我们会要赶他离开地面，到天上去讨生活。我可爱可亲的工人呀！俄国已经是工人的俄国，意国将是工人的意国了，英国将是工人的英国了。这个潮流，快到中国来了。我们工人就是这个潮流的主人翁，这个潮流的主人翁，就要产生工人的中国。我们可是要这点了解吗？

第二要贯彻我们的联络。我们要产生工人的中国，首先就要工人联络。有少数的联络，有团体的联络，有乡村的联络，有都市的联络，有本国的联络，有世界的联络，有同职业的联络，有同产业的联络。我们自己造的房子，自己住下罢！自己耕的谷米，自己吃下罢！自己缫的丝，缝麻的衣裳，自己穿下罢。不要给与那些流氓，白住的，白吃的，白穿的。我们自己做的铁道，自己管下罢！自己造的轮船，自己驶下罢！自己做的刀枪，自己使下罢！自己开的工场，自己占下罢。不要给予那些强盗政府，和强盗资本家，强管的，强驶的，强使的，强占的。最可恶的，他们得了便宜，还不要紧，还要虐待我们给他便宜的人。甚么每天九点钟的工作，十二点钟的工作，十四点钟的工作。甚么每天角多钱一天，两三角钱一天。弄得我们吃的是臭的，穿的是臭的，住的是臭的，处处是一个痛苦到了极点的。这个情形，我常要灰起脸来，吊下泪来。我们是不是要大大联络，去解决这个时间和工钱问题，再去解决那一些"自己住""自己吃""自己穿""自己管""自己驶""自己使""自己占"的问题。但是我们不贯彻联络，就会没有力量。

---

[1] 原文载《劳动界》第 7 册。转见中共中央宣传部办公厅等编：《中国共产党宣传工作文献选编（1915—1937）》，学习出版社，1996 年，第 190—191 页。

第三要奋发我们的热心。吾们工人，最好一方面是做工，一方面是联络。做工是各人的天职，联络是成功的手段。终其身可以不变的。可以积极的。

在这篇文章中，李中深入浅出地宣传了马克思主义关于"全世界无产者联合起来"的思想，阐述了工人阶级奋斗的目标，是要把旧世界改变为"工人的世界"的真理。他说"工人的运动，就是比黄河水还厉害还迅速的一种潮流"，谁也阻挡不住它。他号召："要产生工人的中国，首先就要工人联络。"这篇宣言在当时马克思主义还没有被广大工人所掌握和工人缺乏文化的情况下，是非常可贵的，喊出了工人阶级的心声和愿望。也正是在这篇文章发表后，李中就在江南造船厂发起创办了一个规模虽小但却被称为中国前所未有的第一个纯工人的组织"机工联合会"，该会成为随后成立的上海机器工会的核心组织。

上海机器工会是中国共产党发起组成立后即决定组建的工人团体，具体由李中负责。1920年9月，在陈独秀的领导下，筹备工作开始，两人拟定出《上海机器工会简章》，共6章32条。如图4-1所示，该简章中申明机器工会的目的有三个，即"以公共的理想，训练德性，发展智识，促起阶级的互助观念。以公共的力量，着实的方法，改良地位，增高生活，减轻痛苦。谋相互的亲睦，相互的扶助事业"。[1] 为了达到这些目的，机器工会所从事的事业包括：设立职业介绍所及失业工人住宿所，设立会员娱乐机关即球房、浴室等，设立教育机关，救恤会员，即遇有会员有疾病、死亡、残疾、生产等事情时工会以相当经费救恤，此外还有研究工人生活状况，研究劳动力市场状况等多项事业。[2] 诚如有研究指出，该章程是机器工会组织的基础性文件，也是近代中国的第一个工会章程。正如加入工会的机器工人黄雄所说："它的宗旨、目的洽合与我们现在要求的

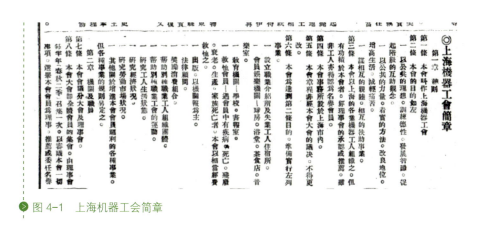

图4-1 上海机器工会简章

---

1 《民国日报》1920年10月7日。
2 同上。

相合，真是好极了。"[1]

起草好《上海机器工会简章》后，李中立即写信告诉了杨树浦电灯厂钳工陈文焕，并约请他在电灯厂发起工会组织。于是，陈文焕也加入到机器工会的筹组活动中。1920年12月2日，陈文焕在报告机器工会组织经过时曾说："本会之组织由电灯场钳工陈文焕与造船厂钳工李中首倡发起。李君与文焕本不相认，因李君在一种报上见文焕之文章，彼此遂互相通信，后在电灯场二人相会一次，遂首倡发起本会。继而加入者有厚生铁厂、东洋纱厂、恒丰纱厂，遂共开发起会。"[2]

经过与陈文焕等人的联络，1920年10月3日，在渔阳里6号外国语学社召开了上海机器工会发起会，各工厂所到之发起人共80名，另有参观者6人，分别是陈独秀、杨明斋、李汉俊、李君河、王平、吴溶沧。发起会由筹备会书记李中担任临时主席。他首先报告了机器工会的宗旨，提出了实现宗旨的条件，即"第一莫使本会渐渐变了资本家的工会，第二莫使本会渐渐变了同乡的工会，第三莫使本会渐渐变了政客和流氓的工会，第四莫使本会渐渐变了不纯粹的工会，第五莫使本会渐渐变了挂空牌的工会。这五种的工会，都可损失工人信仰，妨碍工人的将来组合"[3]。李中特别提出，希望机器工会的理事们"不与资本家握手，不与政客和流氓握手，不分同乡畛域，如出一辙"。换言之，他希望机器工会完全由工人组织，真正是工人自己的工会。发起会感谢了到场的6名参观者，并请陈独秀和杨明斋发表了演说，随后讨论通过了《上海机器工会简章》，决定将事务所设在杨树浦，并决定为减少牺牲工人的工钱和日用费等，只开一次成立大会，以通函形式选举产生理事会。同时议决在事务所外设立经募处，推选陈独秀为经募处主任，李杰、陈文焕、吕树仁、陆征章和李中为办事员。10月17日，在法租界西门路泰康里41号，上海机器工会召开理事会，选举产生了四名负责各科的理事，即书记理事吕树仁，调查理事朱鹤琴，会计理事陈文焕，庶务理事李中。上海机器工会发起后，淞沪护军使何丰林电告北洋政府诬称："社会党陈独秀来沪，勾结俄党与刘鹤林在租界组织机器工会，并刊发杂志鼓吹社会主义。"为此，机器工会理事李中、李杰、吕树仁、陈文焕、朱鹤琴一起登报声明："按据本会章程，非机器工人不得为会员，故本会全由工人李中等组织。"特别声明机器工会为工人组织，李中是该工会的组织者。上海法租界公董局警务处1920年10月26日的《警务日报》也证实"机器工会最近由湖

---

[1] 李永春、孙欢：《李中与中共创建时期的工人运动》，《中共创建史研究》，第80页。
[2] 《民国日报》1920年12月14日，转引自李永春、孙欢：《李中与中共创建时期的工人运动》，《中共创建史研究》，第80页。
[3] 《时事新报》1920年10月6日。

南学生名李中者组成”。[1]

经过前期的认真筹备，1920 年 11 月 21 日，在白克路（今凤阳路）207 号上海公学召开了上海机器工会成立大会，孙中山、陈独秀、胡汉民、戴季陶、杨明斋等众多嘉宾出席，到会者近千人，规模空前。李中担任大会主席，首先报告了大会筹备经过情形，随后请孙中山、陈独秀、欧阳桂生、倪文富等人发表了演说。孙中山的演说达两小时之久，结果致使胡汉民、戴季陶和杨明斋等几人没有时间再发表演说了。[2] 图 4–2 即为当时媒体报道。

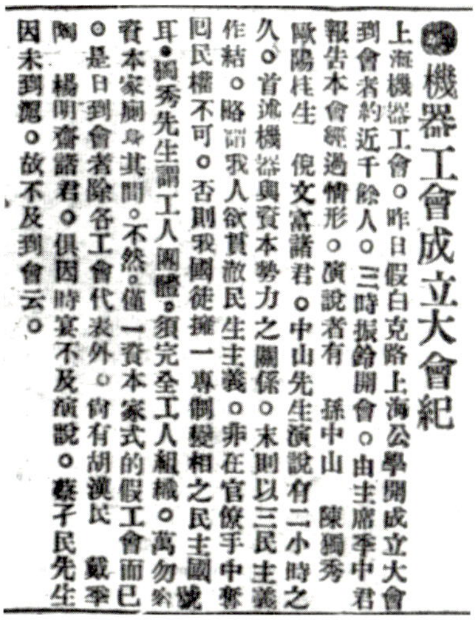
機器工會成立大會紀

上海機器工會。昨日假白克路上海公學開成立大會到會者約近千餘人。三時振鈴開會。由主席李中君報告本會經過情形。演說者有　孫中山　陳獨秀　歐陽桂生　倪文富諸君。中山先生演說有二小時之久。首述機器與資本勢力之關係。末則以三民主義作結。略謂我人欲貫澈民生主義。非在官僚手中奪回民權不可。否則我國徒擁一專制變相之民主國號耳。獨秀先生謂工人團體。須完全工人組織。萬勿約資本家厠身其間。不然。僅一資本家式的假工會而已。是日到會者除各工會代表外。尚有胡漢民　戴季陶　楊明齋諸君。俱因時宴不及演說。蔡子民先生因未到滬。故不及到會云。

图 4–2　机器工会成立大会相关报道

上海机器工会正式成立后，会所设在西门路泰康里 41 号，由李中主持日常工作。为扩大机器工会的影响和向工人宣传马克思主义，在李中倡议下，机器工会出版了工会刊物《机器工人》。《劳动界》评论说：《机器工人》“是真正工人底出版品，也是我们劳动界底一线曙光”。[3] 同时，机器工会为各厂工人开办了英文义务夜校。

总之，上海机器工会是共产党组织的第一个工人群众团体，也是中国的第一个产业工会，在工人运动史上具有开拓性意义。上海机器工会章程是在中共领导下制定的第一个工会组织章程，成为后来上海印刷工会、烟草工会等制定章程的范本，在中国工会运动史上具有里程碑意义。李中发起组织机器工会及其后领导开展的工会活动，开创了上海工人运动的新面貌，在社会上引起了很大反响。所以《劳动周刊》称赞“上海机器工会，为上海各工人团体当中的第一个好工会”。《共产党》月刊评论机器工会是“办理的有精神有色彩的工会”。[4]

此后，李中又参与筹备组织上海各业工会代表团，也发起和筹备“五一”纪念会以及黄爱、庞人铨烈士追悼会等活动。1921 年 8 月，中国劳动组合书记部 26 人在《共产党》月刊第 6 号上发表了联合宣言，李中是 26 人之一，他积极领导上海机器工会，开展工人革命斗争，成为中国共产党建党初期的工人运动领袖和社会活动家。

1927 年“四・一二”反革命政变后，李中在浙江水产学校被捕，经亲属营救获释。此后他与党组织失去联系，只身回到湖南乡下，改回原名李声澥，从事教育工作，担任

1　转引自李永春、孙欢：《李中与中共创建时期的工人运动》，《中共创建史研究》，第 81 页。
2　《时事新报》1920 年 11 月 22 日。
3　《劳动界》第 18 册，1920 年 12 月。
4　引自李永春、孙欢：《李中与中共创建时期的工人运动》，《中共创建史研究》，第 82 页。

双峰中学校长多年，培养了数以千计的学生，成绩斐然。

湘乡解放后，李中送儿子参加了中国人民解放军。全国解放后，他曾几次写信给毛泽东主席，请求重新参加党的工作。毛泽东也曾接连三次回信给李中，邀他赴北京。1951年7月9日，在赴京途中，李中不幸病逝于湖南南县，时年54岁。[1]

第二节 "第一个"现象与劳模文化

一、"第一个"现象的诞生与发展

自从有"中国第一厂""中国第一个制器之器工厂"之称的江南制造局迁入高昌庙黄浦江边以来，在工业文明的带动下，这片区域产生了一个突出的现象，这就是不断涌现的"第一个"现象，也可以称之为"第一个"文化。既在经济、制造、交通领域，也在思想、文化、教育领域。

梳理《上海船舶工业志》《上海市志·工业分志·船舶业卷（1978—2010）》《上海钢铁工业志》等多种志书资料，我们就会发现这长长的"第一个"名单：

1867年，江南制造局的机器厂、铸铜铁厂、熟铁厂、轮船厂、锅炉厂、枪厂、火药厂、枪子厂、炮弹厂、水雷厂、炼钢厂开工生产，中国第一批机床、第一炉钢、第一门钢炮、第一支后装线膛步枪、第一台发电机、第一台开齿机就此诞生。

1868年8月，江南制造局制造的第一艘轮船，也是近代中国由本国机器制造的第一艘轮船"惠吉"号正式下水，这是中国近代造船史的一个里程碑。该船系用明轮推进，船长59.2米，宽8.7米，车机吃水2.56米，载重600吨，装有火炮8门，主机功率292千瓦（392马力），航速9节。上海《教会新报》在报道"惠吉"号试航情景后说："此船乃本国始初自造也。"1875年9月，"金瓯"号下水，这是江南制造局建造的中国第一艘铁甲炮艇，次年竣工验收后编入南洋水师服役。该舰长35米，宽6.7米，排水量250吨，主机功率149千瓦（200马力），航速10节。

1911年建造的"江华"号长江客货轮，船长330英尺，宽47英尺，吃水7.5英尺，排水量4 130吨，被当时航运界评为"中国所造的最大和最好的一艘轮船"。

1918年开始为美国建造4艘排水量万吨级的运输舰，这是中国轮船业首次建造万吨

---

[1] 《上海机器业工人运动史》，中共党史出版社，1991年，第334页。

巨轮，被当时传媒评为"中国工业史，乃开一新纪元。"

1946年，江南造船所为民生实业公司建造了"民铎"号川江客货船。该轮全部用电焊工艺，分段建造。船长50.6米（166英尺），两柱间长48.5米（159英尺），型宽8.8米（29英尺），型深2.64米（8英尺6英寸），吃水2.1米（7英尺），排水量634吨，蒸汽主机功率1788千瓦（2400马力），双螺旋桨，航速14节，该轮是中国第一艘全部用电焊工艺建造的船舶，在造船技术上是一大进步。

上海解放以后，江南造船厂对国家经济建设和国防建设继续做出贡献，也继续创造出多个"第一个"。1956年建成中国第一艘潜艇，即"6603"型潜艇。根据当年中苏签订的《六四协定》，1954年7月第一机械工业部部长黄敬批准由江南造船厂建造该型潜艇，代号"6603"。1955年4月14日"6603"首制艇（国家编号为"新中国第15号"）开工建造。"6603"首制艇于1956年10月19日开始工厂航行试验和国家航行试验。建造期间，1956年1月10日，毛泽东主席在市长陈毅的陪同下视察了江南造船厂"6603"潜艇的建造。此后该潜艇被授予"56110"舷号，成为中国海军唯一五位数编号的舰船。

1958年江南造船厂建成中国第一艘5000吨沿海货船"和平28"号。同年，国内第一套直径76毫米热穿孔机组在永鑫无缝钢管厂研制成功和投产，从此国内开始生产小口径无缝钢管。

1959年1月，交通部远洋运输局与江南造船厂正式签订协议，委托江南造船厂建造中国第一艘自行设计、全部国内配套设施的万吨级远洋货轮"东风"号。1959年初，"东风"号投料开工。由于放样楼不够长，工人们创造性地采用按比例缩小3/4的办法，解决了困难。并用多线型活络样板，替代单用样板下料，效率成倍提高，10天时间就完成了该船的全部线型放样。并且采用三岛式建造法，代替过去的双岛式建造法，使万吨巨轮底板一上船台，即可分三路同时施工，速度加快了50%。1965年正式建成"东风"号。

1962年江南造船厂再次创新性地建造出了中国自行设计的第一台1.2万吨自由锻造水压机，轰动全国。

1965年初，中共上海市委贯彻中共中央关于加强战备的指示，抓紧建设黄浦江越江隧道，列为战备重点工程。4月，选定地址为浦西打浦路、浦东耀华路一线。5月，市城建局上报《上海市打浦路越江隧道设计任务书》。6月，以扩大试验工程名义组织开工，工程代号651。中共上海市委同时向中共中央申请立项。12月，国务院总理周恩来指派专家小组审查设计文件。1966年3月8日，国家计委批准打浦路越江隧道设计任务书，列入国家第三个五年计划重点建设项目。该工程浦西1号竖井以扩大试验工程名义于 1965 年 6 月先期开工，经过全体建设者的顽强奋斗，1970 年 6 月，上海市第一条黄浦江越江隧道，也是中国第一条城市大型越江隧道工程打浦路隧道建成。从通车之日起至 20 世纪 80 年代末，打浦路隧道承担了上海市跨过黄浦江车辆通行总量的 43%。

1968 年 6 月，远洋主测量船的研制计划获国家领导人批准，研制工作正式启动。以毛主席手书叶剑英元帅的诗题名"远望"定为船名："远望 1"号、"远望 2"号。该船由七〇八研究所设计，江南造船厂建造。1974 年，江南造船厂组织 30 余人参加"三结合"设计组。1976 年 9 月，两艘主测量船开始投料开工，1977 年 2、3 月份先后上船台。"远望 1"号和"远望 2"号的建成，成功配合执行通信卫星、远程导弹发射试验和南极考察等任务。此后又于 1994 年 12 月交付了集中国造船工业和电子工业最高水平于一身的"远望 3"号航天测量船，标志着中国在这一领域进入了世界先进行列。

1990 年 7 月 24 日由江南造船厂建造的 3 000 立方米全压式液化气运输船"华粤"号船舶下水。1990 年 10 月 31 日船舶试航。这是江南造船厂首次建成国内 3 000 立方米液化石油气船，引起了国内外的反响。联邦德国 LGI 公司随即同意把难度更大的半冷半压式液化气船交江南造船厂建造。

1995 年 11 月 28 日，江南造船厂与德国本哈特·舒尔特公司签订了 2 艘 1.65 万立方米液化石油气船订单。该船为单桨、柴油机推进、半冷半压式液化气船，可装载无水氨、丁二烯、丁烯丙烷混合气、丙烷、丙烯、氧化丙烯、氯化乙烯（单体）等多种液化气货。该船由七〇八所设计，总长 154.98 米，型宽 23.1 米，型深 15.4 米，吃水 9.8 米，设计航速 16 节，载重量 1.79 万吨，液舱容积 1.65 万立方米。液化气船船型日趋大型化，许多关键技术、工艺要领被造船先进国家列为专利保密，例如液罐制造技术、低温钢焊接技术、液化气系统调试技术等。江南造船厂为此做了深入研究，取得了重要突破。通过这一项目的技术攻关，形成了中国造船领域的多项自主知识产权，填补了国内大型半冷半压式液化气石油船的空白，提高了中国在国际造船市场上的声誉和地位。1.65 万立方米液化气石油船这一项目，获得 2000 年度国家科学技术进步奖二等奖和"九五"国家技术创新优秀新产品奖一等奖。

除了上述工业、制造、交通等经济领域的"第一个"现象外，在思想、文化、教育和社会治理领域，五里桥区域也诞生了多个值得骄傲的"第一个"。

1868 年，在江南制造局高昌庙厂基北角的小楼内，江南制造局翻译馆成立。这是近代中国第一个由政府创办的翻译西书机构，经徐寿、华蘅芳等人建议，由两江总督曾国藩奏请创办。在翻译馆存在的几十年里，根据 1909 年所编《江南制造局译书提要》的统计，先后译书 160 多种，成为近代中国历时最久、系统译书最多、影响最大也最重要的西学启蒙和科学传播中心。其译书的具体内容有兵学、工艺、兵制、医学、矿学、农学、化学、交涉、算学、图学、史志、船政、工程、电学、政治、商学、格致、地学、天学、学务、声学、光学等方面，在许多方面都是首次将相关知识介绍传播给中国民众。在一些学科中更是发明创造了学科术语，最著名的就是徐寿所翻译的《化学鉴原》《西艺知新》等外国书籍，为化学元素做了中文命名，从而为中国的化学教育奠定基础。

江南制造局还附设有上海广方言馆。上海广方言馆成立于1863年，它是上海由中国人自办的第一家新式教育学校，放在全国范围内而言，成立时间仅晚于京师同文馆。上海广方言馆以外语教育为主、兼及近代科学教育。1905年江南制造局局坞分家，广方言馆和工艺学堂改设为工业学堂，后再改为兵工学堂。该学堂规模不大，但它是中国最早的兵工学堂，在培养生产技术力量方面起了积极作用。

1898年5月31日，中国女学堂在高昌庙桂墅里正式开学。这是近代中国人自办的最早的女学堂，也称作"中国女学会书塾"，其倡议者和主要创办者为梁启超和经元善。中国女学堂虽然仅存在两年左右，就因经费等原因停办，但经元善所留下的中西合璧女学办学理念并没有消散，中国女子教育事业也由此从上海推向了全国。

1908年，由盛宣怀、曾铸发起创办的上海贫儿院开院，这是近代上海慈善教育中的创举。曾志忞继承其父曾铸遗志，开院伊始就献身于上海贫儿院工作。从接手该院伊始，曾志忞就把音乐教育放到极其重要的地位，提倡音乐救国。他在上海贫儿院组建了管弦乐队。这是第一支由中国人自己指挥，也全部是由中国人演奏的西洋管弦乐队，演奏深受社会欢迎，外交部、农商部均邀请过该乐队赴京演出，受到嘉奖。1915年，上海贫儿院管弦乐队参加了在美国旧金山举办的巴拿马太平洋万国博览会，荣获特奖金奖。

五里桥内还曾有过一家独一无二的外国教育机构，这就是日本东亚同文会所创办的东亚同文书院。1901年5月26日，南京同文书院在桂墅里新校舍举办开院式。在桂墅里开院后，南京同文书院决定不再搬回南京，两个月后将名称正式改为"东亚同文书院"。此后该书院一直在桂墅里办学到1913年被战火烧毁才迁址徐家汇。这是近代日本在华创办的唯一一所大学，也是现今爱知大学的前身之一。

1919年9月18日，中华职业教育社与上海留法勤工俭学会联合开设了留法勤工俭学预备科，中华职校在留法勤工俭学运动中影响深远。此外，值得指出的是，中华职校培养的学生还参与到打浦桥隧道的设计与修建中，张人龙即是其中的佼佼者，他任隧道工程局设计处的主要设计人员，参与了新中国第一条过江隧道设计与修建的全过程。[1]

1　上海市档案馆馆藏档案，档案号C12-2-124-61。

1985年5月11日,中华职业教育社致函上海市人民政府,提出了复校的申请,全函为[1]:

> 上海市人民政府:
>
> 我社于一九一八年创办的中华职业学校,是一所设置商科、土木科和机械科的综合性的中等专业学校,是我国教育史上最早设立的职业学校之一,到一九五二年由中央轻工业部接管改名为上海轻工业学校为止,共办了三十四年,为社会培养了七千余名中等技术人员和管理人员,在全国各省市工矿、企业、银行、商店、机关服务。由于长期受到学校职业基础教育、职业技术教育、职业管理教育和职业道德教育的熏陶与培养,在广大校友中间普遍形成工作认真踏实、作风艰苦朴素、专业基本功扎实等特点,受到社会各界人士的好评。当时与同济高工、国立高机被誉为上海市三所著名的中专学校。
>
> 当前我国正在进行经济改革,国民经济蓬勃发展,不论工商企业或工业民用建筑单位,都迫切需要大批经营管理人才和建筑专业人才,而目前我国高等专业人才和中等专业人才的比例上存在严重倒置现象,这必将直接影响我国经济建设的发展和科学技术的提高。因此大力发展职业教育,加速培养中等专业技术人才和管理人才,实为刻不容缓的迫切需要。我社为适应国家四化建设的需要,接受国内外广大校友和社会人士的要求,决定筹备恢复中华职业学校,聘陈穗九为校长,曹伯慰为副校长。在陆家浜路原校舍由上海市第一商业局使用的情况下,拟先在本市雁荡路80号我社上海分社设立校本部,并在国棉十七厂技工学校和南市区井岗中学借用部分校舍,先设置工商管理和民用建筑两科,并积极创造条件恢复机械科,三科每学年招收新生二班,全校规模初步定为十八班。各科开办,拟先与有关单位挂钩,通过市统考招收初中毕业生定向培养中等建筑专业人才和经济管理人才,相应的解决办学经费和毕业生出路等问题。至于教学和实验设备,一俟批准开办,当即根据教学大纲要求购置或调拨,以确保教育质量的提高。特此备文申请,敬希
>
> 审核批准我社恢复中华职业学校。以上报告如无不当,请批转上海市教育局同意办理复校手续并纳入一九八五年秋季招生计划,至深感荷!

中华职业学校复校后,慢慢回到了它兴起与发展的五里桥一带,至今仍是一所知名的专业技术学校。

---

[1] 上海市档案馆馆藏档案,档案号 A33-7-837-22。

除了文化传播、语言教育外，在今天龙华东路蒙自路口原格致书院藏书楼的原址曾有过一家植物园，即上海市市立植物园。该园于1933年8月开始筹备，1934年10月1日正式开园，这也是上海第一家现代意义上的植物园。

当然，五里桥在思想文化领域最为重要的"第一个"无疑是中国共产党第一个工人党员李中以及他在江南造船厂所宣传的马克思主义。

二、劳模文化

工业文明带来了新思想、新文化，推动了工匠精神，也催生了众多劳动模范。这是百年来五里桥发展的另一个重要文化特征。特别需要指出的是，关于五里桥街道到底产生过多少名劳动模范，目前还无法准确统计，笔者曾向上海工匠馆的本身也为全国劳模的蒋馆长请教过，得知目前全市市级和全国劳动模范是有据可查的，但具体到某一街道则很难统计和确定。因此，笔者根据档案中的有限纪录，选取两名劳模做一简介，管中窥豹仅及一斑而已。巧合的是，这两位劳模的职业正好是传统的钢铁重工业领域和新兴的高科技电子元件领域，希望能从中窥见五里桥产业发展变迁的路径。另外，还选取一个劳模集体做一介绍。最后是少量三八红旗手，但数据也不完整。有关这些劳模和三八红旗手的文字描述以及数据，本节均忠实依据于档案中的原始记载，在此一并说明。

（一）潘阿耀

潘阿耀是新中国工人阶级的代表人物，全国劳模。根据1959年填具的《上海市劳动模范及先进工作者参加全国国庆观礼代表简历表》，潘阿耀，男，汉族，52岁，工龄27年，中共党员，文化程度二年级，本人成份工人，1950年全国劳模，工作单位为永鑫无缝钢管厂。其主要经历为：1913年至1914年在家乡读书，1915年至1929年在家乡看牛种田，1929年至1931年在家乡种田，1932年至1940年在上海宝安路振丰、大陆等铜厂做工，1941年至1946年在家失业，1946年12月去慎昌铜厂做工，解放后由组织派往永鑫无缝钢管厂工作。在"有否政治历史问题结论如何"一栏中填为：1935年在七星铜厂参加过反动保卫队队员，无活动，1947年在慎昌铜厂参加过反动组织、国民党礼社、黄色工会、伪帮工队，在入党时和社会主义民主改造时先后交代过，经过组织上调查了解均系一般成员，无活动，与交代相符。根据以上材料，1959年9月19日，经中共上海市钢铁工业委员会讨论后，同意潘阿耀同志去北京参加国庆十周年观礼。[1]

---

1 上海市档案馆馆藏档案，档案号C1-2-3070-26。

作为1950年的全国劳模，潘阿耀1959年又被推荐评为上海市先进生产者，并被推荐评为全国先进集体、先进生产者代表大会代表。推荐申请表内所填写的"先进事迹与主要经验"为："潘阿耀是永鑫厂穿孔工段的老工人，为解决该厂无缝钢管穿孔的'顶头'的技术，他和小组同志苦心钻研，失败了几十次，最后终于获得成功，解决了许多人长期以来认为没有办法解决的技术关键。这一成功的创举，提高了'顶头'使用寿命75倍，使无缝钢管的产量立即提高了7.24倍。今年（指1959年）他又和同志们经过几个月的奋战，使无缝钢管的几道主要生产工序，实现了机械化、半自动化及联合操纵电气化。潘师傅对培养新工人耐心而又细致,毫无保留地把自己的经验传授出来。"[1] 永鑫厂党委、区委、中共上海市钢铁工业委员会以及市委工业工作部一致同意评选潘阿耀为上海市先进生产者，并同意评为全国先进集体、先进生产者代表大会代表。

档案中还有一份完整的潘阿耀先进事迹报告书，写得极为生动，带有强烈的时代特色，全文征引如下[2]：

> 永鑫无缝钢管厂老工人潘阿耀，中共党员，本人工人出身，家庭成份贫农，浙江象山县人，一九五〇年以来多次被评为全市的、全国的劳动模范、先进生产者。
>
> 一九五〇年他就遵循党的教导，在强烈的翻身感的推动下，以自力更生、发愤图强的革命精神，利用日本人搁下来的，已被丢在垃圾堆里的一台废旧穿孔机，经过三个多月的刻苦试验，克服了重重困难，造出了我国第一根无缝钢管，为恢复经济、发展生产作出了重大贡献。在试制过程中经历了三十多次失败，有些人灰心不干了，但是老潘却不甘心失败。老板不给钱买材料，他宁可自己省吃俭用，拿自己的钱去买。测量仪没有就用肉眼看，时间长了炉火把他的眼睛也烤肿了，眼珠布满血丝，困难越多，老潘的决心越大，一股翻身感和民族自尊感在促使他坚决干下去。他想：我们工人在反动派和日本帝国主义的统治下，吃尽苦头，中国人被看不起，工人更被看不起。他清楚地记得有一次只是在地上吐了一口痰，就被日本鬼子拳打脚踢，打得半死，现在我们工人做了主人，一定要争口气，一定要把无缝钢管搞出来。在这股强大的动力推动下，他克服了重重困难，终于成功了。就在这一年，他被评为全国劳动模范，出席全国工农兵劳动模范代表大会，光荣地见到了伟大的领袖毛主席。
>
> 一九五七年底，党中央提出了十五年赶上英国的伟大号召。老潘听到赶英国这

---

1 上海市档案馆馆藏档案，档案号 A46-2-48-160。
2 上海市档案馆馆藏档案，档案号 A36-2-711-25。

句话时，炯炯有光的眼睛，顿时闪动起来。他在旧上海渡过了二十多年的岁月，吃过帝国主义的苦头，对外国老板对付中国工人的毒辣手段他是一清二楚的。

生产出的钢管时常不光、有裂缝等问题。于是他和工人一起，针对一个个问题找毛病、查原因。毛病找出以后，他又和工人一起，一个个研究办法。老潘说："不管困难多大，总得想出个办法来！"在遇到困难的时候，他总想起自己痛苦的过去：五岁死了父亲，十二岁死了母亲，从小替地主放牛，失业，饥饿，贫穷，第一个妻子就因为没有吃没有穿而上吊自尽。第二个妻子又因为养不活，岳父就逼他离婚，特别使他不能忘记的是，有一次失业了，饿着肚子到外滩黄浦江边，想找在轮船上工作的哥哥借几个钱，反动警察看他衣衫褴褛，头发蓬松，面黄肌瘦，硬说他是小偷，骂他"瘪三"，把他关进提篮桥，坐了半个月的牢。解放后，是党带来的幸福生活，给予了莫大的荣誉和信任。一想到这里，一股劲又上来了。他总是想：决不能在困难面前低头，不干就对不起党。同时他又牢牢地记住一九五〇年他参加全国工农兵劳模代表大会的时候，毛主席讲的"有困难，就有办法"这句话。在党的支持下，他终于和工人一起解决了一连串的问题，造出了优质的钢管，日产量从一吨左右跳到十五吨左右，实现了跃进指标。

在一个设备简陋的小厂里能够生产出优质无缝钢管，可以说是奇迹了。但是潘阿耀同志和全厂职工一起，并不满足这些成绩。他深深地感到祖国正在日新月异的发展，各方面需要无缝钢管的数量不断在增加，如果停在现在这样的水平，是不能满足需要的。那时，最重的一根管子要四百到五百斤，一台穿孔机要十二个人操作，工人生产时很吃力，钢管又热得烫手，这时老潘积极地投入了党所提出的技术革命运动，向自动化进军。在变革过程中，难免要遇到很多困难，有些人信心不足，老潘就把旧社会资本家是怎样不顾工人死活，根本没有劳动保护，只图私利的事实讲给工人听。他说："一次在铜厂做工，资本家要工人赤手去拿滚烫的铜皮，实在烫得不能拿，资本家就借口工人偷懒，停了生意。现在党和国家这样关心我们工人的安全，还要从根本上减轻工人的劳动强度，我们应该积极地干才对，不能灰心。"经过革新以后，生产实现了自动化，原来一台穿孔机要十二个人，现在只要两人，日产量又从十五吨左右提高到一百二十吨。

随着我国社会主义建设事业迅速发展，国民经济各个部门对于无缝钢管也有了新的要求，需要各种异型钢管。能不能生产异型钢管？有人认为试制异型钢管困难多，成本高，利润少，积极性不高。但老潘和一部分工人则认为："既然国家需要，我们就应该搞。""我们自己不搞要进口，我们中国人民无论如何也不能向帝国主义、修正主义屈膝求饶。"在党的支持下，他团结了同志，挑起了重担。开始拉出来的管子有的瘪口，有的断，有的角度不对，有的表面发毛。一遇到问题，他就同小组同志一起商量，请教有经验的同志和老师傅，凭着他几十年的经验，经过无数次的反复试验，终于试制成了我国第一批异型钢管，在自力更生的道路上又迈进了新的一步。一年多来，生产了各种各样的异型钢管共有三十八种。有的管薄得像铅皮一样，有整根钢管中只有一线细洞的厚壁管，有耐腐蚀的不锈钢合金管，有外表象镜子似的高光洁度管。各种钢管不仅有圆形的，还有方形的，梅花形的，六角形的等等，支援了工农业建设和国防建设的需要。

潘阿耀同志虽然试制了许多新产品，改进了不少工艺装备，革新了生产工艺，但他从来不向国家伸手，他总是找旧料、废料充分利用。他经常说："我们现在是主人了，总不能有了一点成绩就满足，就可以向国家伸手，一定要好了还要好。"他牢牢地记住周总理对他讲的那句话"老潘啊！我们一定要自力更生，埋头干啊！"

（二）黄传钧

如果说潘阿耀是传统的钢铁重工业中的模范代表，那么黄传钧可以说是改革开放以来上海先进半导体电子元件制造业的代表，他多次被评为上海市劳动模范。关于黄传钧的个人材料，我们知道的不多，此处仅就《1987年度上海市劳动模范登记表》这份档案中所记录的事迹做一叙述。根据这份1988年4月13日上海市劳动模范评选委员会盖章审批"同意"的文件显示，黄传钧被评为1987年度上海市劳动模范，证书号码127号。上海无线电十四厂报送的黄传钧事迹如下[1]：

> 黄传钧同志任上无十四厂二车间引进线丙组组长，自1984年以来连年被评为厂先进工作者，1986年，鉴于他在磁控溅射领域内的突出贡献，被评为上海市劳动模范。
>
> 1985年底，黄传钧同志经过多年反复研制的"S枪"磁控溅射台终于通过了鉴定。
>
> 1986年下半年，"S枪"磁控溅射由试验性小批量使用，转入大批量的日常流水生产中。
>
> 从1986年下半年投入生产至1987年年底，这一年中"S枪"磁控溅射以其特有的设备结构和简单的操作，给前道工序的产值、产量、质量带来了巨大的飞跃，前道初测合格摆脱了长期徘徊的局面，整个生产面貌焕然一新。

---

[1] 上海市档案馆馆藏档案，档案号B1-8-1479-85。

"S枪"磁控溅射的工作原理与电子束蒸发完全不同,电子束蒸发是靠电子轰击到铝锭上的动能转为热量,使铝锭熔解,达到镀膜的目的。而"S枪"溅射则是靠离子动量,轰击溅射靶,使靶材料被溅射出来,达到镀膜目的。

由于两者的区别,所以溅射工艺能使蒸发工艺不能获得的铝硅合金薄膜成为现实。这样在给前道工序带来巨大经济效益的同时,也给后道加工出了一个难题:由于"S枪"溅射的镀层是合金镀层,这样就与原有的后道工艺不相匹配,1987年年初几个月中,竟累计多达30万个管芯不能进行热压后道加工,工厂面临严重局面,大量资金积压,前道不能继续生产,后道无法加工前道流下来的产品。

"S枪"溅射工艺面临一个严峻的考验,要么取消这一新工艺,但在激烈竞争的今天是不允许的,只有进一步调整"S枪"溅射工艺使前后道工序相匹配,使后道工能适应新工艺,产品能正常流通前道的效益,通过后道加工充分地显示出来,使工厂得到的不是一个孤立的、抽象的数据,而是一个现实地、大量地增产成品。

1987年整整一年,黄传钧同志为此付出了大量的辛勤劳动,"S枪"磁控溅射在国内是一个非常领先的项目,"S枪"磁控溅射用于大规模集成电路生产国内几乎没有,关于前后道工序的相匹配问题更是鲜为人知,国际上也极少有人进行专门研究。

面对这样一个局面,黄传钧同志毫不气馁,一头扎进情报所,经常利用工作间隙查阅资料,遇到厂休日,更是早出晚归,常常中饭用干粮充饥,一次工作人员看他如此专心认真,破例让他把资料带回复印,第二天归还。通过大量的国内外文献、报告进行了综合的研究,根据自己掌握的大量的实际数据与生产情况,提出了自己的独特的见解:无论是热压、超声键压、还是金丝球焊,要使引线和电极有很牢固的粘合力,二者的硬度必须相似,如果二者的硬度相差很大,就会出现引线和电极的粘合力很小或者粘合力好了,但引线的外形被破坏得很厉害了,使机械强度下降,不能通过冲击试验。

为此黄传钧同志从两方面着手,一方面了解硅铝丝引线与金丝引线的生产厂家的生产情况及检验手段与标准。另一方面对磁控溅射的硅铝层硬度进行了鉴定控制。要做到监控就必须具备有效的手段,在陈颜国工程师的帮助下,黄传钧同志横穿市区,来到地处郊区的上海第二光学仪器厂,与该厂的有关人员一起将用于机械行业的显微硬度计进行了改装,在此期间,黄传钧同志多次返回于二厂之间,共同商讨改装方案与要求,一次他母亲病了,而这天正好是与二光厂同志商定方案的日子,为了不影响工作的进度,黄传钧便将母亲送往医院就匆匆忙忙地赶往二光厂了。

正是由于黄传钧同志的如此的工作热情,二光厂的同志很快便将显微硬度计改装完毕。

为了了解引线生产厂家的技术数据,黄传钧同志将自己的小孩送到郊县乡下的亲戚家中,让妻子照顾年老体弱多病的母亲,自己亲赴天津有色金属研究所,向该所的技术人员请教,并来到引线的生产厂,了解情况,在天津有色所技术人员的协助下,黄传钧同志提出了用低温长时间退火来降低硅铝电极层的硬度,使它的硬度与硅铝丝的硬度相接近,并确定了一整套的工艺流程方案。

1987年,在这一年期间里,黄传钧与他的同志们一起经过许多次的成功喜悦与失败的苦恼,终于在前后道匹配这个几乎无人重视的问题上,取得了重大的突破。

首先将年初积压的30万个不能热压的管芯,在采用低温退火工艺处理后,顺利地通过了一系列的后道加工,经多方检验,没有发现不良问题,为厂解决了一大难题,挽救了巨额资金。

其次,为"S枪"溅射工艺的推广提供了可靠的保证。

从此以后上无十四厂的溅射工艺与键压工艺再也不是一对矛盾,而是相辅相成、携手共进的。

前道工序完成以后,经过低温退火,使溅射的硅铝层硬度下降,经显微硬度计检测,均能达到或优于键压的要求。从而保证了键压的质量,键压后的成品电路引线外观、引线拉力、冲击力等均优于出厂指标。

由于后道加工顺利进行,反过来也促使前道进一步推广使用"S枪"磁控溅射工艺,到1987年年底上无十四厂已经基本淘汰电子束蒸发,使生产成本大大下降,这样在当前激烈竞争的局面中,上无十四厂又一次处在领先的地位。

黄传钧同志的辛勤工作和科学的预见也在实践中得到了证实。

根据上无十四厂检验科、全面质量管理办公室的初步统计,由"S枪"磁控溅射的使用,使上无十四厂在87年一年中至少净增加收入50万块成品电路。

对此黄传钧同志为厂、为国家作出了特出的贡献。

上海无线电十四厂
1987年12月

(三)上海异型钢管厂综合试制车间

潘阿耀的模范事迹之一是制造出了各种异型钢管,也正是因为永鑫钢管厂在异型钢管制造上的突破,该厂后来改名为上海异型钢管厂,成为中国特型钢铁制造中的明星企业。1978年,上海异型钢管厂又取得了一系列极为突出的成绩,为此该厂于1979年1

月 3 日向正在北京召开的相关会议发了告捷，全文如下[1]：

> 我们上海异型钢管厂在一九七八年为发展我国的空间技术、航空工业、现代化军事装备、石油化工等各个行业提供了急需的各种异型钢管，攻下了一些国家急需的重点产品。为赶超国内外先进水平，勇攀高峰，取得了较好成果。
>
> 1. 原子能工业上的外螺纹驱动软管：它是原子能反应堆上神经和眼睛。管长50米，直径只有5.5毫米，管壁只有二根半头发丝那么厚，外表要呈螺旋形，精密度高、形状复杂。这项产品的试制成功，突破了国外对我国的所谓"禁运"物资，为发展我国原子能工业填补了一项空白。
>
> 2. 国产第一根 5¼.3½ 配套的石油方钻杆。我国一直依靠国外进口，不仅价格昂贵，几年之中涨价四倍，买一根需要一万三千美元。而且限额供应。最近这项产品送油田顺利试钻，打到油区，深达 2 294 米，油田发了贺电，性能良好。
>
> 3. 七〇八工程飞机上关键产品，空心高低压轴试制成功。为我国航空工业发动机技术上作出了新的贡献。该项产品用低合金高强度钢生产，运转能力不仅达到了原设计要求300小时，而且超过了 1 000 小时，具有国内先进水平。
>
> 我们还连续攻下了国防尖端武器上用的中对空导弹单式双推力发动机，为国家提供了一种新型的导弹设备。攻下了八七工程上的真空椭圆管，为今后应用高能加速器进行科学研究，提供了新的条件。攻下了科研新试项目超导电机上的大口径薄壁紫铜管等十七项国家空白产品。
>
> 特向大会报喜！
>
> 上海异型钢管厂
1979 年 1 月 3 日

承担这些创新产品试制的上海异型钢管厂综合试制车间（原波纹管车间）为此获得了1979年度的上海市模范集体称号。该车间先进事迹如下[2]：

> 该车间当时有职工97人，主要是承担全厂绝大多数新试任务和生产各种大小波纹管。该车间职工"胸怀全局，抢挑重担，自力更生，勇攀高峰"，自1977年建立以来，共完成厂部交办的新试项目800多项，其中填补国家空白产品50项。在

---

[1] 上海市档案馆馆藏档案，档案号 B112-3-152-11。
[2] 上海市档案馆馆藏档案，档案号 B1-8-26-30。

生产过程中，坚持自己武装自己和采用先进生产手段相结合的原则，使车间逐步形成为有冷轧、冷拔、液压、滚压、旋压、模压、焊接和各种测试手段的综合性生产试制车间。一九七八年，该车间被冶金部命名为"工业学大庆红旗单位"，并荣获上海市"工业学大庆先进车间"的称号。

该车间在七九年出色地完成了任务。配合厂部提前半年扫清了新试合同，提前一季度完成追加新试任务，提前40天完成大生产合同。创造利润440万，占全厂完成利润数的55%，为去年同期利润数的3.9倍。全年完成新试项目354项，占全厂完成合同数的70.7%，全年填补国家空白产品10项，有卫星上用的331工程的多层波纹管和内螺纹管，有超导电机上用的大口径紫铜管，有歼8飞机上用的六角铅管；有改造水质工程上用的异模管；有气象卫星"风云一号"上用的异型管；有冷冻机上用的不锈钢叶片，有708飞机上用的Ⅰ型、Ⅱ型、Ⅲ型配套波纹管；有原子能反应堆上用的驱动软管等，这些产品均能满足用户的要求，部分产品达到和赶超了国内外先进水平。

在八十年代的第一年，该车间全体职工决心继续贯彻八字方针，树立"用户第一"的思想，做到产品适销对路，部分产品打入国际市场，赶超美国和日本，决心比七九年增利12%，为祖国早日实现四个现代化努力多作贡献。

（四）"三八红旗手"们

除了上述劳模外，五里桥街道在改革开放以来还产生了很多"三八红旗手"，本节仅选取改革开放初期的三位为代表。

应素珍，中共党员，1953年参加工作，籍贯江苏常熟，高小文化程度，家庭出身为商业，工人，上海电池二厂工会主席，她曾获得1963年度上海市先进工作者和"三八红旗手"称号，1964年、1965年上海市五好工人。1979年，她又一次获得上海市"三八红旗手"称号。[1]

王美华，1943年3月参加工作，上海人，家庭出身工人，工人，夜校初中文化程度，上海市针织二十厂结辫小组组长，她曾获得1976年度厂部先进，1977年度公司和局先进，1978年度厂部先进。1979年获得上海市"三八红旗手"称号。[2]

徐韵华，中共党员，1958年参加工作，浙江嘉兴人，初中文化程度，汉族，斜土居委会党支部书记。她1982年曾被评为全国"三八红旗手"，1985年获得上海市"三八红旗手"称号。[3]

---

[1] 上海市档案馆馆藏档案，档案号 B163-4-1085-100。
[2] 上海市档案馆馆藏档案，档案号 B200-2-64-25。
[3] 上海市档案馆馆藏档案，档案号 C31-5-193-38。

尾 声

一 / 创新里滩

众所周知，外滩是上海的象征之一，拥有极高的国际知名度。外滩沿岸的建筑美轮美奂，它们既是上海城市最美的地标建筑群，也是上海城市百年发展的历史见证。那么，如果有人问，既然有外滩，是不是就应该有里滩呢？如果有的话，里滩又在哪里呢？其实，里滩还真可以说有的。这要从黄浦江的疏浚说起。

黄浦江是上海的母亲河之一，江面宽阔，但在明初疏浚黄浦江以前，上海最大的河流其实是吴淞江，黄浦江仅是吴淞江的支流。明朝永乐年间，户部尚书夏原吉受命治理已经淤塞严重的吴淞江，他提出了一个独特的治理方案，即疏浚大黄浦而替代吴淞江。此后，黄浦取代吴淞江，成为上海主要的河流，历史上被称为"江浦易势"。疏浚后的黄浦江从上游到入海，弯弯曲曲，以"嘴"来分别辨识各段河道，一共12个嘴。浦水大旋折处被称为"湾"。所以，有湾必有嘴。根据上海方志记载："自横潦泾起至入海处，几及二百五十余里。从郡郭西来，环抱趋东北，至得胜。又趋东南，过驷马塘。又趋东北，至闵行镇。"经过多个湾和嘴后，黄浦江流到了龙华附近。史书记载说："东折六里为龙华嘴，北折六里为高昌嘴。至此抱城旋湾，西北流九里直折而东为陆家嘴，与吴淞江合流。"这段话很重要，它点出了黄浦在高昌嘴"抱城旋湾"后的流势。换句话说，黄浦江在此转弯后就进入了夏原吉当年疏浚后的更为开阔的下游河道。据上海文史专家薛理勇的研究，在上海的地名习惯用语中，以河流为地名时，一般把河流的上游讲作"里"，把下游的位置讲作"外"。这一说法是有道理的。比如，方志记载说"日赤港又名日晖港，浦水入北流为新港，有里外日晖桥，里日晖桥有闸。"外日晖桥在黄浦江边，里日晖桥则在肇嘉浜也就是今天的肇嘉浜路附近。一里一外，一上一下。像这类河流上下游称为里外的例子还有不少，例如陈家浜上有里陈家港等等，都是类似的称呼。虽然有里外这类的区别称号在，但黄浦江的岸滩却一直被称为黄浦滩，一开始并不区分里外，甚至现今的外滩一带，在上海历代方志中都被称为"黄浦西滩"，外滩这个俗称是开埠以后才慢慢叫起来的。

上海开埠后，随着洋行的进入和租界的建立，黄浦西滩这里建起了越来越多的房屋。沿江边的马路也修建起来，那么这路叫什么？英文叫 The Bund，中文名称则不固定，有的叫黄浦滩，有的叫外滩。并且叫黄浦滩在前，外滩在后。1865 年 7 月 1 日《上海新报》上刊登了一则《戏衣出售》的广告，广告词为"现有文班戏行头一副出售，颜色新艳，一应俱全。如有贵客要买者，请至外洋泾桥南首黄浦滩振记号便是"。这里用的是黄浦滩。1869 年 12 月 11 日，《上海新报》刊登了一则新闻，再次提到了黄浦滩。可见，黄浦滩是大家约定俗成的名称。那么外滩这个称呼何时才有呢？美孚石油公司 1894 年 12 月 18 日刊登在《新闻报》上的广告，是目前所见最早的"外滩"名称，该广告落款为"外滩三十一号美孚洋行启"。1896 年 4 月 15 日，《新闻报》上刊登了一则拍卖广告，拍卖行的落款地址是"黄浦滩第一号祥利洋行告白"。1897 年 7 月 30 日，租界工部局在报纸上刊登了《工部局黄浦滩码头湾泊船只章程》，用的是黄浦滩，不称外滩。1904 年 9 月 16 日《时报》所登的一则"洋货进口之调查"的商务新闻中提到"由外滩运至上海者"，这是时隔多年后外滩名称又开始出现。但外滩这一称呼仍未独霸舞台，像商务印书馆 1907 年 10 月刊登的广告，其总发行所落款地址为"上海黄浦滩一号伦敦泰晤士报馆。"直到民国后，外滩这一称号才越来越被市场和民众使用，黄浦滩也就逐渐不被使用了。

关于外滩的来历，据文史专家薛理勇考证说：上海人以南码头处为界，把南码头上游的黄浦讲作"里黄浦"，下游段讲作"外黄浦"，早期上海的城市经济不发展，黄浦沿江全是一片滩地，所以分别叫"里黄浦滩"和"外黄浦滩"，外黄浦滩后来就被省称为"外滩"。有"外"即有"里"。由此看来，"里滩"也就呼之欲出了，具体是指南码头（即今天南浦大桥一带）往上，也就是从高昌嘴到龙华嘴的这段黄浦江边的滩地，五里桥街道南岸的黄浦江边无疑就是"里滩"的核心区域。

围绕着五里桥街道作为中国民族工业发祥地的深厚历史渊源，思考如何继承这片区域的红色印记和持续发挥党建作用的时代大议题，2023 年初五里桥街道党工委、办事处继承和发扬五里桥党建引领和创新创造基因优势，创造性提出了"创新里滩"的规划和行动方案。"创新里滩"旨在通过体制机制创新打造联动融合的平台，服务好企业家、企业、人才等三类群体。通过设立商标品牌指导站、人才服务站、发布人才服务十条等系列举措赋能总部经济、科创产业高质量发展，推动产业集群高水平开放合作，打造宜业宜商、聚才聚智的创新沃土。

2023 年 3 月 21 日上午，五里桥街道首创的"滨江党建·创新里滩"产业集群党建联盟成立大会暨第一次全体会议在黄浦里滩举行。该联盟将以产业为纽带,以党建为引领,带动资源整合、力量融合,不断增强产业集群的凝聚力、创造力和战斗力,实现党的建设、创新产业发展相互促进、协同发展,共谱基层治理新篇章。中共上海市委组织部副部长、市委党建办主任、市社会工作党委书记孙甘霖,黄浦区委书记杲云,区委常委、组织部部长王庆洲,副区长王鼐以及中国船舶集团有限公司第七〇八研究所党委书记王征,中建科创集团党委书记、总经理孙震,中国电子科技集团公司第二十一研究所纪委书记王丹伟,国药控股股份有限公司党委副书记刘海建等"滨江党建·创新里滩"产业集群党建联盟成员单位相关负责同志出席大会。大会审议通过了联盟章程,表决产生了联盟首任轮值主席,五里桥街道党工委书记曹炯和党建联盟首任轮值主席黄浦科创集团党委书记、董事长、总经理梁国先后主持大会,联盟还发布了"挹创申江""智造江南"两大系列项目2023年度重点工作。"挹创申江"项目包括挹领、挹企、挹才三个系列项目,旨在服务好企业家、企业、人才等三类群体。"智造江南"项目旨在打造联动融合的三大平台,即智创、智汇、智治。

在成立大会上,黄浦区委书记杲云指出了这个联盟的重要作用和意义,他说:"滨江党建·创新里滩"产业集群党建联盟的成立,是黄浦探索超大城市中心城区区域化党建工作实践中,迈出的又一坚实步伐,也进一步丰富并充实了"滨江党建"的品牌内涵。在黄浦里滩这块有着创新创意基因的热土上,以产业为纽带成立产业集群党建联盟,并不是单纯地将企业党组织进行组合,而是依托产业相连、地域相近的优势,将党组织建在产业链上,以党建引领带动资源整合、力量融合,进而不断增强整个产业集群的凝聚力、创造力和战斗力,实现党的建设、创新产业发展相互促进、协同发展。

2023年7月24日,在黄浦区市场监管局的支持下,五里桥街道正式挂牌成立了全市第一家街道知识产权公共服务网点"五里桥街道商标品牌指导站"。同一天,五里桥街道推出了"创新里滩"人才服务十条。五里桥街道迎来了新的发展阶段。

二、五里桥发展的新机遇:从世博会的举办到中央科创区的规划

2002年,黄浦江边的江南造船厂厂址一带被确定为2010年中国上海世博会的会址,五里桥街道迎来了基础设施的大幅改造和提升。2008年夏天,随着江南造船厂整体搬迁到长兴岛的中船制造基地,此后江边展览场馆的建造也就改变了近一百五十年来以重工业为主的街区风貌特征,向着会展经济和绿色经济转型。五里桥的传统重工业开始向着智慧工业、智能制造业转型。

世博会结束后,如何规划黄浦江边的这块寸土寸金的最后的黄金地块,2023年黄浦

区提出了"中央科创区"的全新规划。

2023年9月28日,黄浦区在科创大会上发布了建设"中央科创区"的规划,并在随即举办的上海进口博览会上向全球展开推介。按照规划,"中央科创区"范围北至中山南一路、南至黄浦江、西至鲁班路、东至油车码头街,范围总面积192公顷,总体的功能定位是全面推动"三区融合",即以"中央科创区"牵手"文化博览区"与"最佳实践区",以"科创"融合"文博",以"科技"演绎"城市最佳实践",续写"后世博"城市记忆。五里桥街道在这一规划中具有举足轻重的地位。

在布局方面,中央科创区规划构建"一心五带四轴"的空间格局,"一心"为保留彩虹桥以南至滨江的区域,结合滨江公共空间构筑"科创之眼",打造集聚顶尖科学家、科创、文化、商业相互融合的科创制高地。"五带"为平行江岸由南向北依次构建的五条沿江功能带,分别为滨江公共活动功能带、文化功能集聚带、科创功能集聚带、社区活力公园带和居住生活带。"四轴"主要目的是加强滨江与腹地之间的联系,依托地铁站与最佳实践区,打造四条各具特色的垂江通廊。

根据规划,"中央科创区"将被打造成全球顶尖创新要素的"融汇之地",以及前沿科技展示交流的"创新之眼",也会构建成以"X-TECH"为主线的科创功能体系,具备"智高点"(Top)、"新物种"(Exploration)、"全球链"(Connection)、"心枢纽"(Hub)四大核心功能,其中"智高点"功能瞄准顶级科创龙头总部、顶尖科学家回国创业等,助力上海加速迈向全球创新链高端;"新物种"功能依托最佳实践区,开展科创技术和解决方案的场景应用和跨界融合;"全球链"功能聚力打造前沿技术展示和创新人才交流的"科技会客厅";"心枢纽"功能围绕创新主体诉求,构建"全心全意"的综合性科技服务枢纽,更好满足高层次顶尖科技创新人才对未来科创区的向往和需求。[1]

五里桥街道迎来了前所未有的时代,这恐怕是一百五十多年前江南机器制造局迁入时没人能想到的,但却又是情理中的事情。江南机器制造局是当时最先进的中国民族制造业,根据"中央科创区"的规划,未来五里桥还是会站在中国最先进的制造业的顶端,这是时代赋予的使命,也是历史早已铸就的基因。

---

[1] "寸土寸金的世博西片区,如何打造成顶尖企业汇聚的'中央科创区'?黄浦这样布局",上海发布2023年12月18日。

图书在版编目(CIP)数据

五里桥百年史:从江南桃源到现代化城市社区/赵兰亮著. --上海:复旦大学出版社,2024.10. -- ISBN 978-7-309-17575-2

Ⅰ. K295.15

中国国家版本馆 CIP 数据核字第 2024ZQ8704 号

五里桥百年史:从江南桃源到现代化城市社区
赵兰亮　著
责任编辑/杨　骐

复旦大学出版社有限公司出版发行
上海市国权路 579 号　邮编: 200433
网址: fupnet@ fudanpress.com　http://www.fudanpress.com
门市零售: 86-21-65102580　团体订购: 86-21-65104505
出版部电话: 86-21-65642845
上海丽佳制版印刷有限公司

开本 787 毫米×1092 毫米　1/16　印张 15　字数 292 千字
2024 年 10 月第 1 版
2024 年 10 月第 1 版第 1 次印刷

ISBN 978-7-309-17575-2/K・839
定价: 150.00 元

如有印装质量问题,请向复旦大学出版社有限公司出版部调换。
版权所有　　侵权必究